SEX REPORT

ISBN 3-89904-062-7

SEX REPORT

DAS ARCHIV DES KINSEY INSTITUTS FÜR SEXUALFORSCHUNG
BLOOMINGTON, INDIANA, USA

Unter Leitung von
PIERRE BORHAN

CATHERINE A. JOHNSON
BETSY STIRRATT
JEFFREY A. WOLIN

Mit einem Essay von
JENNIFER PEARSON YAMASHIRO

6x6.com

INHALT

PIERRE BORHAN

DIE SAMMLUNG DES KINSEY INSTITUTS UND DIE WAHRHEIT ÜBER SEX

With Kinsey, sex is central[1]. [Jonathan Gathorne-Hardy]

Alfred C. Kinsey hat um die Mitte des 20. Jahrhunderts unsere Kenntnisse des menschlichen Sexualverhaltens so tief greifend verändert, dass man, historisch gesehen, zu Recht von einer Ära vor und einer Ära nach Kinsey sprechen kann. Die Veröffentlichung von *Sexual Behavior in the Human Male*[2] 1948 und von *Sexual Behavior in the Human Female*[3] 1953, zwei Bestseller, die gemeinhin unter der Bezeichnung „Kinsey-Report" zusammengefasst werden, haben im wahrsten Sinne des Wortes den Deckmantel des Schweigens heruntergerissen, der die scheinheilige Welt der Sexualität bedeckte. Ohne Zweifel hat ihre Publikation innerhalb der Gemeinschaft der Wissenschaftler zu Kontroversen geführt, ebenso in der Welt der Politik, der Kirche und der Medien und in jenem großen Teil der amerikanischen Bevölkerung, der noch immer der viktorianischen Moral unterworfen war. Aber vor allem haben die beiden Bände die breite Öffentlichkeit, die sich auf sie gestürzt hat, mit sich selbst konfrontiert und dies auf eine Art und Weise, die es unmöglich machte sie in Zukunft zu ignorieren. Weder die nüchterne Gestaltung der Bücher (die vor Tabellen und Grafiken überquellen) noch die Tatsache, dass keine Abbildungen die Texte illustrieren, haben die Menschen davon abgehalten in den Spiegel zu schauen, der ihnen zur Verfügung gestellt wurde. Vielleicht haben nicht alle Amerikaner persönlich die Unwissenheit, die Einsamkeit und die Frustration des jungen Kinsey verspürt, der bis zum Eintritt ins Berufsleben keinerlei sexuellen Kontakte hatte, aber es gab eine große Anzahl von Menschen die, unabhängig von ihren persönlichen Erfahrungen, die Veröffentlichung einer lang geheim gehaltenen Realität befürworteten. Niemand wird die befreiende Wirkung der Studien bestreiten, die der außergewöhnliche Bloomingtoner Professor und seine Mannschaft seit dem Jahr 1938 durchführten.

Die Methode, die dieser selbstsichere, entschlossene und hartnäckige Forscher entwickelte, wurde zwar angefochten,[4] aber er hatte es gewagt religiöse, gesetzliche, soziale und moralische Tabus zu brechen und es geschafft, anhand der unterschiedlichen Antworten der von ihm Befragten (etwa 18 000) über ihr Sexualverhalten, die zahlreichen Verletzungen dieser Tabus von Mitbürgern aller Rassen, aller Klassen, aller Altersstufen, aller Religionen und aller Berufe aus verschiedenen Regionen zu enthüllen. Er bezeugte die wichtige Stellung der Sexualität unter Jugendlichen, bewies die Häufigkeit der Masturbation vor allem bei Männern, des klitoralen (an Stelle des vaginalen) Orgasmus bei Frauen, der sexuellen Kontakte vor der Ehe und/oder außerhalb der Ehe, der – häufigen oder gelegentlichen – homosexuellen Kontakte, aber auch der sexuellen Handlungen der ländlichen Bevölkerung mit Tieren. Um es kurz zu machen, er zeigte, dass 95 % der amerikanischen Bevölkerung die bestehende – offensichtlich willkürliche – Gesetzgebung missachteten. Er verhalf den Frauen zu einem neuen Bewusstsein und trug zu ihrer sexuellen Emanzipation bei. Er stellte das Konzept der Normalität in Frage. Für Kinsey waren die endlich offenbarten sexuellen Verhalten, bis auf erzwungene Kontakte, weder anomal noch verwerflich; sie standen nicht in Verbindung mit einem Verfall moralischer Werte; sie stellten die Familie nicht in Frage. Sie reflektierten das schädliche Ungleichgewicht zwischen Prinzipien und Gesetzen einerseits und der menschlichen Natur andererseits, die durch sie an ihrer freien Entfaltung gehindert wird. Kinseys großer Beitrag bestand nicht darin, eine außergewöhnliche Entdeckung gemacht zu haben, sondern sich den puritanischen und konservativen Kräften entgegengestellt, Tabus gebrochen und die „Wahrheit der Fakten" allen zugänglich gemacht zu haben.

Kinsey kombinierte bei der Durchführung seiner Untersuchungen an der Indiana University Effizienz und Geschick.[5] Er profitierte von Mitteln, die ihm die Universität zur Verfügung stellte und von ihrer Rückendeckung; er erhielt wichtige finanzielle Unterstützung von der Rockefeller Foundation; er gab seine Ergebnisse nicht vor der Veröffentlichung der beiden Bücher bekannt. Auch überschritt er nie die Grenzen der Verhaltensforschung, die er sich selbst gesetzt hatte und assoziierte die Sexualität niemals mit Gefühlen oder mit der Liebe und ihren Randgebieten. Er hielt sich an das was war, ohne vorzuschlagen was sein sollte oder könnte. Durch diese Vorgehensweise konnte er die wissenschaftliche Gültigkeit seiner

1 Jonathan Gathorne-Hardy, *Sex the Measure of All Things: A Life of Alfred C. Kinsey*, Indiana University Press, Bloomington, 1998, S. 19.
2 Alfred C. Kinsey, Wardell B. Pomeroy, Clyde E. Martin, *Sexual Behavior in the Human Male*, W.B. Saunders, Philadelphia, 1948. Deutsche Ausgabe: *Das Sexuelle Verhalten des Mannes*, G.B. Fischer, Berlin, 1955.
3 Alfred C. Kinsey, Wardell B. Pomeroy, Clyde E. Martin, Paul H. Gebhard, *Sexual Behavior in the Human Female*, W.B. Saunders, Philadelphia, 1953. Deutsche Ausgabe: *Das Sexuelle Verhalten der Frau*, G.B. Fischer, Berlin, 1954.
4 Die Methode, die Kinsey bei der Durchführung seiner Recherche anwandte, war die des persönlichen Gesprächs zwischen zwei sich gegenübersitzenden Gesprächspartnern. Das Codesystem, das entwickelt worden war um die Antworten zu notieren, garantierte absolute Vertraulichkeit. Der neutrale Interviewer behielt sich jegliches Urteil vor. Auch wenn die Auswahl der interviewten Personen sehr weit gefasst war und alle unterschiedlichen Bevölkerungsmerkmale abdeckte, entsprach sie nicht wissenschaftlich einwandfreien Kriterien. Siehe Wardell B. Pomeroy, Carol C. Flax, Connie Christine Wheeler, *Taking a Sex History: Interviewing and Recording*, The Free Press, A Division of Macmillan Publishing Co., Inc., New York, 1982.
5 Herman B Wells, ab 1938 Präsident der Indiana University, unterstützte Kinsey ohne Unterlass bis zu seinem Tod. „Die Universität vertraut eher dem Wissen als der Ignoranz", wiederholte er viele Male.

Arbeit weitest möglich verteidigen, ohne kulturelle Bewertungskriterien ins Spiel bringen zu müssen. Kinsey betonte den befreienden Aspekt, den seine Arbeit für ihn selbst hatte nie – seine eigene Emanzipation fand im begrenzten Kreis einiger Freunde und enger Mitarbeiter statt –, aber die Leser konnten von seinen Forschungen profitieren.
Obwohl Kinsey von den positiven Wirkungen der Erziehung zutiefst überzeugt war, ignorierte er die Lektionen von Sigmund Freud (1856–1939), der zugegeben hatte, dass „die Neigung zu allen Perversionen [...] zutiefst und grundsätzlich menschlich" ist. Er wandte sich an ein breites Publikum, während die Recherchen des österreichischen Gründers der Psychoanalyse im Allgemeinen vor allem die Intellektuellen und im Besonderen die Psychiater sensibilisiert hatten. Trotzdem war Kinsey weit davon entfernt ein Revolutionär zu sein, der die Grundfeste der Gesellschaft erschüttern wollte: Die existierenden sozialen Strukturen, deren Zentrum die Familie war, sagten ihm zu.[6] Ziel seines „Kreuzzuges" waren lediglich die sexuelle Befreiung, die Toleranz, das Recht auf Vergnügen und Lust. Es gibt Menschen, die ihr Wissen benutzen um zu kontrollieren; Kinsey wollte sein Wissen benutzen um sich den Wahrheiten zu nähern, die die Gesellschaft vorzog zu ignorieren, aus Angst, dass sie ihren Prinzipien zuwider laufen könnten.[7] Kinsey hatte keinen Respekt vor einem unbegründeten sozialen Joch und trennte klar zwischen Erotik und Moral; er verteidigte das Recht eines jeden, die eigene Sexualität bewusst zu akzeptieren und sie natürlich auszuleben, ohne das mindeste Gefühl von Schuld. In diesem Sinne war er zu seiner Zeit ein Mann der Zukunft.[8]

Kinsey vergaß nie die zerstörerischen Frustrationsgefühle, die er während seiner Jugend ertragen musste. Obwohl er, sobald es möglich war, völlig mit seiner Familie brach,[9] behielt er den vom strengen Vater eingeschärften Sinn für Ordnung und den Hunger nach Wissen bei und sollte die Arbeit immer als etwas Heiliges betrachten. Schon früh entdeckte er die Anziehung, die jüngere Menschen, bei denen er eine Beraterrolle einnehmen konnte, auf ihn ausübten sowie sein leidenschaftliches Interesse für Sammlungen. Nach den Pflanzen, getrockneten Blumen und den Briefmarken sammelte er Platten mit klassischer Musik. Ein wenig später erlaubte ihm das Sammeln von Schwertlilien (etwa 250 Arten) einen außergewöhnlichen Garten anzulegen. Als er seine Untersuchungen, seine Erforschungen der Gallwespe begann, ruhte er nicht, bis er Tausende von Exemplaren gesammelt hatte[10] und entschied sich bei der Wahl einer Forschungsmethode für die Taxonomie, welche sich auf die Statistik stützt. Während gut zwanzig Jahren häufte er ein Maximum von Daten an und ging dabei klassifizierend und vergleichend vor. Als er seine Lieblingsinsekten aufgab um das sexuelle Verhalten des Menschen zu erforschen, setzte er sich von Anfang an das Ziel, die größtmögliche Anzahl intimer Biografien zu sammeln, der „Sex Histories": Er hätte alle Menschen befragt, wenn das möglich gewesen wäre! Und als er, aufgrund der Tantiemen aus den Verkäufen von *Sexual Behavior in the Human Male* und *Sexual Behavior in the Human Female*, in der Lage war erotische Objekte und Werke zu erwerben, ging er auch hier eher nach dem Prinzip der Anhäufung als nach dem der Auswahl vor. Es kam für ihn nicht in Frage, unter den Fotografien, die er erstehen konnte, auszuwählen. Er hatte keine Qualitätskriterien und war darauf bedacht keine Art von Zensur auszuüben. Er behielt alle Abzüge, die ihm zugesandt oder eigenhändig von den Freiwilligen übergeben wurden, die ihm anvertrauten, was sie sonst niemandem völlig offen sagten. Statt eine museale Kollektion von Meisterwerken anzulegen, versammelte er eine Vielzahl visueller Dokumente, die alle sexuellen Handlungen repräsentieren. Für ihn waren diese Dokumente unverzichtbar für die wissenschaftliche Forschung und eine Ergänzung der Interviews, die durch sie bestätigt wurden. „Es passte perfekt in seine Philosophie, diese Bilder als Daten zu betrachten."[11] Bei der Untersuchung der Informationen, die diese Bilder lieferten, stand für Kinsey die Objektivität an erster Stelle.
Er erstand, je nach Zusammentreffen und Gelegenheit, Originalabzüge von Georges Platt Lynes, dem Baron von Gloeden, einigen Meistern der Fotografie, aber er häufte vor allem die

6 Siehe Regina Markell Morantz, „The Scientist as Sex Crusader: Alfred C. Kinsey and American Culture". In *Procreation or Pleasure? – Sexual Attitudes in American History*, Robert E. Krieger Publishing Company, Malabar, 1983.
7 In *L'Usage des plaisirs* (*Histoire de la sexualité*, 2, Gallimard, 1984, S. 16–17) versucht Michel Foucault folgende Frage zu beantworten: „Warum ist das sexuelle Verhalten, warum sind die Aktivitäten und Vergnügungen, die mit ihm zusammenhängen, der Gegenstand so vieler moralischer Überlegungen?" Foucault interessierte sich für die Ideengeschichte, im Gegensatz zu Kinsey, dessen Forschungen sich um die Geschichte des Verhaltens und der Abbildungen drehte. Eine nützliche Komplementarität.
8 Glenway Wescott hat diese Aussage von Alfred Kinsey überliefert: „Ich glaube nicht, dass es irgendetwas gibt, das mich schockieren oder überraschen kann, aber [...] ich werde Ihnen etwas sehr Wichtiges sagen. Es gibt nicht zwei identische *Sexual Histories*". Siehe Jerry Rosco, Glenway Wescott Personally, The University of Wisconsin Press, Madison, 2002, S. 151. Ein halbes Jahrhundert später gibt Janine Mossuz-Lavau der Einleitung ihres Buches *La Vie sexuelle en France* (Editions de La Martinière, Paris, 2002) folgenden Untertitel: „Les gens normaux sont tous exceptionnels" (Die normalen Menschen sind alle außergewöhnlich).
9 Er gestand Wardell Pomeroy, einem seiner engsten Mitarbeiter, dass es ihm nicht möglich sei, seinem Vater die strengen Verbote zu vergeben, die in ihm ein ständiges Gefühl der Schuld hervorgerufen hatten. Die Unterdrückung seiner Instinkte machten ihn zu einem Gegner der christlichen Moral, die er in Bezug auf die Sexualität als widernatürlich betrachtete.
10 Im Laufe von zwei Jahrzehnten sammelte er fast vier Millionen Exemplare.
11 Siehe Jennifer Pearson Yamashiro, „Collecting Sex". In *Peek: Photographs from the Kinsey Institute*, Arena Editions, Santa Fe, 2000, S. 162. Hinsichtlich der Sammlung des Kinsey Institute siehe ebenfalls *The Art of Desire: Erotic Treasures from The Kinsey Institute*, The Kinsey Institute for Research in Sex, Gender, and Reproduction, Indiana University, Bloomington, 1997 und *Sex and Humor: Selections from The Kinsey Institute*, Indiana University Press, Bloomington, 2002.

Bilder anonymer Amateure an, egal ob hetero-, homo- oder bisexuell, denen es nach Fantasien und erotischen Spielen verlangte, im Freien oder im geschlossenen Raum, nach Piercings, Tätowierungen und Maskierungen, nach sadomasochistischen Beziehungen, nach Beziehungen zwischen Menschen unterschiedlicher Rassen und unterschiedlicher Generationen oder nach Gruppensex. Er sammelte die Bilder von Fetischisten und von Menschen, die von der einen oder anderen anatomischen Anomalie erregt wurden, von diesem oder jenem Ort, der prinzipiell ungeeignet für berauschende Gefühle war. So entspricht die fotografische Sammlung des Instituts der Person von Kinsey – bereit alles zu sehen und alles zu hören; ein Forscher ohne sexuelle Vorurteile; ein unermüdlicher Sammler – und den „Sex Histories", die mehr oder weniger aussagen, was die Bilder beschreiben. Kinsey – der Privatmann, der Wissenschaftler – ist in seiner Sammlung und diese Sammlung ist ein Beleg für die Wahrheit über Sex, die die Arbeit von zwanzig Jahren ans Licht brachte. Es versteht sich von selbst, dass sich in der kollektiven Wahrheit individuelle Wahrheiten wiederfinden.

Die Fotografiesammlung des Kinsey Instituts, 1947 gegründet und Teil der Indiana University, besteht prinzipiell aus vier Kategorien:

– anonyme Fotografien, die Amateure für den eigenen Gebrauch, die eigene Befriedigung machten und die Kinsey zum Großteil geschenkt wurden; etwa 10 000 erhielt er von der Polizei, die sie bei ihren Eigentümern konfisziert hatte; die Post und verschiedene Gefängnisse stellten weitere Bilder zur Verfügung;

– Fotografien von Naturalisten, von Stripteasetänzern, von Pin-Ups und ihren Konsorten, die von professionellen Fotografen wie Al Urban oder Bruce of Los Angeles zum Zweck der Kommerzialisierung (vor allem in darauf spezialisierten Zeitschriften) gemacht wurden und durch Kauf oder Schenkung in die Sammlung kamen; Fotografien von Modellen, die hofften, so ihre Dienste verkaufen zu können sowie Film- oder Bühnenaufnahmen, die zu Werbezwecken gemacht wurden;

– Fotografien, die Kinsey aus überwiegend dokumentarischem Interesse in Auftrag gegeben hatte; sie wurden von William Dellenback gemacht, der seit 1949 am Institut angestellt war und zeigen hauptsächlich Körperteile (Großaufnahmen von Geschlechtsteilen, Busen, ...);

– Werke von anerkannten Fotografen, deren Namen einen festen Platz in der Geschichte der Fotografie haben, wie Georges Platt Lynes, der Baron von Gloeden, Clarence John Laughlin, William Mortensen, Erwin Blumenfeld, Lehnert und Landrock.

Mit Ausnahme der wichtigen Korpusse Baron von Gloeden und George Platt Lynes wurden die Fotografien nicht nach der Bedeutung des Fotografen geordnet, nach ihrem Ursprung oder ihren Adressaten, sondern danach, was sie darstellten. Die ausgewählten Klassifikationskriterien waren das Geschlecht des oder der Modelle, ihre Haltung, ihre sexuellen Handlungen (Masturbation, Fellatio, Koitus, Sodomie, ...) oder Themen wie Prostitution, Sadomasochismus, Skatologie, aber auch Anthropologie, Medizin, etc.

Die Fotografien der anonymen Amateure bestimmen den Charakter der Sammlung durch ihre Anzahl, ihre Spontaneität, ihre Ungezwungenheit und durch den erotischen Genuss - des Fotografen und/oder der Modelle – den sie ausstrahlen. Diese Amateure besaßen eine Unabhängigkeit und Gewandtheit, die man nur selten bei den professionellen Fotografen der ersten Hälfte des 20. Jahrhunderts findet, da die meisten von ihnen durch Prüderie, „sexuell korrektes" Verhalten oder gar Unbehagen gegenüber der Sexualität gehemmt wurden. Wir verdanken also den Amateuren das Sichtbarmachen von Trieben, Anziehungen und sinnlichen Gelüsten, aber auch von Ausschweifungen. Sie waren es, die ohne Schminke oder Scham Verhaltensweisen enthüllten und dabei nicht zu Scheinhandlungen griffen. Sie wagten fast alles.

Allerdings taten sie dies nur selten in ihrer häuslichen Umgebung, die traditionell am intimsten, vielleicht aber zu alltäglich, zu beengend war und sich in jedem Fall wenig für fotografische Aufnahmen eignete. Sie wählten angemessenere

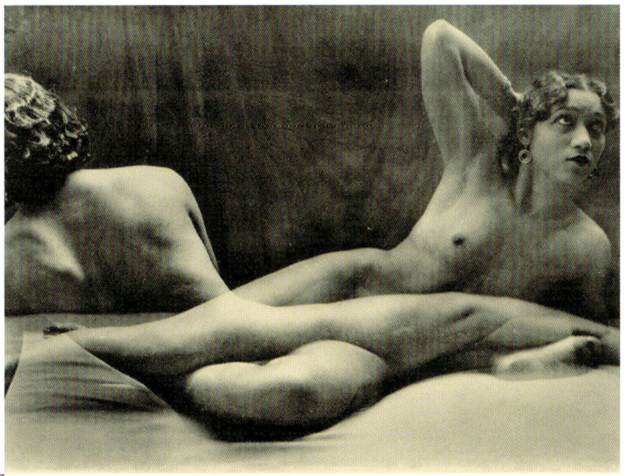

1

1 Germaine Krull (1897–1985), Deutschland
Weibliche Akte, 1929
Fotogravüre
15,7 x 19,5 cm
[KI-DC:24104. Female figure, known photographer.]
Schenkung 1947

Orte, Kulissen, Lichtverhältnisse. Sie wollten keine Kunst schaffen, aber einige von ihnen hatten künstlerische Ambitionen: sie theatralisierten ihre Sexualität, ein wenig Humor hier, eine kleine Kühnheit da. Eines ist sicher: Wenn sie sich ihren sexuellen Spielen und gleichzeitigen fotografischen Aktivitäten hingaben, machte für sie alle das korrekte Leben innerhalb von Familie und Gemeinschaft einem versteckten, unstatthaften Leben Platz, das von persönlichen Hemmungen und kollektiven Konformismen befreit war.

Auch wenn zu dieser Zeit einige „Dirty Magazines" (aufreizend oder pornografisch) und eine Anzahl schlüpfriger Bücher in Europa und den Vereinigten Staaten erschienen, so wurde in der westlichen Welt alles Verhalten, das nicht der jüdisch-christlichen Moral entsprach, aufs Schärfste verurteilt. Die Amateurfotografen und ihre Komplizen, die ihre Wünsche, ja ihre Fantasien auslebten, handelten gleichzeitig wider den „guten Nutzen" ihres Körpers und den „guten Nutzen" der Fotografie. Die Aufnahmen, die sie machten oder machen ließen, verließen ihre geheimen Schubladen nur, um die verborgenen Wege verbotener Bilder einzuschlagen, die, wie sie, von der Nachsicht der Polizei und der Justiz abhingen. Und diese waren besonders aufmerksam, weil die problemlose Vervielfältigung von Fotografien der Verbreitung der Konkupiszenz und der Teilnahme an Übertretungen Vorschub leistete.

Die Fotografien sind Bilder von teilweise oder ganz entblößten Körpern, in allen möglichen und vorstellbaren Positionen, schamhaft, suggestiv, lasziv, freizügig, provokant sowie Bilder von üblichen oder weniger üblichen Geschlechtsakten die, je nach Fall, die körperliche Lust, die Emanzipation der Vorstellungskraft, die wohltuende Wirkung körperlicher Erregung, die wollüstigen Gefühle bei einer Unterwerfung, die Kühnheit einer akrobatischen Vereinigung oder den Wagemut der Partner bei der Verwirklichung einer unschicklichen Fantasie erkennen lassen. Ihr Naturalismus verstärkt noch den illusorischen Eindruck von Nähe zwischen dem Betrachter und der gewagten Szene, die er beobachtet.

Weder die Regeln der Schönheit noch die der Kunst waren das Hauptanliegen dieser schamlosen Menschen, die nicht primär die ästhetische Befriedigung suchten und leichten Herzens die Grenzen des Anstands überschritten um ihre Gelüste zu stillen. Wenige von ihnen unterschieden zwischen erotischer und pornografischer Fotografie, und dies zu Recht, da diese Unterscheidung von einer Gesellschaft zur anderen, von einer Epoche zur nächsten immer wieder wechselt. Sicher ist Pornografie direkt, physisch, roh, zeigt schamlose und teilweise obszöne Dinge, während in der Erotik die Vorstellungskraft wichtiger ist und angeregt wird. Die Erotik spielt mit Andeutungen und Suggestionen, ist subjektiver. Sie hängt vom Alter und den sexuellen Trieben des Einzelnen ab, von seinen Werten und den Regeln der Gesellschaft, in der er erzogen wurde. Aber ein erotisches Bild kann pornografisch sein; ein pornografisches Bild erotisch.

Unbeabsichtigt trugen diese Amateurfotografen viel dazu bei, jenen Frauen und Männern die Schuldgefühle zu nehmen, die es immer weniger ertrugen von religiösen und sozialen Regeln erdrückt zu werden. Sie ebneten gleichfalls jenen Fotografen den Weg die, wie Larry Clark, Nan Goldin oder Araki, einige Jahrzehnte später den Sex aus der privaten Sphäre befreiten, indem sie ihre eigene Intimität oder die ihrer Angehörigen und Freunde enthüllten, ohne zu versuchen sie zu verschönern, zu idealisieren oder zu transzendieren. Die Amateure, deren Fotografien sich heute in der Sammlung des Kinsey Instituts befinden, verwandelten ihre Komplizen „aus Fleisch und Blut" nicht in Götter und Göttinnen, in historische Personen, in Figuren aus Legenden und Mythen, es sein denn um sich zu amüsieren; sie entschärften weder ihre Positionen noch ihre Gesten, über die die Puritaner sich empörten. Auch wenn sie manchmal Schleier und Spitzen, Masken und Accessoires der Verzauberung benutzten oder einen Spiegeleffekt verwendeten, waren Stilübungen nicht ihr Anliegen. Sie vermieden so das Erstarren in einer vorgeformten, aseptischen Erotik, der mancher Fotograf verfiel, der, wie Andres Serrano, die Pornografie in sein Werk aufnahm. Für diese Epikuräer, die sich weder um die Geschichte der Fotografie noch um den Kunstmarkt kümmerten, zählten nur die Muße, das Vergnügen, das Frohlocken der Sinne, das Enthüllen intimer Wahrheiten und die Vervollkommnung des Ichs. Sie waren Kinseys unfreiwillige Helfer.

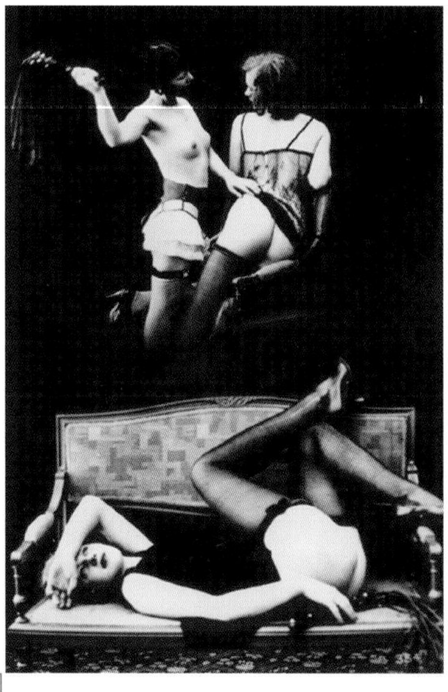

1

Da diese Amateure nicht in systematischen Serien arbeiteten, welche die bei Forschern beliebten Vergleiche ermöglichen, beauftragte Kinsey seinen Mitarbeiter William Dellenback, nach einem immer gleich bleibenden Schema eine Vielzahl von Penissen, Vaginen und Brüsten zu fotografieren. Der vereidigte Fotograf führte eine wissenschaftliche Arbeit durch, die außerordentlich repräsentativ für die unendlichen typologischen Variationen der sexuellen Attribute ist. Wenn gilt „ein Geschlecht ist ein Geschlecht", so ähneln sie sich nicht alle und im vorliegenden Fall war kein Mittel so geeignet für das Erfassen der jeweiligen Besonderheiten wie das neutrale Medium der Fotografie. Durch diesen Auftrag enthüllte Kinsey, der selbst gerne FKK praktizierte, objektiv eine große Anzahl unterschiedlicher Geschlechtsorgane. Die Serie beschreibender Fotografien von Dellenback (der alle persönlichen Indizien beseitigte) entsprach dem zweifachen Anspruch seines Chefs, diesen wichtigen Teil der menschlichen Anatomie bekannt zu machen und zu Akzeptanz zu verhelfen, sei es vulgär, schockierend oder skandalös, ihn zu zeigen. Die einzigartige Vorgehensweise wurde durch die Qualität des Ergebnisses bestätigt.
Dellenback fotografierte ebenfalls eine große Anzahl von Originalkunstwerken, die Museen oder privaten Sammlern gehörten sowie die Besucher des Instituts und sexuelle Handlungen zwischen Menschen oder zwischen Tieren.

Dass Kinsey (der kein Fotografieexperte war) Originalabzüge von George Platt Lynes und dem Baron von Gloeden erwarb, spricht für das ausgewogene Verhältnis zwischen dem Mann und der Sammlung, die er zusammenstellte. Denn auch wenn er heiratete und vier Kinder hatte, besaß Kinsey homosexuelle Gefühle und Neigungen, die während bestimmter Perioden in seinem Leben vielleicht wichtiger als die heterosexuellen Gefühle waren, ohne diese jedoch in Frage zu stellen.[12] Er unterhielt enge Beziehungen zu zwei seiner Studenten. Er nahm immer mehr „Sex Histories" von Homosexuellen aller Arten und Klassen auf – in Chicago, New York und Kalifornien – und ging mit einigen von ihnen Verhältnisse ein.

Durch Monroe Wheeler, einen der Eckpfeiler des Museum of Modern Art, machte Kinsey die Bekanntschaft von George Platt Lynes, dessen fotografisches Werk – und hier vor allem die Aktfotografien – er schätzen lernte. Lynes sehr stilisierte Akte konnten vom Surrealismus oder vom Symbolismus inspiriert sein, mythologische Szenen in Erinnerung rufen oder die körperliche Schönheit der Modelle mithilfe einer perfekten Beleuchtung idealisieren, sanft streichelnd oder glamourös kontrastierend. Wie nur wenige Fotografen beherrschte Lynes den Einsatz schmeichelnder Lichtquellen und theatralischer Effekte, die obsessive Geisteswelten entstehen ließen und die Künstler, die Lynes inspiriert hatten, evozierten. Lynes war ein Virtuose der Schatten und konnte die Fusion von Realität und Imagination anhand der mysteriösen Mechanismen der Verführung, der Verehrung und der Leidenschaft perfekt ausdrücken. Er frequentierte künstlerische und literarische Milieus, war selbst eine notorische Figur und machte Porträts von vielen Persönlichkeiten, wie etwa André Gide, Orson Welles, Christopher Isherwood, Jean Cocteau, Gertrude Stein und Salvador Dalí. Seinen Lebensunterhalt verdiente dieser Ästhet als Porträt- und Modefotograf sowie als Fotograf von Ballettinszenierungen (etwa bei *Orphée* und *L'Oiseau de Feu* von George Balanchine); die meisten seiner Akte gelangten zu seinen Lebzeiten nicht über die Grenzen der kundigen Milieus hinaus, denen auch Kinsey angehörte. Erst im Laufe seiner letzten Lebensjahre wurden einige Bilder unter Pseudonymen im Ausland veröffentlicht, vor allem im Schweizer Magazin Der Kreis.
Fast zweihundert Fotografien von Wilhelm von Gloeden (1856–1931) erhielt das Institut durch eine Schenkung des amerikanischen realistischen Malers Jared French. Kinsey zögerte nicht, weitere Fotografien zu erwerben so oft er konnte, in den Vereinigten Staaten oder – während seiner Europareise 1955 – auf Sizilien mithilfe eines gut informierten Freundes. Die Jugendlichen von Taormina, die der Aristokrat ohne Scham oder Vorwand fotografierte, wandten sich hauptsächlich an kultivierte und/oder voyeuristische Touristen sowie an die feinsinnigen Connaisseure einer sich im Entfalten befindenden Männlichkeit: sie waren offensichtlich eine

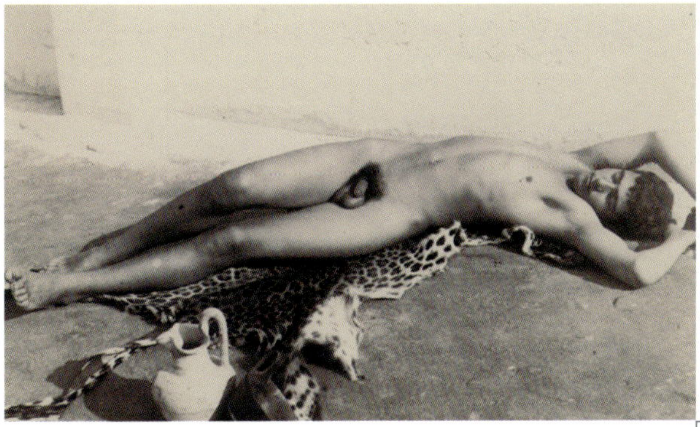

II

I

Unbekannter Fotograf
Frau, sich eine Flagellationsszene vorstellend, ca. 1935
Gelatinesilber
11,9 x 7,7 cm
[KI-DC: 64827. Sadomasochism, female on female, flagellation.] Schenkung 1959

II

Baron Wilhelm von Gloeden (1856–1931), Deutschland
Mann, sich auf einem Leopardenfell ausstreckend, 1890
Gelatinesilber
12,1 x 19,5 cm
[KI-VG: 21. Von Gloeden, nude male, Italy.] Schenkung 1952

12 Wie die Griechen fühlte und dachte Kinsey, dass das Begehren von begehrenswerten Dingen hervorgerufen wird.

Offerte an die männliche Begierde. Von Gloeden lockte seine gelehrten Kunden – und nicht nur sie – indem er sich gekonnt auf die Antike und die griechische Mythologie bezog und die Weinblätter fallen ließ, mit denen italienische Reaktionäre zuvor die männlichen Geschlechtsteile verhängt hatten. Seine Akte verweisen auf ein glorreiches goldenes Zeitalter und sind erfüllt von der Kultur (Pan, die Satyrne, Dionysos, Priam) und den Düften des Mittelmeers. Allerdings assoziieren sie die Kunst mit natürlichen Reizen, die nicht immer feinsinnig sind, da die jungen Modelle des Meisters häufig aus den bescheideneren Vierteln der Stadt und ihrer Umgebung stammten, wie Roland Barthes zu Recht bemerkte. Die Faschisten, die für diese Kombination von Reizen unempfänglich waren und sie als lasterhaft betrachteten, zerstörten alle anstößigen Platten (etwa 7000) von Gloedens.

In einem Gespräch mit seinem Biograf Jerry Rosco beschrieb Glenway Wescott, ein Freund und Bewunderer Kinseys, diesen als „uneingeschränkten Fanatiker". Der unermüdliche Professor, der besessene Forscher, der Autor des zweifachen „Reports", der seinen Namen trägt und zwei Medienwirbelstürme verursachte, hatte den Mut wie der Anführer eines Kreuzzuges gegen ideologische Vorurteile und moralische Regeln anzutreten, die im Widerspruch zur harmonischen Entfaltung der Menschen standen. Der ursprüngliche Biologe ging mit seinen Bemühungen an die äußerste Grenze um schädliche soziale Verstellungen zu beenden und die Einführung einer neuen Moral zu fördern.[13] Schon beim Sammeln von Daten über die *gall wasps*[14] erwies er sich als Fanatiker und blieb es bei der Suche nach den intimsten Informationen über das Sexualleben seiner Zeitgenossen. Nichts war ihm zu viel! Er war ein Fanatiker, wenn es darum ging, das Vertrauensverhältnis um jeden Preis zu wahren und ein Fanatiker bei der objektiven, klaren und deutlichen Darlegung der gesammelten Fakten. Und er war es auch beim Sammeln von Fotografien,[15] von Filmen, Gravuren, Zeichnungen und Gemälden, von Postkarten, von erotischen Instrumenten und Utensilien, von Büchern, Tagebüchern, intimen Alben und von privaten Archiven über das Thema, das ihn begeisterte. Fanatisch besessen von der Wahrheit, der sexuellen Freiheit, häufte er ohne zu diskriminieren Studien, Aussagen, alle möglichen Darstellungen von gängigen oder ungewöhnlichen Geschlechtsakten an sowie Kunstwerke und andere nützliche oder dekorative Objekte. Für ihn, den „geborenen Sammler," waren sie alle Belege dafür, aus wie vielen unterschiedlichen Gründen sich die Menschen für die Sexualität interessierten – Wissensdurst, Kontemplation, Zerstreuung, Neugier oder Erregung. Genauer genommen waren die Fotografien Beweise für die sexuellen Biografien.
Der Schlüssel zu Kinseys Erfolg lag darin, dass er „für sich selbst ein neues Forschungsgebiet definierte und seine persönlichen Bedürfnisse in Arbeit umwandelte."[16] Dieses Forschungsgebiet erlaubte es ihm, erstaunliche Kenntnisse zu sammeln, sie erfolgreich weiterzugeben und, für ihn sehr wichtig, als Mentor junger Männer zu fungieren, die lernten zu leben während sie an wissenschaftlich wagemutigen Untersuchungen teilnahmen. Er war ein anerkanntes Mitglied des akademischen Welt und gleichzeitig in den Augen von Politik und Kirche ein subversiver Bürger. Seine Aura war so groß, dass sie die Frustrationen unter denen er gelitten hatte und noch immer litt fast völlig kompensierte. Und er war in der Lage, eine bedeutende Sammlung anzulegen, die seine Faszination für die Sexualität perfekt widerspiegelte, von der Abstinenz bis zur Ausschweifung, von der Hurerei bis zur Sublimation. Die Wissenschaft erlaubte ihm, sich auf die Suche nach sich selbst und seiner komplexen Libido zu machen. Sie ermöglichte ihm, in sich selbst das angeborene und das erworbene Verhalten zu vereinen, die Unterwerfung an Regeln und den Willen zur Reform von Mentalitäten, Vorschriften und zu engstirnigen Gesetzen. Indem er sich persönliche und berufliche Herausforderungen stellte, konnte er seine Veranlagungen ausleben, die sich ihm, wie allen Menschen, aufdrängten. Die Wissenschaft ermöglichte es ihm, den Sex zu entmystifizieren. Seine Bücher und seine Sammlung ähneln ihm. Es ist Sache des Lesers und des Betrachters von seinen Enthüllungen und Lehren zu profitieren.

13 Kinsey wird quasi einhellig als Pionier anerkannt. Als Beispiel sei Richard Rhodes genannt, der in einem Artikel, der in der New York Times von 2. November 1997 erschien, Kinsey als „Father of the Sexual Revolution" bezeichnete.
14 Seine immense Sammlung von Insekten wird im New Yorker American Museum of Natural History konserviert.
15 James Crump, der „associate curator" der Sammlung war, gab einem Aufsatz, der in *History of Photography* (Vol. 18, n.1, 1994) erschien, zu Recht den Titel „The Kinsey Institute Archive: A Taxonomy of Erotic Photography."
16 James H. Jones, *Alfred C. Kinsey: A Public/Private Life*, W.W. Norton and Company, Inc., New York, 1997, S. 397.

1 Unbekannter Fotograf
Porträt von Alfred Kinsey, Datum unbekannt
Gelatinesilber
7,5 x 5 cm
[Kinsey Institute collection]

1

CATHERINE A. JOHNSON

EINE LÜCKE IN UNSEREM WISSEN: ALFRED C. KINSEY UND DIE SUCHE NACH EINEM WISSENSCHAFTLICHEN VERSTÄNDNIS DES MENSCHLICHEN SEXUALVERHALTENS

Als Dr. Alfred C. Kinsey im Herbst 1920 nach Bloomington kam, um Mitglied der biologischen Fakultät der Universität von Indiana zu werden, konnte er sich nicht vorstellen, dass er 28 Jahre später eine international anerkannte Autorität auf dem Gebiet der Sexualität sein würde. Sehr viel wahrscheinlicher schien es, dass Dr. Kinsey ein relativ unbekannter, von seinen Kollegen für seine Arbeit im Bereich der Insektenkunde geschätzter Wissenschaftler bliebe. Vor seiner Ankunft in Indiana hatte er sich intensiv mit der Gallwespe beschäftigt und in mehr als zwanzig Jahren Millionen dieser winzigen Insekten gesammelt, untersucht und klassifiziert. Was Kinsey an dieser Kreatur fesselte, die die meisten Beobachter als unbedeutend ansahen, waren die scheinbar endlosen Variationen. Als Kinsey dann sein wissenschaftliches Interesse von Wespen auf Menschen verlagerte, kam ihm seine Erfahrung in klassifizierender Systematik zu Gute, um das menschliche Sexualverhalten zu untersuchen und zu klassifizieren. Als Resultat seiner Forschungen auf diesem Gebiet sollte ein Aspekt der menschlichen Erfahrung beleuchtet werden, der bis dahin von Wissenschaftlern und Forschern offensichtlich ignoriert worden war.

Alfred Charles Kinsey wurde 1894 in Hoboken, New Jersey geboren; als Kind war er nicht sehr gesund; häufig konnte er die Schule nicht besuchen, da er unter rheumatischem Fieber, Rachitis und Typhus litt. Sein Vater, Alfred Seguine Kinsey, war ein strenger und stolzer Mann, der es trotzt mangelnder formaler Ausbildung geschafft hatte, Professor am Stevens Institute of Technology zu werden. Er war tief religiös und erwartete von seiner Familie, dass sie seinem Vorbild folgte. Seine Gattin Sarah war eine ruhige Frau, die ihre Ausbildung nach der Elementarschule beendet hatte. Die Familie war arm und in der Nachbarschaft nicht besonders beliebt, da keiner der Elternteile Interesse an sozialen Kontakten mit ihren Nachbarn hatte. Alfred als Ältester von drei Kindern wurde zudem häufig von anderen Kindern schikaniert, die in dem kränklichen Jungen ein passendes Opfer fanden.

Im Alter von zehn Jahren übersiedelte Kinsey mit seiner Familie in das Dorf South Orange in New Jersey. Hier verbesserte sich sein Gesundheitszustand, und er unternahm lange Spaziergänge in die Umgebung, um botanische Musterstücke zu sammeln. Diese Aktivitäten wurden in der Schule von einer jungen Biologielehrerin gefördert, die mit ihren Schülern die Pflanzen und Tiere der Umgebung vor Ort studierte. Zu diesem Zeitpunkt begann Kinsey sein Talent für wissenschaftliches Beobachten zu entwickeln und eine Karriere in Biologie in Betracht zu ziehen.

Obwohl der Vater Druck auf ihn ausübte, einen Ingenieursabschluss am Stevens Institute anzustreben, verließ Kinsey 1914 das elterliche Heim, um am Bowdoin College in Maine Biologie zu studieren. Nachdem er hier 1916 seinen „Bachelor of Science"-Abschluss gemacht hatte, begann er sein Hauptstudium an der Harvard Universität, während dessen er sich in Taxonomie und Insektenkunde spezialisierte; zu dieser Zeit begannen auch seine Forschungen zur Gallwespe. Sein Kollege und späterer Biograph Wardell Pomeroy berichtet, dass Kinsey in diesem Zusammenhang seine 100-prozentige Stichprobenmethode entwickelte (er nahm Proben von jeder einzelnen Wucherung auf einem Baum, genauso wie er später Daten von jeder einzelnen Person in einer Gruppe sammelte); gleichzeitig entwickelte er eine Art Kurzschrift unter Zuhilfenahme von Symbolen und anderen Kodierungen, um Daten festzuhalten.[1]

Nach der Erlangung der Doktorwürde in Harvard, zog Kinsey im Herbst 1920 zusammen mit seiner umfangreichen Sammlung an Wespen nach Bloomington, Indiana, wo er einen Lehrposten an der zoologischen Abteilung der Universität angenommen hatte. Gegen Ende des ersten Semesters hatte er begonnen, seine Aufmerksamkeit auf eine junge Chemiestudentin namens Clara McMillen zu richten. Da Kinsey weder auf der Schule noch auf dem College Damenbekanntschaften gemacht hatte, konnte er von Glück sagen, bei seinem ersten Versuch gleich seine zukünftige Lebenspartnerin gefunden zu haben. Clara, die auf den Spitznamen „Mac" hörte, wurde 1921 seine Frau und blieb ihm für den Rest seines Lebens eine treue Begleiterin und hartnäckige Unterstützerin seiner Arbeit. Da beide ein starkes Interesse an der freien Natur hatten, verbrachten sie sogar ihre Hochzeitsreise mit Wandern und Campen in den Bergen von New Hampshire. Von den

1 Pomeroy, Wardell B., *Dr. Kinsey and the Institute for Sex Research*, Harper & Row, New York, 1972, S. 35.

vier Kindern, die dem jungen Paar geboren wurde, verstarb das erste im Alter von drei Jahren an Diabetes. Obwohl Dr. Kinsey aufgrund seiner vielen Forschungsreisen – zuerst, um Exemplare der Gallwespe und später dann um Daten zum Sexualverhalten zu sammeln – häufig von zu Hause abwesend war, war er dennoch ein liebender Vater, der lebhafte Gespräche und Diskussionen am Esstisch anregte.

1938 hatte Kinsey seit neun Jahren eine volle Professur an der Indiana Universität; als Lehrer war er sehr beliebt, nicht zuletzt wegen der engagierten Weise, in der er Vorlesungen abhielt. Er hatte Aufsätze und Bücher über seine Gallwespen-Forschungen publiziert und zudem ein Textbuch für den Schulunterricht in Biologie geschrieben, dessen Nutzung weit verbreitet war. In diesem Sommer wurde er aufgefordert, an der Indiana Universität ein experimentelles Seminar zum Thema „Ehe" zu koordinieren. Die Initiative ging von der Vereinigung weiblicher Studenten aus, die den Aufsichtsrat der Universität gebeten hatten, einen solchen Kurs für Studierende fortgeschrittener Semester anzubieten, von denen viele schon verheiratet waren oder planten, bald zu heiraten. Ein Komitee bestehend aus sieben Professoren wurde gebildet, das sicherstellen sollte, dass der Kurs alle Aspekte des Themas abdeckte: soziologische, ökonomische, ethische, rechtliche, psychologische, medizinische und biologische. In seinen Vorlesungen zur Biologie des Ehelebens sprach Kinsey die sexuellen Aktivitäten zwischen Ehemann und Ehefrau offen an, illustriert durch Lichtbilder der Anatomie männlicher und weiblicher Sexualorgane und ihres Einsatzes während des Koitus. Zum Semesterende wurden die Studierenden aufgefordert, den Kurs zu evaluieren. Von den 98 Teilnehmenden, bei denen es sich nicht nur um fortgeschrittene Studierende sondern auch um das eine oder andere Mitglied der Fakultät und deren Ehefrauen handelte, nannten fast alle die Vorlesungen zur Biologie als interessantesten und wichtigsten Teil des Kurses. Damit war der Ehe-Kurs akzeptiert und wurde in das reguläre Curriculum eingegliedert. In den folgenden Jahren nahmen Hunderte von Studierenden daran teil, obwohl die Teilnahme nicht verbindlich war und keinerlei Einfluss auf das Abschlusszeugnis hatte.

Da viele der Studierenden wenig Wissen und Erfahrung in bezug auf Sexualität hatten, ließen sie sich von Dr. Kinsey in ihren privaten Problemen in diesem Bereich beraten, unter anderem auch, um zu erfahren was normales menschliches Sexualverhalten sei. Kinsey versuchte den Studierenden auf der Basis vorhandener wissenschaftlicher Daten Antworten zu geben, musste aber feststellen, dass zuverlässige Daten nicht vorhanden waren. Wenngleich einige wenige europäische und amerikanische Forscher durch Umfragen und andere Methoden versucht hatten, das Sexualverhalten zu erforschen, war es niemand gelungen, eine Datenmenge von notwendiger Größe zusammenzustellen, aufgrund derer bestimmt werden konnte, was in dieser Beziehung „normal" für Menschen war.

Schon während der Durchführung des ersten Ehe-Kurses fasste Kinsey den Entschluss, Aufschlüsse über das menschliche Verhalten durch Befragung von Individuen über ihre sexuellen Erfahrungen zu erhalten. Zu diesem Zweck entwickelte er eine Reihe von Fragen und begann durch Befragung Studierender, die sich mit ihm außerhalb des eigentlichen Unterrichts trafen, sexuelle Fallstudien zu erstellen. Ende des Sommers war er bereits sehr aufgeregt über diese neue Form wissenschaftlicher Forschung. Am 12. September 1938 schrieb er an den Präsidenten der Indiana Universität Herman B. Wells: „Es wird Sie interessieren zu erfahren, dass die Arbeit mit persönlichen Fallstudien zu Hoffnungen berechtigt, zu den wichtigsten Teilen unseres Programms zu werden. Die 32 von den Biologen in diesem Sommer abgehandelten Fälle sind ein überraschender Indikator für die Bedeutung dieser Arbeit auf dem Campus."[2]

Der aus Indiana stammende Herman B. Wells hatte in jenem Jahr gerade die Präsidentschaft der Universität angenommen, gerade zur rechten Zeit, denn kurz nach seinem Amtsantritt begannen die ersten Beschwerden über den Ehe-Kurs und Dr. Kinseys neues Forschungsprojekt bei ihm einzugehen. Glücklicherweise war Wells sowohl ein geschickter Diplomat als auch ein unerschütterlicher Anhänger akademischer Freiheit und er verteidigte das Recht seiner Fakultät, Forschung überall dort zu betreiben, wo sie als notwendig erachtet wurde.

1

2 Indiana Universitätsarchiv, Alfred Kinsey Akte über den Ehe-Kurs.
3 Pomeroy, Wardell B., Carol C. Flax und Connie Christine Wheeler, *Taking A Sex History: Interviewing and Recording*. The Free Press, New York, 1982, S. 24.

Zwei Jahre später war Kinsey überzeugt, dass Sexualforschung ein wichtiges und weitgehend unerforschtes Studiengebiet sei, das einen wesentlichen Einsatz seiner Energie und seiner Zeit rechtfertigte. Einige von Kinseys Kollegen an der Universität als auch einige Geistliche der Umgebung zeigten sich besorgt über die Offenheit, mit der Kinsey im Ehe-Kurs Informationen präsentierte; des weiteren zeigten sie sich beunruhigt darüber, dass Studierende über ihr Sexualverhalten befragt wurden. Im Sommer 1940 fand Präsident Wells eine Lösung für das, was einige Fakultätsmitglieder als Problem ansahen - er stellte Dr. Kinsey vor die Alternative, entweder weiter zu lehren oder aber sich ganz der Forschung durch das Sammeln sexueller Fallstudien zu widmen. Kinsey sah keine andere Möglichkeit, als sich für die Forschung zu entscheiden, und so informierte er Wells über seinen Austritt aus dem Ehe-Kurs Komitee (wenngleich er noch für mehrere Jahren Vorlesungen in anderem Kontext hielt). Wells akzeptierte diese Entscheidung, obwohl viele von Kinseys früheren Studenten ein Bittgesuch einreichten, damit Kinsey sowohl die Lehre als auch die Forschung weiterhin gestattet werde.

Kinsey hatte seine Forschungen zur menschlichen Sexualität ursprünglich als ein Nebenprodukt begonnen, das ihn nur dann beschäftigte, wenn er nicht lehrte oder an seinem Gallwespen-Projekt arbeitete. Nun aber erkannte er, dass diese Aufgabe zu umfangreich und zu wichtig war, um von einer Person – insbesondere als Nebentätigkeit – durchgeführt zu werden. 1942 setzte sich Kinsey das Ziel, 100 000 Interviews durchzuführen (ein Ziel, das von vornherein zu hoch angesetzt war – als das Projekt beendet war, waren insgesamt 18 000 Personen interviewt worden). Da jedes Interview mindestens eine Stunde dauerte, war es klar, dass nicht alle von ihm selbst geführt werden konnten. Allerdings wurden nur wenige andere Personen zur Durchführung dieser Interviews ausgebildet, unter anderem auch wegen der monatelangen Arbeit, die notwendig war, um Kinseys Interview-Methode zu erlernen. Die Interviewer stellten alle Fragen – 300 oder mehr – auswendig und hielten die Antworten auf einem leeren Blatt mit Quadraten fest, indem sie ein von Kinsey entwickeltes Code-System benutzten. Diese Methode sparte nicht nur Zeit ein, sondern gab dem Befragten auch das Gefühl von Vertraulichkeit, weil es offensichtlich war, dass außer den Forschern selbst niemand dessen Antworten entziffern konnte. Das Interview bestand aus vierundzwanzig Abschnitten:

1) Hintergrund-Informationen
2) Gesundheit
3) Freizeitaktivitäten
4) Familienhintergrund
5) Ehe
6) Sexualerziehung
7) Pubertät
8) Vorjugendliche Sexualspiele
9) Selbstbefriedigung
10) Träume
11) Voreheliches Petting
12) Erster Koitus
13) Vorehelicher Geschlechtsverkehr
14) Beiläufige Prostitution
15) Voreheliche Angewohnheiten beim Verkehr
16) Koitus in der Ehe
17) Außerehelicher Koitus
18) Verhütung
19) Erotische Erregung
20) Anatomie
21) Gruppensex
22) Beiläufige Homosexualität
23) Kontakte zu Tieren
24) Sonstiges Sexualverhalten[3]

Kinsey entwickelte verschiedene Mechanismen, um sicherzustellen, dass die Befragten trotz der empfindlichen oder ungewöhnlichen Natur einiger Fragen zuverlässige Antworten gaben. So wurden mehrere Fragen über eine bestimmte Aktivität zu verschiedenen Zeitpunkten gestellt, so dass die Antworten verglichen werden konnten. Kinsey fand heraus, dass Menschen wahrheitsgemäßer antworteten, wenn er bei Ihnen Erfahrungen mit den meisten Verhaltensformen voraussetzte;

II

Unbekannter Fotograf, USA I
Mitarbeiter und Mitarbeiterinnen des Institute for Sex Research (Ritchie Davis, Alfred Kinsey, Clyde Martin, William Dellenback, Eleanor Roehr, Jean Brown, Wardell Pomeroy, Hedwig Leser, Dorothy Collins, Cornelia Christenson und Paul Gebhard), Bloomington, 1953
Gelatinesilber
18,8 x 23,3 cm
[Kinsey Institute collection]

William Dellenback (1917–2000), USA II
Dr. Alfred C. Kinsey, Herman B Wells, Präsident der Indiana Universität und Dr. George W. Corner, Mitglied des Nationalen Forschungsrats, Bloomington 1951
Gelatinesilber
18,8 x 23,8 cm
[Kinsey Institute collection]

so fragte er: „Wann haben Sie zum ersten Mal onaniert?" statt zu fragen: „Haben Sie jemals onaniert?" In einem Artikel in der Zeitschrift *Glamour*, der kurz vor der Veröffentlichung des Bandes über weibliches Sexualverhalten erschien, erklärte Kinsey diese Technik folgendermaßen: „Wir gehen immer davon aus, dass jede Person mit jeder Art von Aktivität Erfahrung gemacht hat. Daher beginnen wir konsequenterweise mit der Frage, wann sie mit eben dieser Aktivität begonnen haben. Dies übt einen größeren Druck auf die Befragte aus, die eigentlich dazu neigt, ihre Erfahrungen abzustreiten. Wenn es aufgrund unserer Fragestellung aber offensichtlich wird, dass wir nicht überrascht wären, wenn sie eine solche Erfahrung gemacht hätte, scheint es weniger Grund für ein Abstreiten zu geben."[4]

Die erste Person, die von Kinsey für die Durchführung von Befragungen zur Sexualität ausgebildet wurde, war Wardell Pomeroy. Pomeroy, ein Absolvent der Indiana Universität, arbeitete als klinischer Psychologe in South Bend, Indiana, als Kinsey ihn 1943 zur Mitarbeit in seinem Forschungsteam einlud. Einige Jahre vorher hatte Kinsey bereits einen vielversprechenden Studenten namens Clyde Martin zu seinem Forschungsassistent gemacht. Martin hatte Kinsey bereits auf seinen Reisen zum Sammeln von Gallwespen Exemplaren begleitet und war später für die Auswertung und die statistische Analyse der Interviewdaten zur Sexualgeschichte zuständig.

1946 kam Paul Gebhard zum Forschungsteam: Als in Harvard ausgebildeter Anthropologe führte er ebenfalls Befragungen durch und entwickelte später die Klassifizierungskriterien für die umfangreiche Fotosammlung, die zu Forschungszwecken angelegt wurde. Sein Beitritt zum Forschungsteam erfolgte zu spät, um in der Publikation zur männlichen Sexualität noch als Autor genannt zu werden, an derjenigen zur weiblichen Sexualität arbeitete er jedoch mit.

Während des 2. Weltkriegs unternahmen Kinsey und sein Team zahlreiche Reisen quer durch die Vereinigten Staaten, um Befragungen mit einer großen Vielzahl männlicher und weiblicher Personen durchzuführen. Statt die Befragten nach dem Zufallsprinzip zu finden, rekrutierte Kinsey Freiwillige, indem er zahllose Vorlesungen hielt und Befragte bat, ihm bei der Suche nach weiteren Freiwilligen zu helfen, die an der Teilnahme bei der Studie interessiert sein könnten. Als Methode benutze er die 100-Prozent-Probe, die er schon bei seinen Forschungen zur Gallwespe angewandt hatte: D.h. er interviewte jedes Mitglied einer spezifischen Gruppe sehr ausführlich (z.B. alle Frauen einer weiblichen Studentenverbindung oder alle Männer einer homosexuellen Gruppe). 1947 hatte das Forschungsteam genügend Daten zu einer statischen Untersuchung des männlichen Sexualverhaltens zusammengetragen, und Kinsey begann mit den Arbeiten zur Publikation *Sexual Behavior in the Human Male* (obwohl Kinsey selbst der Hauptautor war, wurden Pomeroy und Martin für ihre Arbeit beim Sammeln und Analysieren der Daten erwähnt). Während die Arbeit am Manuskript fortschritt, einigten sich Dr. Kinsey und Präsident Wells darauf, dass das umfangreiche im Lauf der Untersuchungen gesammelte Material (Bücher, Zeitschriften, Fotografien, künstlerische Arbeiten und Nebensächliches) einen festen Standort brauchte; das Institute for Sex Research wurde 1947 gegründet. Erste Kuratoren des Instituts wurden Alfred Kinsey, Wardell Pomeroy, Clyde Martin und Paul Gebhard. Die Kuratoren wurden zu Eigentümern der gesammelten Daten und des gesamten anderen Materials, was bedeutete, dass das Institut auch anderswo angesiedelt werden konnte, falls die Indiana Universität eines Tages ihre Unterstützung zurückziehen sollte. Eine zusätzliche Überlegung bei dieser Konstruktion war es, die Vertraulichkeit der gesammelten Daten zu sichern. Denn die Universität konnte nicht gezwungen werden, die Identitäten der Interviewten preiszugeben.

Sexual Behavior in the Human Male erschien 1948 und wurde landesweit zum Gesprächsthema. Veröffentlicht durch den W.B. Saunders Verlag in Philadelphia, der auf die Publikation medizinischer Texte spezialisiert war, landete das Buch schnell – sehr zum Erstaunen des Verlegers und der Autoren – auf der Bestseller Liste; bekannt wurde es unter dem Begriff *Kinsey Report*, wodurch der Name des Kleinstadt Professors praktisch zum Synonym für den Begriff Sexualität wurde. Obwohl das statistische Material nur von nordamerikanischen

4 Schapper, Beatrice, „Kinsey interviews the Women", in: *Glamour* (September 1953), S. 240.
5 Kinsey et al., *Sexual Behavior in the Human Male*, S. 219, 499, 549, 585, 650-651.

Männern stammte, war die Popularität des Buches nicht auf Nordamerika beschränkt; der Saunders Verlag brachte eine englische Ausgabe heraus, von der sich circa 10 000 Exemplare verkauften, des weiteren erschienen Übersetzungen auf Französisch, Schwedisch, Japanisch, Holländisch, Spanisch, Italienisch und Deutsch.

Die durch Befragung von 5 300 Männern gesammelten Daten brachten einige unerwartete Informationen über Sexualverhalten amerikanischer Männer ans Licht. Die Statistiken zeigten, dass der Höhepunkt männlicher Sexualität im Alter von circa 16 bis 17 Jahren war, um dann beständig bis ins Alter abzunehmen. Die Mehrheit der Männer berichteten, dass sie Sex vor der Eheschließung hatten, wobei dies je nach Bildungsstand der Befragten variierte. 92 Prozent der Befragten gaben an, bis zum Erreichen des Orgasmus masturbiert zu haben und ungefähr die Hälfte gestand sexuelle Aktivitäten außerhalb ihrer Ehe. Einige der erstaunlichsten Statistiken zu jener Zeit bezogen sich auf Homosexualität: 36 Prozent der Befragten gaben an „zwischen Heranwachsen und hohem Alter wenigstens einige homosexuelle Erfahrungen bis zum Erreichen des Orgasmus gehabt zu haben." 10 Prozent waren „mehr oder minder ausschließlich homosexuell...für die Dauer von mindestens drei Jahren zwischen dem 16ten und dem 65sten Lebensjahr.", während vier Prozent angaben, „dass sie einsetzend mit dem Beginn des Jünglingsalters ihr ganzes Leben lang ausschließlich homosexuell gewesen seien".[5]

Um einen vergleichbaren Bericht über weibliche Sexualität zu erstellen, wurde mit der Arbeit umgehend begonnen. Allerdings mussten Kinsey und sein Team eine große Anzahl von Fallstudien sammeln, bevor der Band über weibliche Sexualität geschrieben werden konnte. Im Jahre 1953 war es dann so weit: Kinsey, Pomeroy, Gebhard und Martin hatten basierend auf Befragungen von 5 940 amerikanischen Frauen genügend Material, um ihr zweites Buch über menschliche Sexualität zu publizieren. Obwohl die Autoren des Bandes zur weiblichen Sexualität Männer waren, gab es eine Anzahl von Frauen, die zu ihm beigetragen hatten. So waren Jean Brown, Cornelia Christenson, Dorothy Collins, Hedwig Leser und Leanor Roehr Mitarbeiterinnen des Instituts und wurden als Forschungsassistentinnen auf der Titelseite des Buches genannt. Alice Field war Sexualforscherin, Kriminologin und Sozialwissenschaftlerin in New York; als Forschungsassistentin half sie bei rechtlichen Aspekten. Emily Mudd, eine bekannte Eheberaterin, war für diesen Band beratende Herausgeberin.

Obwohl zwischen der Veröffentlichung der „männlichen" Ausgabe im Januar 1948 und dem Erscheinen von *Sexual Behavior in the Human Female* im September 1953 fünf Jahre vergangen waren, hatte das Interesse der Öffentlichkeit und der Medien an Kinseys Forschungen nicht abgenommen. Obwohl Kinsey, seine Verleger und die Leitung der Indiana Universität die große Aufmerksamkeit, die der erste Band mit 200 000 verkauften Exemplaren verursachte, nicht vorausgesehen hatten, war ihnen klar, dass die Veröffentlichung des neuen Bandes wohl auch eine Sensation werden würde. Kinsey wurde häufig von Journalisten gefragt, wann seine Forschungsergebnisse über amerikanische Frauen veröffentlicht würden. Es war daher vorhersehbar, dass die Veröffentlichung ein breites Medienecho finden würde, und Kinsey war besorgt, dass vor der Veröffentlichung des Bandes Fehlinformationen über seine Forschungen an die Öffentlichkeit dringen würden.

Im Sommer 1953 lud Kinsey einige ausgewählte Journalisten nach Bloomington ein, um ihnen eine Vorschau auf die Inhalte des zweiten Bandes zu geben. Dies schien der beste Weg zu sein, den zu erwartenden Ansturm der Medien auf seinen wissenschaftlichen Bericht über weibliche Sexualität zu kontrollieren. Ungefähr 60 Zeitschriften – und Zeitungsreporter aus den Vereinigten Staaten, England, Deutschland, Dänemark, Schweden und Australien wurden zu diesem Zweck zu jeweils viertägigen Sitzungen eingeladen. Die Teilnehmer mussten sich schriftlich verpflichten, ihre jeweiligen Artikel von maximal 5 000 Worten vor ihrer Veröffentlichung Dr. Kinsey zur Korrektur etwaiger faktischer Fehler vorzulegen. Des Weiteren mussten sie sich verpflichten, ihre Artikel nicht vor dem 20. August 1953 im Druck erscheinen zu lassen, ein Datum, das als „K-Day" bekannt werden sollte. Während dieser Pressebesprechung war das Fotografieren verboten, Porträts von Kinsey und seinen Institutskollegen konnten jedoch zur

1

1

William Dellenback (1917–2000), USA
Alfred Kinsey bei der Arbeit am Manuskript von Sexual Behavior in the Human Female, *Bloomington, ca. 1953*
Gelatinesilber
23,7 x 18,9 cm
[Kinsey Institute collection]

Illustration der jeweiligen Artikel vom Institutsfotografen William Dellenback erworben werden.
Am „K-Tag" eilten viele Menschen zu ihren Zeitungsständen, um herauszufinden, was Dr. Kinsey über die sexuellen Aktivitäten amerikanischer Frauen herausgefunden hatte. Fünf überregionale Zeitschriften mit Artikeln über das Buch erschienen am 20. August – *Collier's, Time, Life, Woman's Home Companion and Newsweek, Redbook* und *McCall's* erschienen am folgenden Tag. Berichte über das Buch selbst, aber auch über den Medienaufruhr, den es verursacht hatte, wurden im ganzen Land aber auch über dieses hinaus veröffentlicht: Vom *Bloomington Herald-Telephone* und dem *Indianapolis Star* bis zur *New York Times*, dem *San Francisco Chronicle* und dem *London Sunday Dispatch*.
Am 14. September 1953 waren die ersten Kopien von *Sexual Behavior in the Human Female* landesweit in den Buchläden. Ebenfalls von W. B. Saunders veröffentlicht, wurde die gebundene Ausgabe für $ 8,00 verkauft. Obwohl das selbst für eine gebundene Ausgabe teuer war (der Preis des „männlichen" Bands betrug $ 6,50), schaffte es das Buch erwartungsgemäß schnell in die Bestseller-Liste.
In einer konservativen Epoche, in der die Furcht vor dem Kommunismus zu einer nationalen Hysterie geworden war, sahen nicht wenige die Ergebnisse von Kinsey und seinen Kollegen als Bedrohung der Familie und der amerikanischen Frau an. Andererseits erhielt Kinsey auch viel Dank dafür, dass er nachgewiesen hatte, dass Frauen genauso wie Männer in einer sexuellen Beziehung Vergnügen und Genugtuung erfahren konnten. Die Analyse der Statistiken hatte ergeben, dass 50 Prozent aller befragten Frauen bis zum Erreichen des Orgasmus masturbiert hatten und dass fast die Hälfte Sexualverkehr vor der Ehe hatten. 26 Prozent der Frauen gaben an, vor dem Erreichen des 40. Lebensjahr außerehelichen Geschlechtsverkehr gehabt zu haben und 13 Prozent hatten homosexuelle Erfahrungen bis zum Orgasmus gehabt.
Eins der wichtigsten Resultate aber war, dass Frauen fast ausnahmslos eine klitorale Stimulation zum Erreichen des Orgasmus benötigten, während ein vaginaler Orgasmus aufgrund mangelnder Empfindlichkeit dieses Organs eher unwahrscheinlich war. Hierbei stellte Kinsey fest, dass viele Frauen von ihren Psychoanalytikern und ihren Ärzten dahingehend informiert worden waren, dass das Nicht-Erlangen eines vaginalen Orgasmus ein Zeichen von sexueller Unreife sei und dass diese Frauen „sehr beunruhigt waren, weil sie diese biologische Unmöglichkeit nicht zustande brachten."[6]
Die Reaktion der Öffentlichkeit auf das Erscheinen des „weiblichen" Bandes reichte von Bewunderung und Dankbarkeit auf der einen zu Abscheu und Ekel auf der anderen Seite. Obwohl Kinseys Forschungsergebnissen vielfach zugestimmt wurde, gab es auch Versuche, ihren Wert verleumderisch herabzusetzen: Dies erfolgte mit dem Argument, dass die Statistiken nicht korrekt sein könnten, weil „gute" Frauen diese Dinge nicht getan haben könnten. Und falls sie dies doch getan haben, so hätten sie dies Dr. Kinsey gegenüber nicht zugegeben. Leserbriefe lobten oder denunzierten das Buch - einige hießen die Publikation gut, weil eine bessere Kenntnis unserer sexuellen Natur das Leben der Menschen nur verbessern konnte, andere nannten seine Forschungen unchristlich und unmoralisch. In einer Predigt, die vom ABC Radio und Fernsehen übertragen wurde, erklärte Reverend Billy Graham, dass Dr. Kinsey „ganz sicher nicht eine einzige der wiedergeborenen christlichen Frauen in diesem Land interviewt haben kann, die der Tugend, dem Anstand und der Bescheidenheit die größte Bedeutung beimessen." Graham fuhr fort: „Es ist unmöglich, den Schaden abzuschätzen, den dieses Buch der sich ohnehin schon verschlechternden Moral in Amerika zufügen wird."[7]
Zeitungen im ganzen Land kommentierten das Erscheinen des Buches mit schockierenden Überschriften und Artikeln, die eine breite Meinungsvielfalt beinhalteten. Zeitungskarikaturisten fanden schnell heraus, dass der Kinsey Report sich vielfältig zur humoristischen Darstellung eignete, und schon bald erschienen die ersten Bücher mit Witzen oder Karikaturen zu diesem Thema. Ähnlich wie der erste Band geriet auch die Veröffentlichung des „weiblichen" Bandes schnell zur internationalen Sensation. Eine große Anzahl internationaler Zeitungen und Zeitschriften behandelten das Thema vor und nach der Veröffentlichung der amerikanischen Ausgabe im

1

September; bald erschienen Übersetzungen ins Französische, Hebräische, Portugiesische, Deutsche, Spanische, Norwegische, Finnische, Italienische und Niederländische. Obwohl beide Bände auf Daten basierten, die den Befragungen amerikanischer Männer und Frauen entstammten, war der Rest der Welt fasziniert von den Ergebnissen des Kinsey Reports.
Auch nach der Veröffentlichung der beiden Bücher setzten Kinsey und seine Mitarbeiter das Sammeln von Daten zur Sexualgeschichte fort, da sie diese als Basis für geplante Publikationen zu Themen mit Bezügen zur Kriminologie, Soziologie, Psychologie, Kunst und Recht nutzen wollten. Nicht zuletzt wegen andauernder Finanzierungsnot waren diese Jahre für den engagierten Wissenschaftler besonders beschwerlich. So zog die Rockefeller Foundation, die das Forschungsprojekt seit 1941 finanziert hatte, im Jahre 1954 ihre Zuwendungen zurück. Obwohl ein Teil der Ausgaben des Instituts von der Indiana Universität getragen wurden, war sehr viel mehr Geld nötig, um die Forschung fortzusetzen. Kinsey sah sich daher genötigt, mehr Zeit auf externe Vorlesungen und Vorträge zu verwenden, um damit finanzielle Unterstützung für das Institut zu gewinnen. Die hiermit verbundene physische und emotionale Belastung wirkte sich negativ auf seine Gesundheit aus und, obwohl sein Arzt, seine Familie und seine Freunde ihn baten, etwas kürzer zu treten, wollte er sein Werk nicht unvollendet lassen. Sein Körper hielt diesen Ambitionen nicht stand und Alfred Kinsey starb am 25. August 1956 im Alter von 62 Jahren im Krankenhaus von Bloomington.
Zwei Wochen vor seinem Tode diktierte Kinsey eine Erklärung zur Verteidigung seiner Forschungen, denen er sich fast zwei Dekaden seines Lebens hingebungsvoll gewidmet hatte. Seine letzten Worte waren:
„Wenn es in religiösen Kreisen Personen gegeben hat, die glaubten, dass es in diesen Dingen keine wissenschaftliche Forschung geben solle, muss man auch verstehen, dass es in ebendiesen Kreisen eine Mehrheit gegeben hat, die daran glaubten. Diese 18 Jahre dauernde Forschung war nur deshalb möglich, weil die Mehrheit der Menschen aus allen Lebenslagen in diesen Vereinigten Staaten daran geglaubt haben, dass ein Wissenschaftler nicht nur das Recht habe, auf diesem Gebiet zu forschen, sondern eine Verpflichtung, Material zu entdecken, das die Nützlichkeit unseres Wissens über das menschliche Verhalten erweiterte.“[8]

6 Kinsey et al., *Sexual Behavior in the Human Female*, S. 143, 286, 416, 475, 582–584.
7 Graham, Billy. *The Bible and Dr. Kinsey*. The Billy Graham Evangelistic Association, Minneapolis, 1953, S. 1.
8 Kinsey, Alfred C., „The Right to do Sex Research“ ACK MS, 1956.

Literaturangaben

Brinkman, Paul Delbert. *Dr. Alfred C. Kinsey and the Press: Historical Case Study of the Mass Media and a Pioneering Behavioral Scientist.* Unveröffentlichte Dissertation, Indiana University, 1971.

Bullough, Vern L. *Science in the Bedroom: A History of Sex Research*. New York: BasicBooks, 1994.

Christenson, Cornelia V. *Kinsey: A Biography*. Bloomington, in: Indiana University Press, 1971.

Gathorne-Hardy, Jonathan. *Alfred C. Kinsey: Sex the Measure of All Things*. Bloomington, in: Indiana University Press, 1998.

Graham, Billy. *The Bible and Dr. Kinsey*. Minneapolis: The Billy Graham Evangelistic Association, 1953.

Kinsey, Alfred C. Manuskriptsammlung. Indiana University Archives, Bloomingtoin, IN.

Kinsey, Alfred C. „The Right to do Sex Research“, Manuskript der Kinsey Institute Archives, Bloomington, 1956.

Kinsey, Alfred. C., Wardell B. Pomeroy and Clyde E. Martin. *Sexual Behavior in the Human Male*. Philadelphia: W.B. Saunders, 1948.

Kinsey, Alfred C., Wardell B. Pomeroy, Clyde E. Martin and Paul H. Gebhard. *Sexual Behavior in the Human Female*. Philadelphia: W.B. Saunders, 1953.

Pomeroy, Wardell B., *Dr. Kinsey and the Institute for Sex Research*. New York: Harper & Row, 1972.

Pomeroy, Wardell B., Carol C.Flax and Connie Christine Wheeler, *Taking a Sex History: Interviewing and Recording*. New York: The Free Press, 1982.

Schapper, Beatrice. „Kinsey Interviews the Women“, in: *Glamour* (September 1953), S. 166–167, 240.

Wells, Herman B, Manuskriptsammlung. Indiana University Archives, Bloomington, IN.

Unbekannter Fotograf, USA 1
Vorlesung von Dr. Kinsey an der Universität von Kalifornien, Berkeley, 17. Februar 1949
Gelatinesilber
16,9 x 43 cm
[Kinsey Institute collection]

Ein Jahr nach der Veröffentlichung von *Sexual Behavior in the Human Male* besuchte Alfred Kinsey Kalifornien, um dort Befragungen für sein in Vorbereitung befindliches Buch zur Sexualität von Frauen durchzuführen. Im Rahmen solcher Besuche gab er häufig eine öffentliche Vorlesung, und zwar nicht nur, um über seine Arbeiten zu informieren, sondern auch um die Öffentlichkeit darauf aufmerksam zu machen, dass er für seine Befragungen auf Freiwillige angewiesen war. Der Andrang zu Kinseys Vorlesung an der Universität von Kalifornien in Berkeley war so groß, dass diese in der Sporthalle abgehalten werden musste. Über 9000 Studenten, Mitglieder der Fakultät und Bürger füllten das Gebäude bis ins Gebälk, eine größere Menge, als sich jemals für ein Basketball-Spiel eingefunden hatte.

BETSY STIRRATT & JEFFREY A. WOLIN

DIE LUST AM SAMMELN

Der Sammler Kinsey

Ein charakteristischer Zug, der Alfred Kinsey zu einem Visionär auf dem relativ jungen Feld der Forschung zur menschlichen Sexualität werden ließ, war seine Fähigkeit, Sexualität essentiell als eine schöpferische Kraft zu sehen. Er spürte, dass sie alle Aspekte unseres Lebens tangierte, und dass viele kreative Ausdrucksmöglichkeiten wie Literatur, Film, Malerei und Fotografie sich mit der grundsätzlichen Frage beschäftigten, was es bedeutet, ein menschliches Wesen zu sein. Neben Erotika in der Hoch-Kunst war Kinsey auch von visuellen Ausdrucksformen mehr demokratischer Natur wie z.B. Comics, Gefängnis-Kunst und Amateurfotografie fasziniert.
Kinsey war ein unersättlicher Sammler. Als ein in Harvard ausgebildeter Biologe nutze er die Taxonomie – die Wissenschaft des Sammelns, Klassifizierens, Organisierens und Benennens von Organismen – um lebendige Dinge zu verstehen. Dies ist das genaue Gegenteil von der heute die Zoologieabteilungen beherrschenden Molekularbiologie. Kinsey glaubte, dass man durch das Sammeln einer genügenden Anzahl von Exemplaren einer Gattung und deren langes und hartes Studium die Mysterien des Lebens enträtseln könne. Schon als Kind besaß Kinsey umfangreiche Sammlungen von Blumen und Schmetterlingen, später sammelte er Aufnahmen klassischer Musik – er selbst war ein ernsthafter Amateurpianist, der sein ganzes Leben lang mit großem Genuss Musik spielte und hörte.

Als Biologie-Professor an der Indiana Universität bestand Kinseys wissenschaftlicher Beitrag in seinen Studien zur Gallwespe. Über zwei Jahrzehnte lang sammelte er Zehntausende von Exemplaren dieser winzigen Wespe und der Galläpfel (unnatürliche Verwachsungen an Pflanzen, durch die Larven der Wespe verursacht) aus ganz Nordamerika – 1930 wurden diese Studien als *The Gall Wasp Genus Cypnis – a Study in the Origin of Species* veröffentlicht. Des weiteren war er der Mitautor eines Buches mit dem Titel *Edible Wild Plants of North America*. Es ist nicht verwunderlich, dass keiner dieser Titel die Popularität oder die Kontroverse seiner sich ergänzenden Ausgaben von *Sexual Behavior in the Human Male* (1948) und *Sexual Behavior in the Human Female* (1953) erreichte.
Die von ihm als Taxonomist benutzte Methodologie beinhaltete eine geradezu besessene Sammlungstätigkeit und das In-Frage-Stellen des Status quo. Dies sollten auch seine Studien am Menschen, die er kurz nach der Bitte der Indiana Universität, einen Kurs über die Ehe zu geben, begann, erfüllen. Als ausgebildeter Akademiker bereitet er seinen Kurs dadurch vor, dass er eine standardmäßige bibliografische Recherche durchführte, um einen erstaunlichen Mangel an Literatur zur menschlichen Sexualität festzustellen. Mit dem Beginn des Ehekurses 1938 wurde Kinseys Besessenheit als Sammler von Gallwespen verwandelt: Von nun an sammelte er statt dessen Basisdaten zur menschlichen Sexualität. Und Kinsey sah in fast allem, was in irgendeiner Beziehung zur Sexualität stand, potentiell nützliches Material. Während er anfänglich Daten nur von seinen Studenten an der Indiana Universität sammelte, begann er bald, sein Forschungsfeld nach Chicago, New York und an andere Orte auszuweiten.

Die Entwicklung der Sammlung

Es ist nicht bekannt, wann genau Kinsey mit dem Sammeln von Erotika zusätzlich zu seinen Befragungen zur menschlichen Sexualität begann, doch war es offensichtlich zu einem frühen Zeitpunkt. In einem Brief an Ted Kundrat (tätig in der Drama Abteilung der Caskey School of Dancing in Springfield, IL) bezieht sich Kinsey auf „Fotografien von Künstler-Modellen", die er sammle. In einem Schreiben aus dem Jahr 1944 an Al Urban, einen Fotografen, der sich auf athletische männliche Akte spezialisierte, bezog sich Kinsey auf sexuelle Daten, die er von Freiwilligen sammelte: „Es handelt sich primär um Fallstudien, deren Daten wir bisher von circa 6300 Personen gesammelt haben, und wir hoffen, Zehntausende mehr zu bekommen. Im Zusammenhang mit dieser Studie war es für uns notwendig, Sammlungsmaterial zu bekommen, bei dessen Erhalt uns eine Anzahl Ihnen vermutlich bekannter Personen geholfen haben … aus eben diesem Grund würde ich gerne Ihre Sammlungen kennen lernen."[1]

In anderen Briefen aus dieser Zeit an Lawrence Gichner, einen Sammler von Erotika aus Washington, DC, gibt Kinsey weitere Erklärungen zu seinem Ziel, ein visuelles Archiv einzurichten. "Unsere Forschung wird sehr extensiv von der Medizinischen Abteilung der Rockefeller Foundation unterstützt. Zusätzlich zu den Fallstudien beginnen wir, eine Bibliothek und anderes Material zusammenzutragen, das wichtig für das Verständnis des menschlichen Sexualverhaltens ist."[2] Und nachdem er Gichners Sammlung gesehen hatte, schrieb er an ihn: „Ich beglückwünsche Sie zu der prächtigen Menge von Material, das Sie zusammengetragen haben und versichere Ihnen, dass es definitiv von wissenschaftlichem Wert ist."[3]

Anhand dieser Briefe können wir feststellen, dass Kinsey begann, ein breites und ausgedehntes Netzwerk von gleichgesinnten Sammlern und Produzenten von Erotika aufzubauen. Als leidenschaftlicher Sammler, wie er einer war, beglückwünscht er Gichner zu der „prächtigen Menge an Material, das Sie zusammengetragen haben". In anderen Worten: Es geht ihm um Quantität – alles ist primär Rohmaterial für ihn. Kinsey beginnt einen Tausch von Kopien von in seiner Sammlung vorhandenen Objekten mit solchen aus Gichners Sammlung. Der Sachverhalt des originalen Kunstwerks und seiner ihm innewohnenden ästhetischen Eigenschaften scheint Kinsey nicht sehr beschäftigt zu haben. Wie Paul Gebhard, der 10 Jahre für Kinsey arbeitete und nach dessen Tod sein Nachfolger als Direktor des Instituts wurde, berichtete: „Wir sammelten alles"[4]. In den Fällen, wo ein originales Kunstwerk unerschwinglich war, musste eine fotografische Reproduktion ausreichen.

Als eine Geldquelle erwähnte Kinsey die renommierte Rockefeller Foundation. Auch während er visuelles Material erotischer Natur sammelte, war Kinsey doch in erster Linie Wissenschaftler, der sich mit ernsthaften akademischen Untersuchungen beschäftigte. Seine Geldquelle und die wissenschaftliche Legitimation seiner Arbeit erwähnt er in Briefen an Personen, die er versucht, in diese Sammeltätigkeit einzubinden. Und tatsächlich helfen ihm diese zwei Argumente häufig, einen überzeugenden Fall zu präsentieren.

Die Kinsey Sammlungen wuchsen organisch: Die Zeit zwischen der Herausgabe der Bände zur männlichen bzw. weiblichen Sexualität (1948–53) ist mehr oder minder zeitgleich mit der Periode des größten Sammlungswachstums. Kinsey und seine Mitarbeiter/-innen nahmen Kontakte sowohl mit Polizei- als auch mit Post- und Zolldienststellen auf, um Zugang zu konfisziertem Material zu erhalten. Hierbei sollte beachtet werden, dass es zu der Zeit, in die Kinseys professionelle Karriere fällt, illegal war, als obszön angesehene Materialien sowohl zu besitzen als auch diese durch die Post zu versenden. Tatsächlich waren Fotografien, auf denen Schamhaare zu sehen waren, verboten. Als einer der gefeiertsten Fotografen der Moderne, Edward Weston seine große Retrospektive am Museum of Modern Art vorbereitete und dabei erfuhr, dass einige der Treuhänder des Museums Probleme damit hatten, bestimmte seiner wichtigsten Aktaufnahmen auszustellen, weil auf ihnen Schamhaar zu sehen war, schrieb er an den zuständigen Kurator für Fotografie Beaumont Newhall: „Anmerkung zum Thema ‚Schamhaare' (dies ist ein neuer Klassiker). Natürlich waren die entsprechenden Post-Gesetze bekannt … Sagen Sie Ihrem Aufsichtsrat unbedingt, dass Scha. ein wesentlicher Bestandteil meiner künstlerischen Entwicklung waren, sagen Sie Ihnen, dass es der wesentlichste Aspekt war, dass ich sie in braun, schwarz, rot oder golden mag, lockig oder gerade, alle Größen und Formen. Wenn Sie das nicht anrührt, lassen Sie es mich wissen."[5]

André Kertész hatte ähnliche Probleme mit seiner berühmten Serie verdrehter Akte, die Newhall gegen Ende der 30er Jahre in Erwägung zog, im MoMA auszustellen. Die Arbeiten waren von Kertész kurz vor seiner Abreise nach New York in seinem Pariser Atelier gemacht worden. Wie er berichtet, wollte Newhall nur diejenigen Bilder der Serie ausstellen, auf denen weder das Gesicht noch die Genitalien des Aktmodells zu sehen waren, da sie sonst als pornografisch eingestuft würden.[6]

Um den Hintergrund, vor dem Kinsey versuchte, eine Samm-

1 Brief von Alfred C. Kinsey an Al Urban, 2. September 1944. Alfred C. Kinsey correspondence, Kinsey Institute Archives.
2 Alfred C.Kinsey an Lawrence Gichner, 26. Juli 1946. Alfred C. Kinsey correspondence, Kinsey Institute Archives.
3 Alfred C. Kinsey an Lawrence Gichner, 27. September 1946. Alfred C. Kinsey correspondence, Kinsey Institute Archives.
4 Interview mit Paul Gebhard, geführt von Betsy Stirratt und Jeffrey A. Wolin am 27. November 2002
5 Ben Maddow, Edward Weston, (Boston: New York Geographic Society, 1973).
6 Gespräch mit Jeffrey Wolin, 1979.
7 Interview mit Paul Gebhard, geführt von Stirratt und Wolin, 27. November 2002.
8 Jonathan Gathorne-Hardy, *Sex: the Measure of All Things*, (Indiana University Press, 1998), S. 306–307.

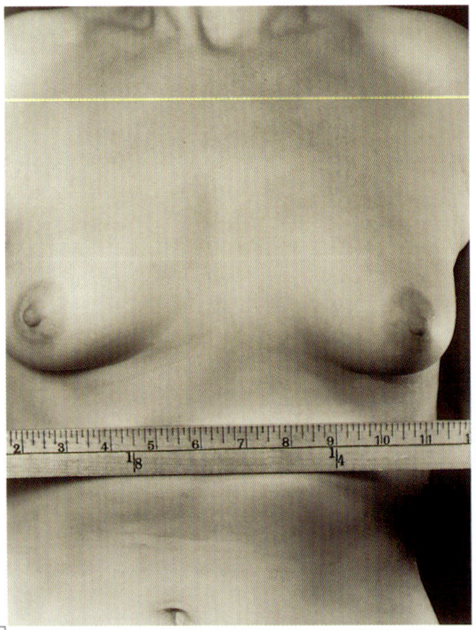

1

lung visueller Materialien und eine Forschungsbibliothek aufzubauen, besser zu verstehen, ist anzuführen, dass Werke wie James Joyces *Ulysses* und die Bücher Henry Millers aufgrund der Obscenity Laws vor 1960 nicht in die Vereinigten Staaten eingeführt werden durften (und natürlich nicht verlegt werden durften. Anm. d. Ü.) Paul Gebhard sagt dazu: „Das Institut begann sich mit der Frage der Zensur zu beschäftigen, indem es herausfand, was nicht zugelassen war und dann versuchte, von diesem Material Kopien für die Sammlung durch die Nutzung des Netzwerks von Kontakten zu erhalten."[7]

Kinsey und das Leben der Künstler

1947 wurde Kinseys Interesse an erotischer Kunst durch einen ausgewanderten russischen Künstler namens Andreay Avinoff verstärkt, der ihn in einem Brief fragte, ob er es in Erwägung gezogen habe, Befragungen bei Künstlern, Musikern und Tänzern durchzuführen. Kinsey und Avinoff trafen sich in New York, und es war offensichtlich Avinoffs Idee, eine umfassende Weltgeschichte der Erotika zu erstellen. Obwohl dieses Projekt nie umgesetzt wurde, hat es wahrscheinlich Kinseys Sammelleidenschaft verstärkt, und zwar sowohl im Sammeln bereits vorhandenen visuellen Materials als auch in einigen Fällen durch Eigenproduktion mit Hilfe von Bill Dellenback, dem Institutsfotografen. Dellenback erstellte z.B. Hunderte von Detailaufnahmen männlicher und weiblicher Genitalien und machte Filmaufnahmen sexueller Aktivitäten auf Kinseys Dachboden, der als Atelier eingerichtet worden war.

„Auf drei Bögen von Indiana Universitäts-Briefpapier festgehalten, können wir nachvollziehen, wie sich ihre Ideen in Diskussionen und Briefwechseln weiterentwickelt haben. Avinoff hatte nicht nur die einfache Geschichte der erotischen Kunst, die er anfänglich vorgeschlagen hatte, skizziert, sondern vielmehr eine Kartenübersicht erstellt, mit den jeweiligen Blöcken ägyptischer, kretischer, assyrischer, persischer und sino-japanischer Kunst, aus denen sich jeweils Unterabteilungen ableiteten: So folgte auf die kretische die griechisch-etruskische und die römische Kunst, auf die hellenistische und byzantinische die romanische, gotische, Renaissance- und Barock Kunst usw. bis zum 19. Jahrhundert und der Moderne. Über diesen untereinander verknüpften Überblick wurde dann die gesamte Breite erotisch-sexuellen Verhaltens und Phantasien gelegt, heterosexuelle, homosexuelle, sado-masochistische, tierbezogene und so weiter – wie sie sich über Mythen und Legenden in der Kunst (inklusive des Schmucks, der Skulptur, der Keramik etc.) manifestiert hatten und bis in die Vorgeschichte zurückverfolgt werden konnten. Es scheint sich hier um den Beginn eines außergewöhnlichen Unternehmens, noch in skizzenhaftem Zustand, zu handeln, das versuchte, die gesamte Welt der Kunst durch Raum und Zeit mit ihren erotischen und sexuellen Manifestation zu interpretieren und festzustellen, inwieweit diese, so weit bekannt, tatsächliche Praktiken widerspiegelte, ausdrückte oder gar anregte. "Wir werden noch ähnliche Versuche kennen lernen, inklusive derjenigen von Kinsey nun begonnenen, die physiologischen Aspekte der sexuellen Handlung zu beobachten und zu filmen."[8]

Kinsey machte die Bekanntschaft von Monroe Wheeler vermutlich durch Vermittlung Avinoffs: Wheeler war Ausstellungsdirektor am Museum für Moderne Kunst mit besten Verbindungen zur New Yorker Kunstwelt. Mit seinen nun etablierten Kontakten begann Kinsey, sich in den kreativen Zirkeln der Stadt zu bewegen und Befragungen von Künstlern, Schriftstellern, Tänzern und Musikern zu deren Sexualität durchzuführen. Hierdurch kam er auch in engeren Kontakt mit der homosexuellen Subkultur, die damals im Verborgenen gedieh. Kinsey begann zu glauben, dass die Offenlegung von Ideen zur Sexualität bei Künstlern in Bezug auf ihre eigene Kultur besonders wichtig sei. Und immer, wenn es ihm möglich war, bat er um Schenkungen oder benutzte Teile der Tantiemen-Einkünfte aus seinen Büchern zum Erwerb von Kunst für die anwachsenden Sammlungen.

Monroe Wheeler und sein Partner Glenway Westcott waren eng mit dem Fotografen George Platt Lynes befreundet, den Kinsey durch deren Vermittlung kennen lernte. Lynes war durch seine Porträtaufnahmen von Künstlern und Schriftstellern sehr bekannt, insbesondere aber durch seine großartigen Fotografien von Tänzern aus George Balanchines Ballet.

II

I

William Dellenback (1917–2000), USA
Weibliche anatomische Studie, Figurensatz 72
Gelatinesilber
23,3 × 18,3 cm
[KI-DC: 716] Schenkung 1950.
Der Fotograf des Kinsey Instituts William Dellenback fertigte eine große Anzahl von Fotografien männlicher Genitalien und weiblicher Genitalien und Brüste an, um das Material, das Kinsey aus anderen Quellen sammelte, zu ergänzen.

II

George Platt Lynes (1907–1955), USA
Männlicher Akt, 1950
Gelatinesilber
23,7 × 18,7 cm
[KI-GPL: 35. Lynes, Male nude.] Schenkung 1950
©Estate of George Platt Lynes
Die Fotografien von George Platt Lynes zählen zu den bedeutendsten der Sammlung.

Seine Arbeiten zum Thema des männlichen Akts waren eher unbekannt. Sein zunehmendes Interesse an homosexuellen und homoerotischen Darstellungen in Kunstform zog Kinsey zu Lynes. Nach wie vor waren während der Arbeitsperiode von Lynes sowohl die Herstellung als auch der Besitz expliziter Darstellungen nackter Personen verboten. Zwischen ihrem ersten Treffen 1949 bis zu Lynes Tod im Jahre 1955 korrespondierten die beiden ausführlich, meist über den Erwerb von Lynes Fotografien für die Sammlung. Tatsächlich wurde das Kinsey Institut eines der größten Archive von Lynes Fotografien mit einem Bestand von über 600 Abzügen und über 1700 originalen Negativen.

Da sich parallel zu dessen Gesundheit auch Lynes finanzielle Situation verschlechterte, sorgte er sich um den Verbleib seines Lebenswerks. Teils des Geldes wegen – er verkaufte Abzüge und Negative an Kinsey praktisch für den Materialpreis – aber hauptsächlich, um es für die Nachwelt zu erhalten, bot er sein Werk dem Institut an; in einem Brief an Kinsey schreibt er: „Lieber Alfred: Ich brauche Deinen Rat. Aber es eilt nicht – so hoffe ich zumindest – also antworte, wenn (so überhaupt) es Dir möglich ist. Ich möchte ein neues Testament aufsetzen – mein Bisheriges ist herrlich veraltet – und natürlich stellt sich die Frage, was mit meinen Negativen geschehen wird. Die Negative der wichtigen Porträts werden wohl an diese oder jene Universität gehen; hierzu werde ich anderweitig Rat einholen. Aber was geschieht mit den Aktaufnahmen? Wer würde sie nehmen, und sich auch um sie kümmern?

Ich möchte nicht, dass sie in irgendeinem Archiv begraben werden; ich möchte, dass jeder Interessierte Abzüge erhalten kann. Wie Du weißt, sind sie nicht „pornografisch" und viele von Ihnen (oder täusche ich mich da) sind so rein und einfach, dass sie sogar die Post zufrieden stellen würden."[9]

Kinsey und seine Mitarbeiter/innen erkannten, dass die Fotografien George Platt Lynes einzigartig waren und eine unschätzbare Bereicherung der Sammlung darstellten.

„George – das oben Gesagte kann nicht einmal ansatzweise ausdrücken, wie hoch wir die Qualität Deines Werks einschätzen – und die Deiner freundlichen Kooperation. Bill Dellenback, Martin, Gebhard und einige der Anderen haben einige Zeit damit zugebracht, die herausragende Beleuchtung, die erfindungsreiche Positionierung, kurzum die Schönheit des Ganzen zu analysieren. Diese Dinge wissen wir zu schätzen, ebenso die Möglichkeit der Erweiterung des wissenschaftlichen Bestandes."[10]

Die Sammlungen

Das Kinsey Institut beherbergt eine enorm große Sammlung visuellen Materials, das aus allen nur vorstellbaren Dingen mit Bezug zu Sex, Sexualität und Geschlecht besteht. Hierunter befindet sich eine breite Sammlung von Pornografie, Erotika und anregenden und humorvollen Bildern in Form von Gemälden, Zeichnungen. Skizzen, Fotografien, skulpturalen Objekten, kulturellen Ephemera, Filmen, Büchern, Zeitungsausschnitten und anderem schwer klassifizierbaren Material. In einem Brief an den Arzt Michael B. Shimkin erklärt Gebhard, an welcher Art von Pornografie das Institut interessiert sei, wie folgt: „Fotografien und Zeichnungen, die irgendeine Form sexueller Aktivität zeigen ... sexuelles Filmmaterial ... Witzhefte, erotische Spielkarten und ähnliches Material ... Schriftwechsel eindeutig sexueller Natur ... alles Material, das die Post für obszön oder pornografisch hält, gibt uns einen Einblick in deren Normen."[11]

Es ist wichtig, darauf hinzuweisen, dass während die Sammlung eine enorme Bandbreite hat, sie auch eine Anzahl verblüffender Gemälde und Arbeiten auf Papier bekannter Künstler enthält; u.a. *Four Women* (um 1870), Nicholas Octave Tassaert zugeschrieben, Stiche von Renoir, Picasso und Matisse. Vorhanden sind auch Druckgrafiken von Hans Bellmer, Radierungen von Leonor Fini und Jared French, Skizzen von Thomas Hart Benton, Tusch- Zeichnungen von Howard Chandler Christy, Holzschnitte von Utagawa Kunisade wie z.B. *The Cunt Hell of Great Searing Heat* und von Katsushika Hokusai. Es sind eine Anzahl von Stichen und Radierungen von Felician Rops und Rembrandt sowie Tuschzeichnungen von Pavel Tchelitchev und anderer bekannter Künstler vorhanden. Ferner gibt es

1

9 Brief von George Platt Lynes an Alfred C. Kinsey, 2. April 1953. Alfred C. Kinsey correspondence, Kinsey Institute Archives.
10 Alfred C. Kinsey an Lynes, 15. Juli 1955. Alfred C. Kinsey correspondence, Kinsey Institute Archives.
11 Brief von Paul Gebhard an den Arzt Michael B. Shimkin, Leiter der Biometrie-Abteilung, National Cancer Institute, 11. September 1958. Paul H. Gebhard correspondence, Kinsey Institute Archives.
12 Interview mit Paul Gebhard, ehemaliger Direktor des Kinsey Instituts von Jennifer Pearson Yamashiro, ehemalige Kuratorin des Kinsey Instituts, 19. Januar 1998.

Hunderte unsignierter und nicht zugeschriebener Werke in allen möglichen Techniken.

Objekte aus dem Altertum in der Sammlung sind z.B. das delikate Fragment eines römischen Freskos (1.–3. Jhd. vor Christi Geburt) und ägyptische Terrakotta-Figuren eines koitierenden Paares, 3200 vor Christi Geburt). Auf einer Reise nach Peru im Jahre 1954 sammelte Kinsey eine Anzahl von Moche-Keramikgefäßen, die von 200 vor bis 700 nach Christi Geburt datiert werden. Im Gegensatz dazu gibt es eine Anzahl von populären Objekten aus den 40er und 50er Jahren, die hauptsächlich in Japan für den amerikanischen Markt produziert wurden, darunter Aschenbecher mit anzüglichen Darstellungen junger Damen, Sektquirle in Penisform und Salz- und Pfefferstreuer in Brustform. Vorhanden sind auch einige Filmplakate, eine große Anzahl von Grußkarten, Bildergeschichten und Spielkarten von 1900 bis in die Gegenwart.

Die Sammlung beinhaltet auch Hunderte von erotischen Ex Libris, die in den 30er und 40er Jahren in Osteuropa von Künstlern wie Michel Fingesten (1884–1943) produziert wurden. Auch verschlungene japanische Netsuke-Schnitzereien aus Elfenbein mit der Darstellung männlicher und weiblicher Genitalien sind vorhanden, ebenso wie eine Anzahl eleganter Keramik-, Porzellan-, Elfenbein- und Holzamulette und Figuren, die geheimnisvolle Sexualakte darstellen.

Die Bibliothek des Kinsey Instituts besteht aus 9500 Bänden, unzähligen Periodika, Artikeln, Ausschnitten und Archivmaterial zum Thema menschlicher Sexualität. Schon zu Beginn seiner Sammeltätigkeit von visuellem Material bezog Kinsey das Sammeln von Büchern und sonstigem publizierten Material mit ein. Diese formten den Kern der Bibliothek des Instituts, die heute auch bedeutende Veröffentlichungen wie das chinesische *Su E Pian* (*Lady of the Moon*), um 1610, und einen 1935 datierten Brief Sigmund Freuds an eine Mutter, die sich um die Sexualität ihres Sohnes Sorgen macht, beinhaltet. Des Weiteren sind alle Ausgaben des *Playboy* vorhanden sowie frühe Schwulen- und Lesbenmagazine und eine Anzahl von Periodika, die sich mit dem Thema Sexualität beschäftigen. Das Archivmaterial besteht u.a. aus allen Zeitungsausschnitten, die sich auf das Werk von Alfred Kinsey und dasjenige des Instituts beziehen, sowie aus Artikeln in Bezug auf Zensur und Sex aus der Zeit Kinseys und danach.

Die Film- und Videosammlung des Instituts beherbergt erotische und pornografische Filme von der Zeit vor dem 1. Weltkrieg bis in die 70er Jahre. Zu Kinseys Zeiten war die Sammlung eher klein, heute besteht sie aus über 8000 Titeln, von Themen wie historische Herrenabende, Peepshows, Sexualerziehung, Sexualverhalten bei Tieren bis zu kleinformatigen, für den Heimatmarkt produzierten Filmen. Auch einige Kunstfilme sowie solche rein pornografischen Charakters sind vorhanden. Während die frühen Filme zumeist in Super 8, 8mm und 16mm produziert wurden, ist der neuere Bestand im Beta- oder VHS – Format.

Fotografie ist der bedeutendste Bestandteil der Sammlung und das Lynes Archiv ist das Glanzstück. Von großer Bedeutung ist auch die fotografische Sammlung des Baron Wilhelm von Gloeden, der wohl am Besten für seine homoerotischen Aufnahmen von Einwohnern der sizilianischen Stadt Taormina bekannt ist, die zwischen 1895 und dem Ausbruch des 1. Weltkriegs entstanden. Gloedens Werk wurde zu seinen Lebzeiten gut aufgenommen, und viele seiner Drucke wurden an Sammler in aller Welt verkauft. Es existieren ungefähr 300 Fotos von Gloeden in der Sammlung, die aus unterschiedlichen Quellen stammen. 1951 z.B. übergab A. Hyatt Mayor vom Metropolitan Museum of Art eine Anzahl Gloedens an Kinsey; zu dieser Zeit waren bereits einige Exemplare am Institut vorhanden. Im Jahre 1955 besuchte Kinsey Europa, um Vorlesungen zu halten und zu forschen; während dieser Reise besuchte er extra Taormina, um der bereits existierenden Sammlung von Werken des Barons weitere hinzuzufügen.

In der Frühzeit des Instituts wurden die Fotografien eher selten zur Untersuchung der menschlichen Sexualität benutzt und dienten nicht als primäre Quelle in Kinseys Forschungen. Da es aber seine übergreifende Philosophie war, „eine möglichst große und möglichst diversifizierte Probe“[12] zu erhalten, besitzt das Institut heute über 70 000 Fotografien. Darunter befinden sich eine Anzahl von Alben- und hand-

II

I Utagawa Kunisada zugeschrieben (1786–1864), Japan
Die Hölle der großen Hitze, Beginn 19. Jh.
Holzschnitt
33,7 x 45,1 cm
[250Q.A014.1] Schenkung 1947
Dieser Holzschnitt illustriert das breite Spektrum der Dokumente, die Kinsey sammelte.

II **Populäre Porzellanobjekte aus den 50er und 60er Jahren, wie hier abgebildet, sind nur ein Beispiel für paraphernale Kulturobjekte aus der Sammlung.**
[Kinsey Institute collection]

kolorierten Abzügen, Stereobilder und Silbergelatine-Abzüge aus der Mitte des 19. Jahrhunderts, die die Entstehung und Entwicklung der Fotografie dokumentieren. Zusätzlich gibt es Tausende von Amateuraufnahmen, die dem Institut geschenkt wurden (häufig wurde Kinsey oder den Mitarbeiter/innen im Rahmen von Interviews von den Befragten kartonweise Material angeboten, das sie entweder erworben oder selbst angefertigt hatten). Andere Quellen waren die Polizei oder andere Behörden, die illegale Fotografien beschlagnahmt hatten und sie dem Kinsey Institut übereigneten. Und je einfacher die Herstellung von Fotografien wurde, desto größer wurde die Anzahl der von Amateuren produzierten Bilder. Mit der Einführung der Polaroidtechnik kam eine Bilderflut auf das Institut zu: Man musste nun den Film zum Entwickeln nicht mehr in den Fotoladen an der nächsten Ecke bringen, wo das Risiko auf Konfiszierung – nicht zu erwähnen peinliche Situationen – durchaus real war.

Erotische Postkarten, von denen es in der Sammlung eine große Anzahl gibt, wurden meist in Osteuropa, Portugal, Frankreich oder Belgien hergestellt, wurden aber allgemein „französische" Postkarten genannt. Auf diesen war zumeist Nacktheit aber kein Geschlechtsverkehr dargestellt, und sie waren zwischen 1900 und 1930 weit verbreitet. Auch gibt es in der Sammlung einzigartige per Hand manipulierte Bilder, die durch Zeichnen, Ausschneiden oder Überkleben verändert wurden. In einzelnen Fällen wurde das originale Bild durch Collage-Element verwandelt. Hierbei hatte der Urheber häufig irgendwelche sadomasochistischen Paraphernalia eingefügt, wie z. B. Kleidungsstücke oder persönliche Requisiten.

Mehrere größere fotografische Serien dokumentieren das Sexualleben und die Besessenheit ihrer Fotografen. Diese sind insofern wichtig, als sie die sexuellen Geschmäcker eines Individuums belegen, was Kinsey und Gebhard sehr interessierte. So belegen die Fotografien von John Alexander Scott Coutts (alias John Willie) 1902–1962 und Charles Gyette, alle in den 30er und 40er Jahren aufgenommen, die lebenslange Hingabe zur Fotografie als ein kreatives Element für die eigene Sexualität. Beide Serien zeigen Modelle, die wiederholt auftauchen und sowohl einen Einblick in die Genese der Fotografien bieten als auch zum Studium der Intentionen des Fotografen herausfordern.

Das Institut erhielt größere Schenkungen fotografischen Materials von Privatgebern mit spezieller Interessenlage; insofern ist die Sammlung gelegentlich etwas einseitig und reflektiert nicht unbedingt das, was für die Zeit typisch war. Wie Paul Gebhard z.B. feststellt: „während der 40er und 50er Jahre gab es plötzlich eine große Erweiterung (an Sammlungsmaterial) (von Fotografien sado-masochistischer Natur) – tatsächlich war das aber gar nicht der Fall – was passierte, war, dass wir das ganze Zeugs von Coutts bekommen hatten."[13]

In einem Brief an Laurence Sickmann, den Kustos für orientalische Kunst am Nelson Atkins Museum of Art in Kansas City schrieb Gebhard: „Diese unerwartete Entwicklung (während einer Reise nach New York), auf die ich mich beziehe, mag Sie interessieren, sofern Sie gewillt sind (wie es einige nicht tun), Fotografie als eine Kunstform anzusehen. Kurz gesagt, wir besitzen genügend kommerzielle Pornografie, wie man sie auf der 6th Avenue findet, was wir aber suchen sind Fotografien von hohem künstlerischem Wert von richtig guten Fotografen. Wir wissen, dass es sie gibt (z.B. Lynes, dessen Fotos wir bereits besitzen), das Problem ist vielmehr, sie ausfindig zu machen und dann den Besitzer zu überreden, sie entweder zu verkaufen oder zumindest der Herstellung einer Kopie zuzustimmen. Wir haben einige ausgezeichnete Hinweise erhalten und ich hoffe sehr, dass unser Fotograf Bill Dellenback diese weiterverfolgt."[14] Hier zeigt Gebhard, dass er die Fotografie als eine Kunstform ansieht, lange bevor der Kunstmarkt oder die Öffentlichkeit dies taten. Auch unterscheidet er zwischen Fotografie als Kunst und kommerziell produzierter Pornografie, von der das Institut im Jahre 1958 nach Gebhards Ansicht bereits genügend hatte.

Mit dem Wachsen der Sammlungen und der Bibliothek wuchs auch das Verständnis für deren Bedeutung. 1951 schrieb Kinsey: „Die Bibliothek und die Sammlungen des Instituts sind ein integraler Bestandteil des Forschungsmaterials, das nicht nur für das Verständnis des Sexualverhaltens in unserer amerikanischen Kultur notwendig ist, sondern auch für dasjenige anderer Kulturen der Welt, sowohl alter als auch moderner,

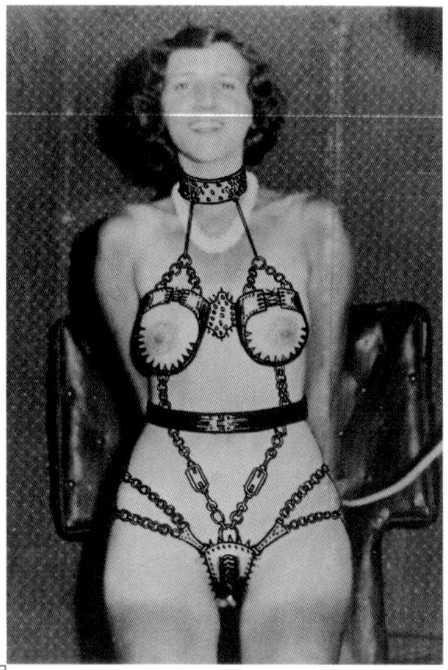

1

13 A.a.O.
14 Brief von Gebhard an Laurence Sickman, Kustos für Orientalische Kunst am Atkins Museum of Fine Arts, Kansas City, 25. September 1958. Paul H. Gebhard correspondence, Kinsey Institute Archives.
15 Brief von Alfred C. Kinsey an P.D. Perkins, Perkins Oriental Books, Kyoto, Japan, 4. Oktober 1951. Alfred C. Kinsey correspondence, Kinsey Institute Archives.
16 Brief von Gebhard an Shimkin, 11. September 1958. Paul H. Gebhard correspondence, Kinsey Institute Archives.

die im Vergleich mit der amerikanischen Kultur zu unserem Verständnis der Ursprünge und der sozialen Bedeutung des Sexualverhaltens beitragen. Bibliothek und Sammlungen des Instituts werden primär für die Nutzung durch das Forschungspersonal zusammengetragen, der Zugang zu ihnen ist nur für Personen möglich, die sich auf professioneller Basis mit der Behandlung menschlicher Sexualprobleme beschäftigen oder aber zuverlässige Forschungen auf diesem Gebiet durchführen."[15]

Kinsey akzeptierte alle Arten visuellen Materials für die Sammlungen, wobei er besonderen Wert auf eher nebensächliche Stücke legte, in dem Glauben, dass amateurhafte und nebensächliche Objekte beim Studium der Sexualität von Durchschnittspersonen nützlich seien. Noch nach Kinseys Tod schrieb Paul Gebhard 1958 an Shimkin dass „amature (sic) Bilder besser sind als kommerzielle Bilder. Allerdings sind auch die Letzteren für uns noch von Wert."[16] So weit es die Mittel des Instituts zuließen, kaufte er Material für die Sammlungen an, wobei er allerdings bei teureren Objekten und Kunstwerken an Grenzen stieß. Auch nach Kinseys Tod 1956 hielten die Schenkungen fotografischen Materials an das Institut an, und es wurde Paul Gebhards Aufgabe als Kinseys Kollege und Nachfolger, die Sammlungen nach einem halbwegs rationalen System zu katalogisieren.

Das Klassifikationssystem von Wissenschaft und Sex

In den späten 40er Jahren entwickelte Kinsey ein Klassifikationssystem für das fotografische Bildmaterial, das er zu sammeln begonnen hatte. Dies war aufgrund der großen Anzahl der Bilder notwendig geworden, und es erlaubte Kinsey und seinem Team, diese als unterstützendes Material zu den Tausenden von ihnen durchgeführten Befragungen zu benutzen. Als das Archiv aufgrund der vielen Duplikate, sowohl von Originalabzügen als auch von Kopien, aus den Nähten zu platzen drohte, wurde es unter dem Aspekt der wissenschaftlichen Nutzung notwendig, die Fotografien nach den auf ihnen dargestellten sexuellen Aktivitäten zu ordnen. Dadurch konnten die Bilder als wissenschaftliche Daten klassifiziert werden, was auch das Problem der Einstufung des Materials als illegale Pornografie milderte.

Die Basis für Kinseys Forschungen zur Sexualität waren die Tausenden persönlich von ihm oder seinem Team zwischen 1938 und 1956 durchgeführten Befragungen. In einem Zeitraum von zwei Stunden wurden die Befragten mit einem langen Fragenkatalog konfrontiert.

Die Befragungen waren umfassend und so aufgebaut, dass sie jeden Aspekt der Sexualgeschichte eines Individuums festhalten sollten. Wenngleich die Befragungen vertraulich waren, bildete deren Resultat die Grundlage für Kinseys berühmte und kontroverse Bücher *Sexual Behavior in the Human Male* (1948) und *Sexual Behavior in the Human Female* (1953). Zur Dokumentation der Interviews mit Befragten über ihre Sexualgeschichte benutzte Kinsey ein ausgeklügeltes System von Abkürzungen, die so niedergeschrieben wurden, dass nur Kinsey selbst bzw. Mitglieder seines Team sie entschlüsseln konnten: Dies diente offensichtlich dazu, Vertraulichkeit zu gewährleisten.

Auf der Grundlage dieses Prozesses wurden auch die Fotografien klassifiziert; während das von Kinsey entwickelte ursprüngliche System noch etwas rudimentär war, wurde es später erweitert und von Paul Gebhard nach Kinseys Tod ausführlicher und nutzbarer gemacht. Mit dem Anwachsen der Sammlung wurde das System erweitert, z.B. von der Kategorie Weiblicher Akt zu Figur X mit weiteren 35 Unterkategorien. Die Fotografien wurden mit Hilfe eines Trockenklebemittels durch Hitzeeinwirkung auf 8 x 10 Zoll große Karteikarten kaschiert. Jede Karteikarte hatte schriftliche Daten wie die Kategorie der Klassifizierung, die Serien- oder Reihennummer, die Herkunft (Stadt, Land oder Organisation) und das Erwerbsdatum. Das ungefähre Aufnahmedatum und Informationen über den Spender bzw. die Erwerbsumstände wurden später hinzugefügt. Dann wurden die Bilder in Gruppen aufgeteilt, zuerst in Kartons nach generellen Kriterien und später sehr exakt nach Kategorien, die auf der genauen sexuellen Position bzw. dem genauen Typ der sexuellen Aktivität basierten. So wurde z.B. die Kategorie Dildo beschrieben als

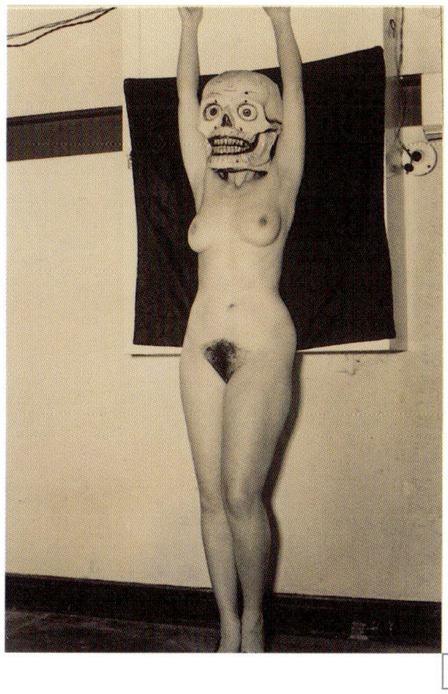

II

I

Unbekannter Fotograf
Frau mit gefesselten Händen, ca. 1938–1940
Gelatinesilber und Tinte
12,7 x 8,9 cm
[KI-DC: 63305. Sadomasochism, female breast]
Schenkung 1959
Der Fotograf oder der Besitzer dieses Bildes aus den 40er Jahren hat es durch Zeichnen verändert.

II

Unbekannter Fotograf
Frau mit einer Skelettmaske, Datierung unbekannt
Gelatinesilber
16 x 10,5 cm
[KI-DC: 22158. Female figure nude, genitals exposed, standing, hands above waist]
Schenkung 1972
Amateurfotografien machen einen großen Teil der Sammlung aus; häufig illustrieren sie das Thema Sexualität sehr viel bemerkenswerter, als dies kommerzielle Bilder tun.

„Koitus, bei dem der männliche Partner einen Dildo anstelle seines Penis benutzt. Der Dildo muss an der Stelle des Penis sitzen – wird er von Hand geführt, wäre die zutreffende Kategorie Pet (in etwa: Spielzeug. Anm.d.Ü.) Figur X. Butt stände für weibliches Gesäß. Fotografien von nackten weiblichen Gesäßen oder Fotografien, bei denen das Hauptaugenmerk auf das Gesäß gerichtet ist. Muss nicht unbedingt unbekleidet sein."[17]

Liste der Kategorien (ohne Unterkategorien):

1. ANL HT (Analinctus, heterosexuell)
2. AN HT (Analverkehr heterosexuell)
3. ANAT (Anatomische Studie)
4. ANIMAL (Tier)
5. ANTHRO (Anthropologie)
6. ANUS MALE (Anus, männlich)
7. CABINET (Porträts, Katalogkarten)
8. CATALOG (Katalog)
9. CINE ILLUSTRATIONS (Film-Illustrationen)
10. CINE (unbewegtes Filmbild)
11. CLERIC (Geistlichkeit)
12. C (COITUS) (Koitus)
13. DAGUERREOTYPES (Daguerreotypie, Bild auf Jodsilberplatte)
14. DANCE (Tanz)
15. DANCE BALLET (Tanz Ballet)
16. ER FACIAL (erotischer Gesichtsausdruck)
17. FEMALE FIGURE (weibliche Figur)
18. MALE & FEMALE FIGURE (männliche und weibliche Figuren)
19. G IN C (Genitalien beim Koitus)
20. MALE GENITALIA (männliche Genitalien)
21. GO (genital/oral)
22. GRP HAT (heterosexuelle Gruppe)
23. H FEMALE (homosexuell, weiblich)
24. H MALE (homosexuell, männlich)
25. HUMOR
26. FETISH (Fetisch)
27. M FEMALE (Masturbation, weiblich)
28. M MALE (Masturbation, männlich)
29. MALE FIGUR (Figur, männlich)
30. NUDISM (Nudismus, Nacktheit)
31. MEDICAL (medizinisch)
32. PET HT (Petting/Vorspiel, heterosexuell)
33. PHOTOMONTAGE
34. PRISONER (Gefangener)
35. PORTRAITS/SEX RESEARCHERS (Porträts von Sexualforschern)
36. PR FEMALE (Prostituierte, weiblich)
37. SDM (Sadomasochismus)
38. SCAT (Skatologie, abnorme Vorliebe für Kot)
39. SELF-STIM FEMALE BR (Selbststimulation, weiblich)
40. STEREO (stereografische Abbildung)
41. STRIPTEASE FEMALE (Striptease, weiblich)
42. TV (Transvestit)
43. TATOO (Tätowierung)
44. Z (Zoophilie, abnorme Vorliebe für Tiere)

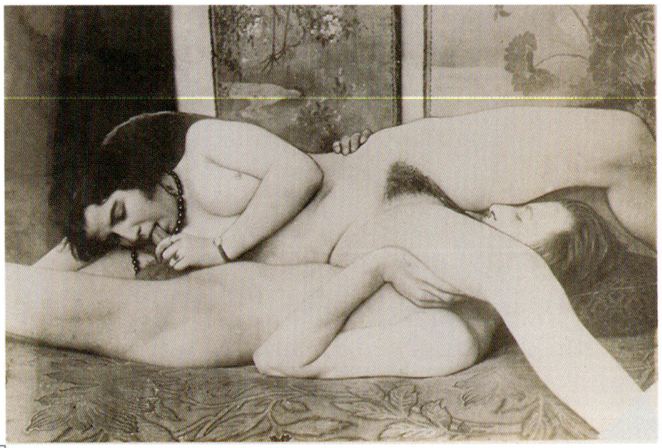

1

17 Paul Gebhard, Classification-Photographic Collection, Categories, S. 3.
18 Paul Gebhard, Classification-Photographic Collection, Definition of Coital Postures, S. 1.
19 Interview mit Paul Gebhard, geführt von Betsy Stirratt und Jeffrey A. Wolin, 27. November 2000.

In Gebhards Buch zur Klassifizierung der fotografischen Sammlung gibt es ausführliche Anweisungen über die angeführten und innerhalb der Kategorien definierten Körperhaltungen. Dieses ledergebundene Manual, von dem es nur ein Exemplar gibt, gab dem Personal Anweisungen zur Verwaltung der fotografischen Sammlung und zur Behandlung der einzelnen Fotografien. In einem „Definition der Stellungen beim Koitus" betitelten Absatz führt Gebhard aller innerhalb der Kategorien der Sammlung auftauchenden Stellungen an, und zwar mit schriftlicher Schilderung und Illustrationen bestimmter Winkel, die eine Stellung definierten. So wird z.B. der Unterschied zwischen einer Bauch-Bauch Stellung und einer Rücken-Bauch Stellung wie folgt beschrieben: „Um bei der Kategorisierung der Fotografien ein klares Urteil fällen zu können, wurden alle koitalen Kategorien als auf der Position des weiblichen Körpers basierend festgelegt. Sollte sich die Notwendigkeit einer weiteren Untergruppierung ergeben, wurde die Stellung des männlichen Körpers mit einbezogen. Dies kann folgende Kategorie ergeben: C. O auf dem Rücken liegend, Bauch zu Bauch, O vornüber gebeugt."[18]

Zur Zeit gibt es 350 übergreifende Unterkategorien in der fotografischen Sammlung von GO Arm Prop bis GO 69 HAT (Genital-oral Armstütze bis Genital-oral (Position)69 (heterosexuell) mit jeweils zwanzig detaillierten Unterkategorien. Der menschliche Sexualverkehr war damit kategorisiert worden, und es gab so gut wie keine Stellung oder Aktivität, die mit diesem Ordnungssystem nicht beschrieben werden konnte.

In der Frühzeit war es dem Kinsey Institut untersagt, Material aus den Sammlung zugänglich zu machen oder auszustellen. Zum ersten mal wurden Fotografien und Kunstwerke im Jahre 1990 unter der Direktion von June Reinisch öffentlich gezeigt. Wenn das Institut vorsichtig an das Thema der öffentlichen Ausstellung dieses Materials heranging, hatte dies einen guten Grund. Paul Gebhard sagt dazu: „Cornelia Christenson weist in ihrem Aufsatz *To Hang or Not to Hang* darauf hin, dass der einzig sichere Weg, Material dieser Art auszustellen, darin besteht, dass es entweder ‚alt', ‚ausländisch' oder aber von einem ‚berühmten Künstler' ist. Wenn diese Kriterien nicht zutreffen, ist eine Ausstellung zu riskant."[19] In jüngster Zeit hat das Kinsey Institut Leihgaben aus seinen Sammlungen zu einer Anzahl von Ausstellungen in der ganzen Welt gegeben, und es wird weiterhin Fotografien und andere Teile seiner Sammlungen sowohl dem Forscher als auch der Öffentlichkeit zugänglich machen. Material aus den Sammlungen ist in den folgenden wichtigen Publikationen erschienen: *George Platt Lynes* (Bullfinch Press, 1993), *Harm's Way* (Twin Palms, 1994), *The Art of Desire* (The Kinsey Institute, 1997) und *Peek* (Arena Editions, 2000). Fotografische Erotika haben immer dazu gedient, dem Betrachter das Fantastische, nicht das Reale der Sexualität nahe zu bringen. Fotografische Bilder werden weiterhin für erotische Zwecke produziert und genutzt werden, und das Institut wird weiterhin erotische Materialien aller Arten sammeln, wobei Web-geeignetes Material und neuere technologische Entwicklungen die Zukunft von erotischen Materialien für kommende Generationen bestimmen werden.

Weil Alfred Kinsey der Meinung war, dass jedwedes visuelle Material zum Thema Sexualität gesammelt werden müsse, hat die Sammlung ihre heutige Bandbreite erreicht. Von etablierter Kunst und populärer Kultur, von künstlerischen Medien zu Nebensächlichkeiten, von Werken bekannter und hoch eingeschätzter Künstler bis zu Arbeiten von Amateuren, von Artefakten zu Zeitschriften, von Filmen bis zu Archivmaterial. Diese Entwicklung der Sammlung seit Kinseys Tod im Jahre 1956 spiegelt die Art und Weise, wie sie von Forschern benutzt wird, wieder und wird sicher eine Rolle bei der künftigen Einschätzung ihre Bedeutung spielen.

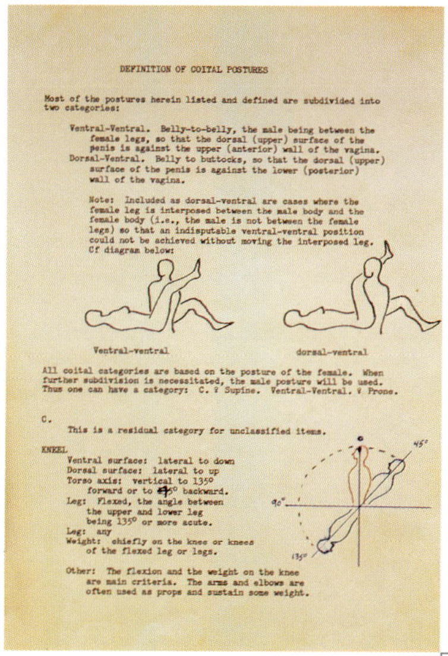

DEFINITION OF COITAL POSTURES

Most of the postures herein listed and defined are subdivided into two categories:

Ventral-Ventral. Belly-to-belly, the male being between the female legs, so that the dorsal (upper) surface of the penis is against the upper (anterior) wall of the vagina.
Dorsal-Ventral. Belly to buttocks, so that the dorsal (upper) surface of the penis is against the lower (posterior) wall of the vagina.

Note: Included as dorsal-ventral are cases where the female leg is interposed between the male body and the female body (i.e., the male is not between the female legs) so that an indisputable ventral-ventral position could not be achieved without moving the interposed leg. Cf diagram below:

All coital categories are based on the posture of the female. When further subdivision is necessitated, the male posture will be used. Thus one can have a category: C. ♀ Supine. Ventral-Ventral. ♂ Prone.

C.
This is a residual category for unclassified items.

KNEEL
Ventral surface: lateral to down
Dorsal surface: lateral to up
Torso axis: vertical to 135° forward or to 45° backward.
Leg: Flexed, the angle between the upper and lower leg being 135° or more acute.
Leg: any
Weight: chiefly on the knee or knees of the flexed leg or legs.

Other: The flexion and the weight on the knee are main criteria. The arms and elbows are often used as props and sustain some weight.

II

Unbekannter Fotograf I
Mann und Frau bei einer oral-genitalen Sexualhandlung, um 1925
Gelatinesilber
11,6 x 15,6 cm
[KI-DC: 36310. Genital oral, 69 position, heterosexual]
Schenkung 1959
Diese Fotografie (um 1925) ist als GO 69 HAT klassifiziert, als Genital-Oral (Position) (69) heterosexuell.

Paul Gebhard II
Klassifizierung der Fotografiesammlung
Einmaliges Buchexemplar
28 x 21,7 cm
[Kinsey Institute collection]
Diese Seite aus Paul Gebhards Anleitung zur Klassifizierung von Fotografien zeigt, wie Bilder analysiert wurden, bevor man sie Kategorien zuordnete.

1

1 George Platt Lynes (1907–1955), USA
Dr. Alfred Kinsey, 1950
Gelatinesilber
23,5 x 19 cm
[KI-GPL: 323. Lynes, portrait.] Schenkung 1950

Obwohl George Platt Lynes während dieser Sitzung eine große Anzahl von Aufnahmen seines Freundes Alfred Kinsey machte, trifft keins der Bilder die komplexe Persönlichkeit Kinseys komplett. Lynes erkannte dies und bot an, Kinseys Porträt zu einem späteren Zeitpunkt noch einmal zu fotografieren, aber die Gelegenheit dazu sollte sich nicht ergeben. Kinsey war nicht leicht zu fotografieren und er war in dieser Angelegenheit sehr wählerisch. Wardell Pomeroy berichtet in seiner Kinsey Biografie, dass der scharfsinnige Wissenschaftler davon ausging, dass ein ungünstiges Porträt seiner Person die Öffentlichkeit gegen sein Forschungsvorhaben aufbringen könnte, und er war deshalb durchaus in der Lage, einem Fotografen sein Missfallen über die Resultate einer Porträtsitzung mitzuteilen.

[CATHERINE A. JONHSON]

ANL HT
AN HT
ANAT
ANIMAL
ANTHRO
ANUS MALE

1949 stellte Alfred Kinsey William Dellenback als Institutsfotografen des Instituts für Sexualforschung ein. Dellenback dokumentierte die Aktivitäten von Kinsey und diejenigen der anderen Forscher des Instituts; des Weiteren produzierte er Filme über das Sexualverhalten der Tiere und stellte erotisches Photomaterial für Sammlungen her, die nicht für die Archive des Instituts erworben werden konnten. Zusätzlich produzierte er für Forschungszwecke eine Reihe anatomischer Studien von Männern und Frauen. Diese Fotografien weisen nach, dass menschliche Genitalien in den verschiedensten Formen vorkommen und dass es keinen speziellen anatomischen Typus gibt, der als „normal" bezeichnet werden kann. [C. A. J.]

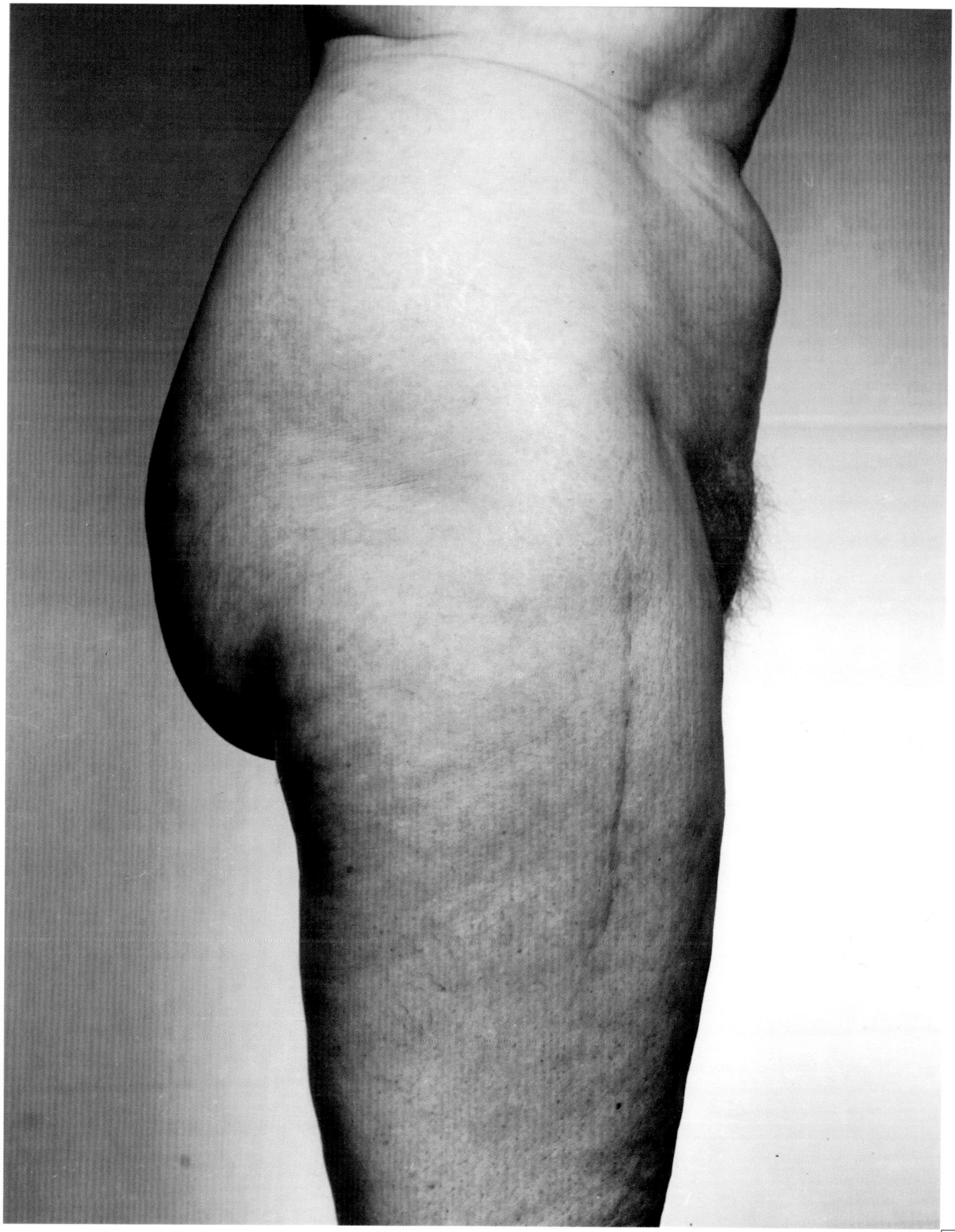

1

1 William Dellenback (1917–2000), USA
Weibliche anatomische Studie, Figurensatz 73, um 1950.
Gelatinesilber
23,8 x 18,3 cm
[KI-DC: 729. Anatomical study.] Schenkung 1950

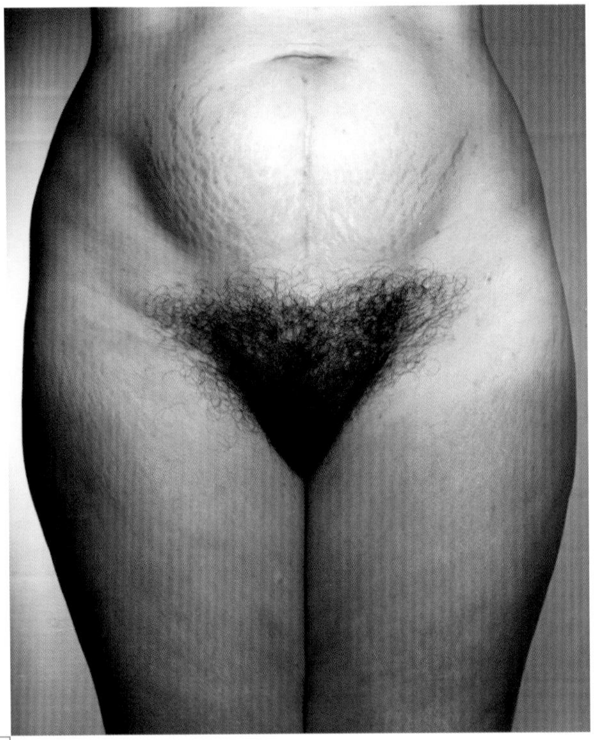

I

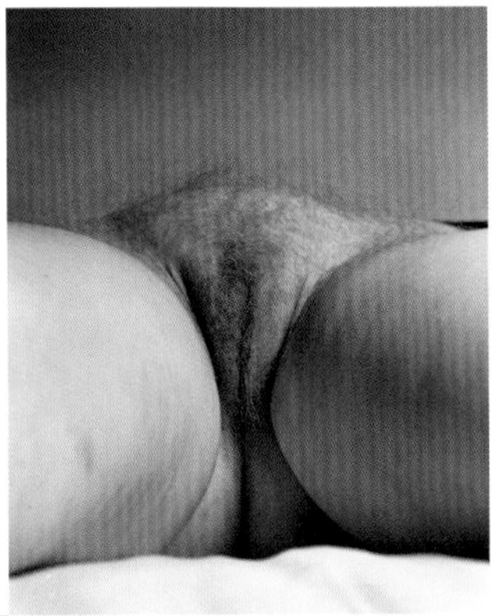

II

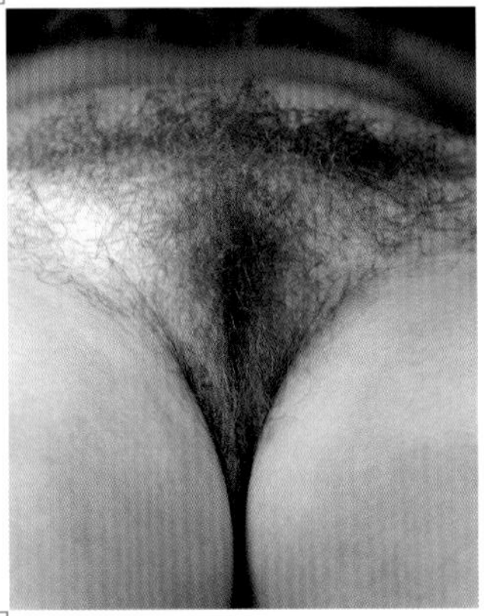

III

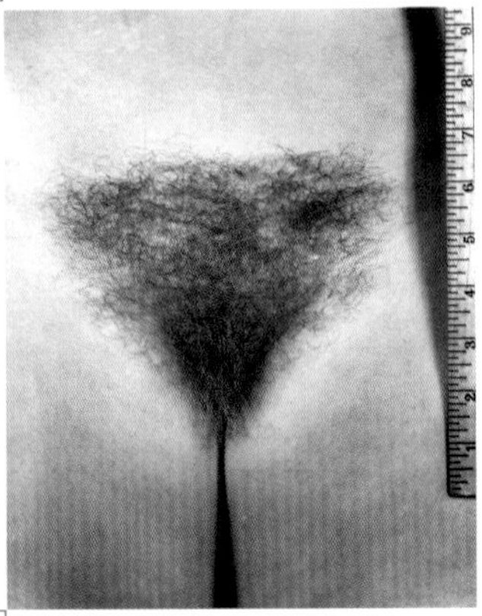

IV

I William Dellenback (1917–2000), USA
Weibliche anatomische Studie, Figurensatz 74, um 1950
Gelatinesilber
23 x 18,3 cm
[KI-DC: 734. Genitalia, female, nude, close-up view.]
Schenkung um 1950

II William Dellenback (1917–2000), USA
Weibliche anatomische Studie, Figurensatz 73, um 1950
Gelatinesilber
23,3 x 18,3 cm
[KI-DC: 720. Genitalia, female, detail.]
Schenkung 1950

III William Dellenback (1917–2000), USA
Weibliche anatomische Studie, Figurensatz 72, um 1950
Gelatinesilber
23,3 x 18,3 cm
[KI-DC: 708. Genitalia, female, nude, close-up view.]
Schenkung 1950

IV William Dellenback (1917–2000), USA
Weibliche anatomische Studie, Figurensatz 72, um 1950
Gelatinesilber
23,3 x 18,3 cm
[KI-DC: 707. Genitalia, female, nude, close-up view.]
Schenkung 1950

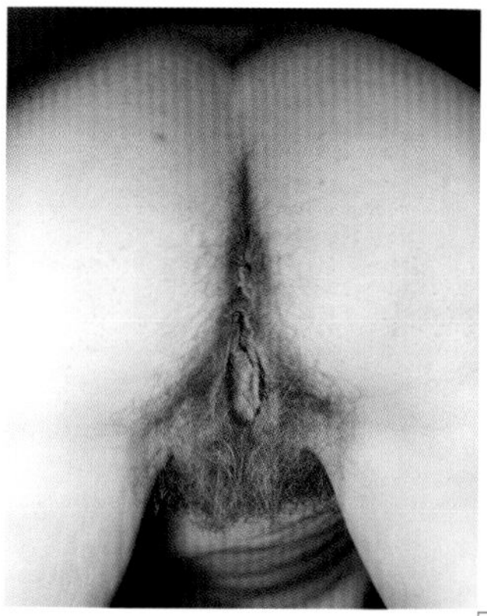

V

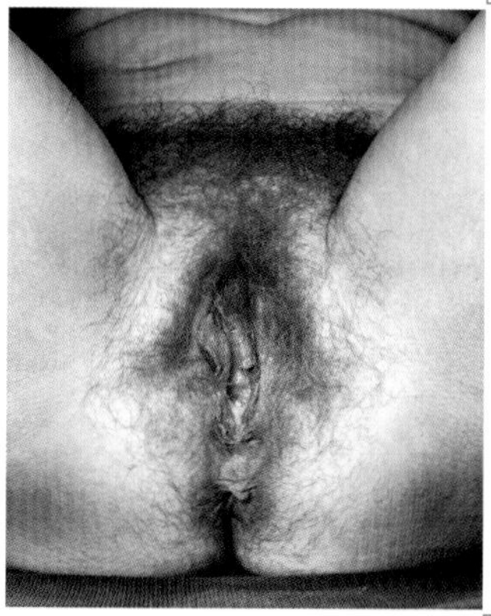

VI

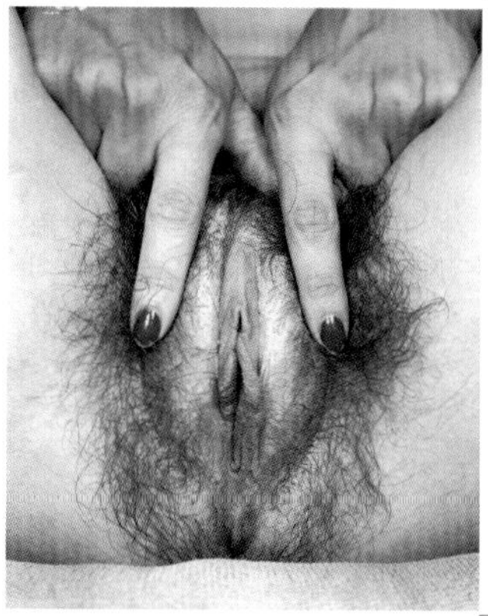

VII

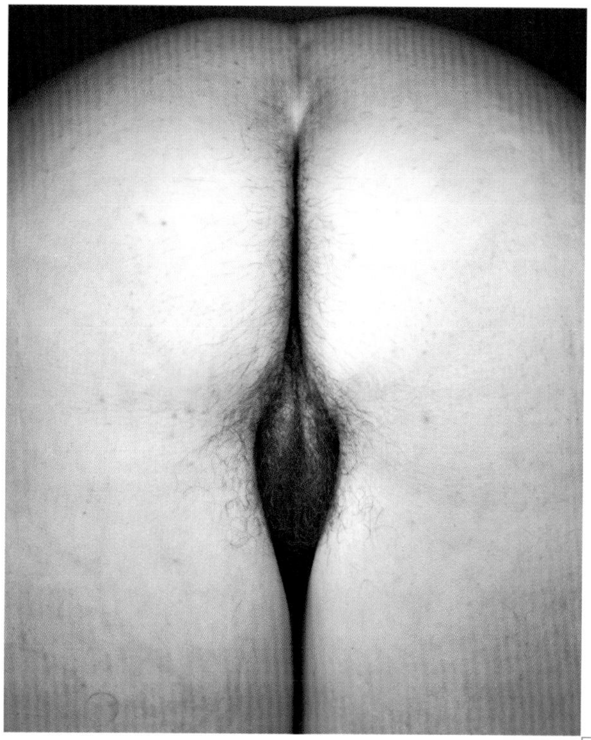

VIII

V
William Dellenback (1917-2000), USA
Weibliche anatomische Studie, Figurensatz 72, um 1950
Gelatinesilber
23,3 x 18,3 cm
[KI-DC: 701. Genitalia, female, nude, rear view.]
Schenkung 1950

VI
William Dellenback (1917-2000), USA
Weibliche anatomische Studie, Figurensatz 72, um 1950
Gelatinesilber
23,3 x 18,3 cm
[KI-DC: 709. Genitalia, female, nude, close-up view.]
Schenkung 1950

VII
William Dellenback (1917-2000), USA
Weibliche anatomische Studie, Figurensatz 75, um 1950
Gelatinesilber
23,3 x 18,3 cm
[KI-DC: 755. Genitalia, female, detail.]
Schenkung um 1950

VIII
William Dellenback (1917-2000), USA
Weibliche anatomische Studie, Figurensatz 74, um 1950
Gelatinesilber
23,3 x 18,3 cm
[KI-DC: 750. Genitalia, female, nude, rear view.]
Schenkung um 1950

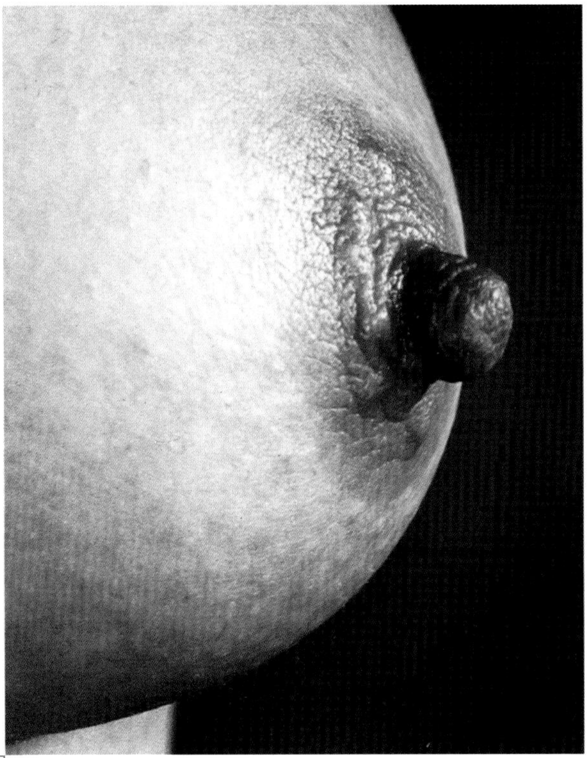

I

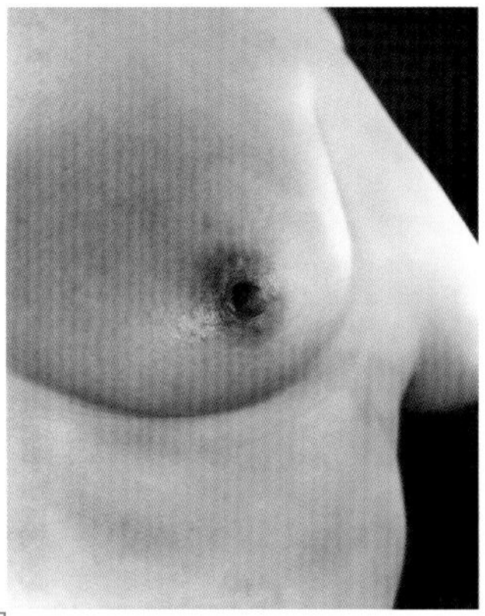

II

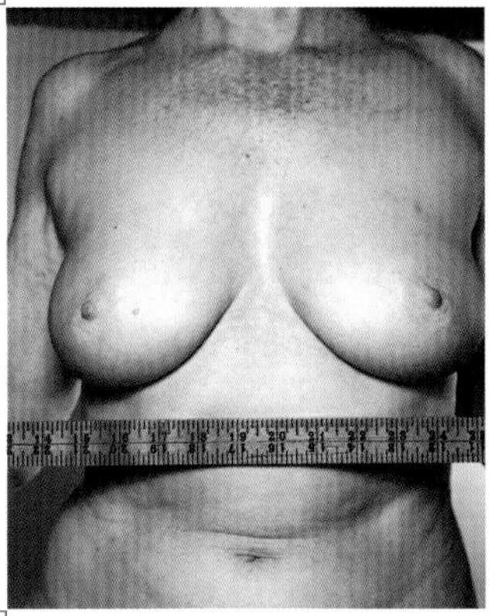

III

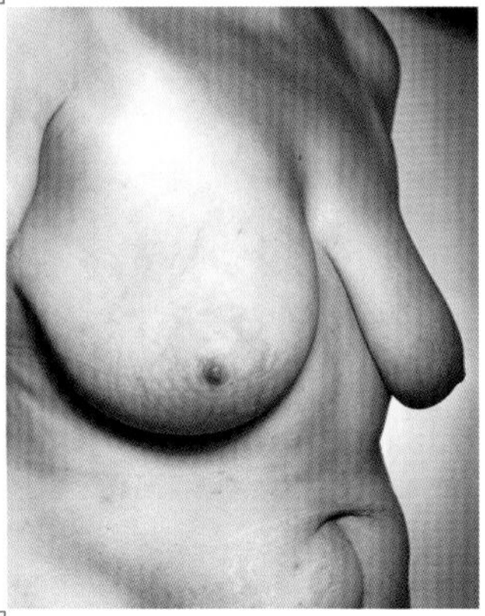

IV

I William Dellenback (1917-2000), USA
Weibliche anatomische Studie, Figurensatz 72, um 1950
Gelatinesilber
23,3 x 18,3 cm
[KI-DC: 704. Female figure, breast.] Schenkung 1950

II William Dellenback (1917-2000), USA
Weibliche anatomische Studie, Figurensatz 72, um 1950
Gelatinesilber
23,3 x 18,3 cm
[KI-DC: 718. Female figure, breast.] Schenkung 1950

III William Dellenback (1917-2000), USA
Weibliche anatomische Studie, Figurensatz 73, um 1950
Gelatinesilber
23,8 x 18,8 cm
[KI-DC: 722. Female figure, breast.] Schenkung 1950

IV William Dellenback (1917-2000), USA
Weibliche anatomische Studie, Figurensatz 74, um 1950
Gelatinesilber
23,3 x 18,3 cm
[KI-DC: 739. Female figure, breast.] Schenkung um 1950

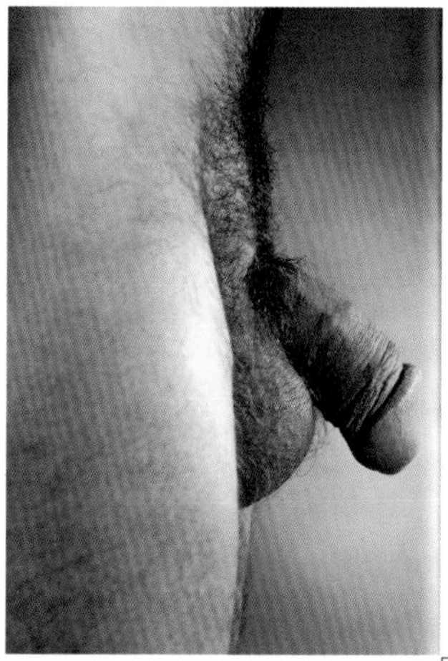

V

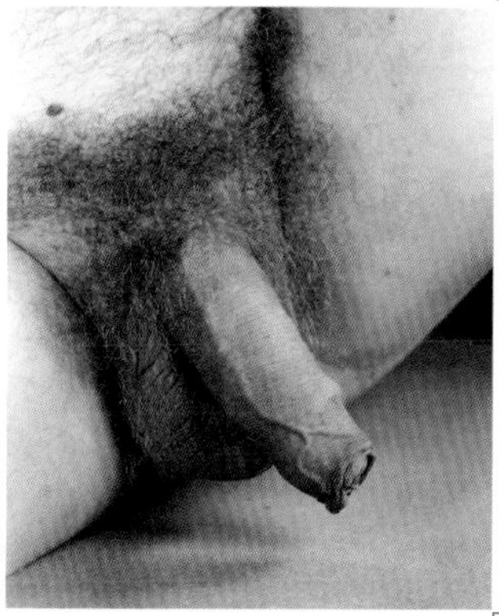

VI

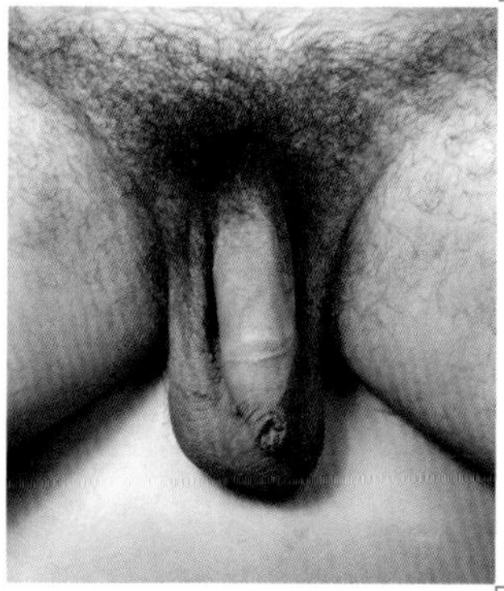

VII

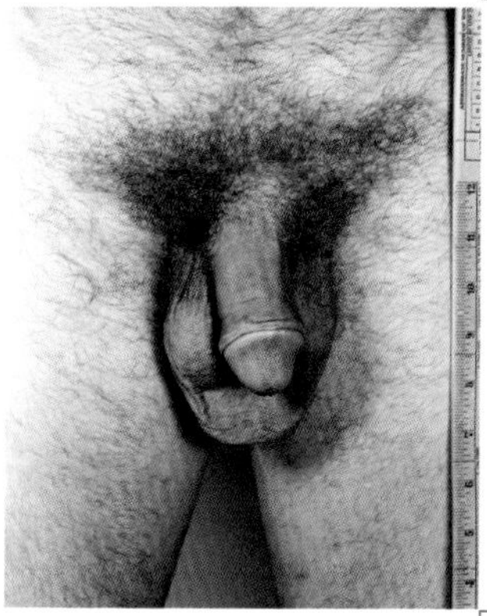

VIII

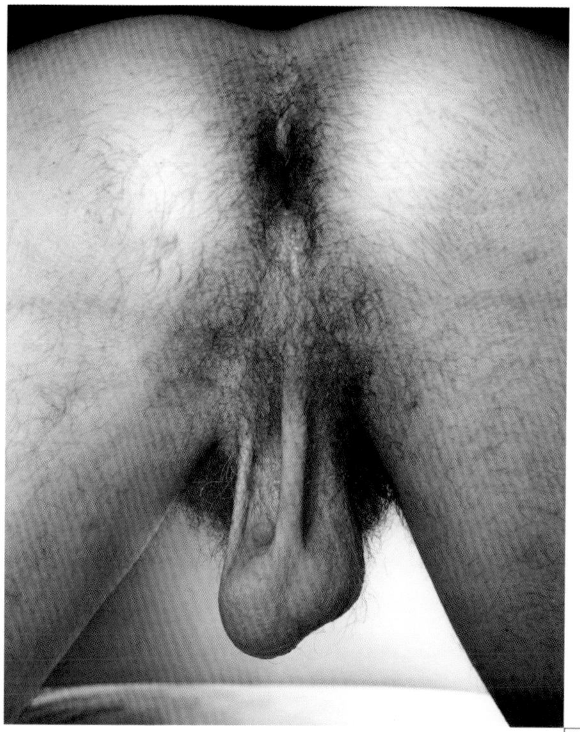

IX

William Dellenback (1917-2000), USA V
Männliche anatomische Studie, Figurensatz 31, um 1950
Gelatinesilber
23,3 × 18,3 cm
[KI-DC: 608. Genitalia, male, partially erect, close-up view.] Schenkung 1950

William Dellenback (1917-2000), USA VI
Männliche anatomische Studie, Figurensatz 35, um 1950
Gelatinesilber
23,3 × 18,3 cm
[KI-DC: 647. Genitalia, male, partially erect, close-up view.] Schenkung 1950

William Dellenback (1917-2000), USA VII
Männliche anatomische Studie, Figurensatz 36, um 1950
Gelatinesilber
23,3 × 18,3 cm
[KI-DC: 665. Genitalia, male, flaccid.] Schenkung 1950

William Dellenback (1917-2000), USA VIII
Männliche anatomische Studie, Figurensatz 32, um 1950
Gelatinesilber
23,3 × 18,3 cm
[KI-DC: 613. Genitalia, male, flaccid.] Schenkung 1950

William Dellenback (1917-2000), USA IX
Männliche anatomische Studie, Figurensatz 36, um 1950
Gelatinesilber
23,3 × 18,3 cm
[KI-DC: 667. Anus, male.] Schenkung 1950

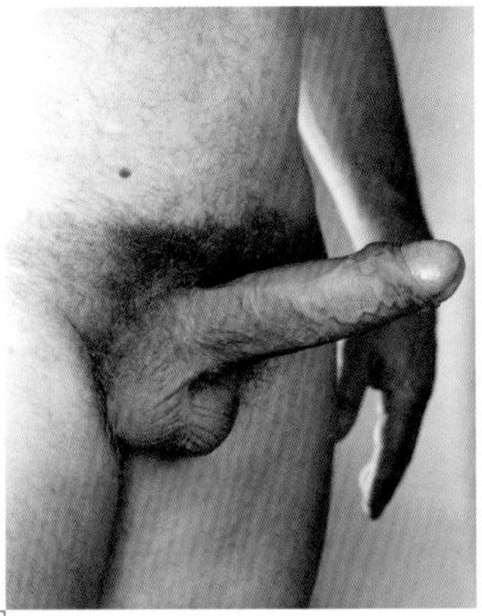

I

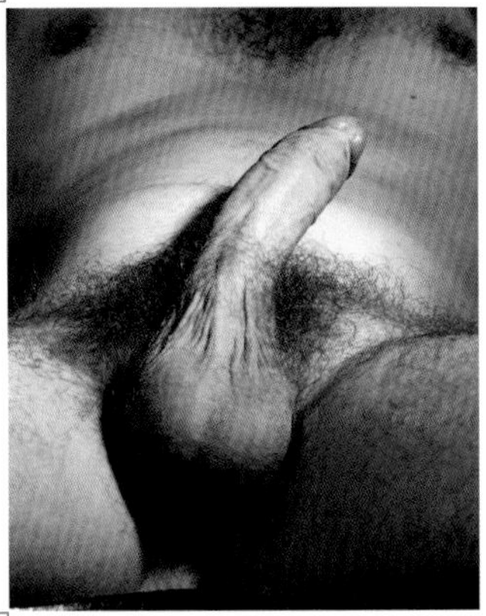

II

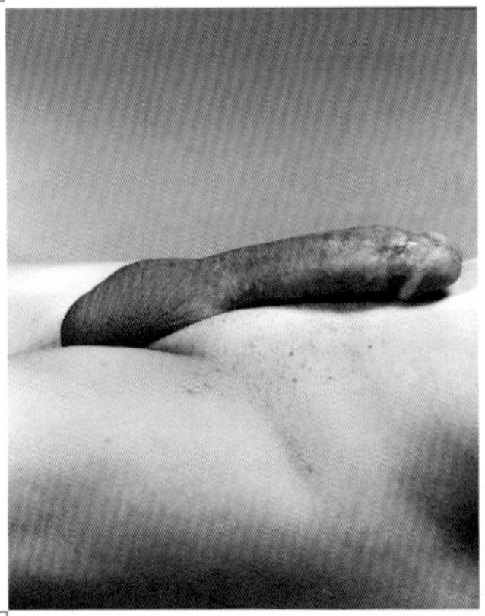

III

I William Dellenback (1917-2000), USA
Männliche anatomische Studie, Figurensatz 35, um 1950
Gelatinesilber
23,3 x 18,3 cm
[KI-DC: 645. Genitalia, male, erect, close-up view.]
Schenkung 1950

II William Dellenback (1917-2000), USA
Männliche anatomische Studie, Figurensatz 28, um 1949
Gelatinesilber
23,3 x 18,3 cm
[KI-DC: 517. Genitalia, male, erect, close-up view.]
Schenkung 1949

III William Dellenback (1917-2000), USA
Männliche anatomische Studie, Figurensatz 29, um 1950
Gelatinesilber
23,3 x 18,3 cm
[KI-DC: 549. Genitalia, male, erect, close-up view.]
Schenkung 1950

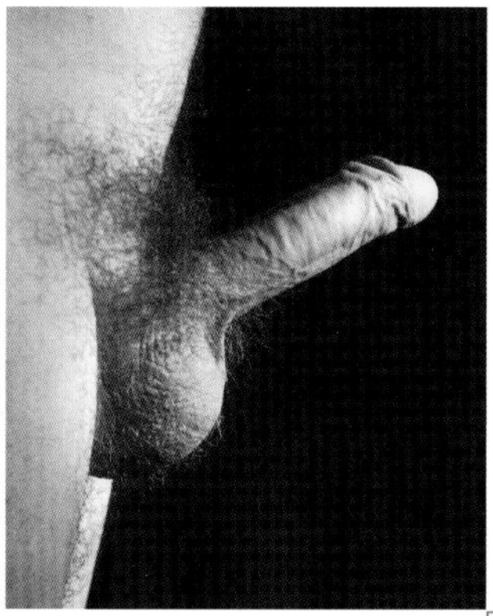

IV

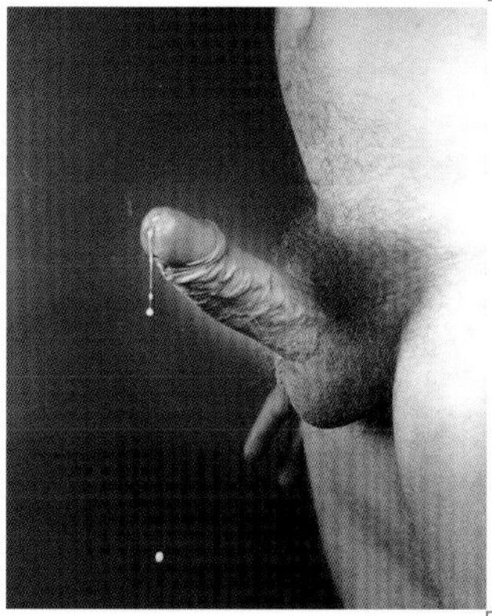

V

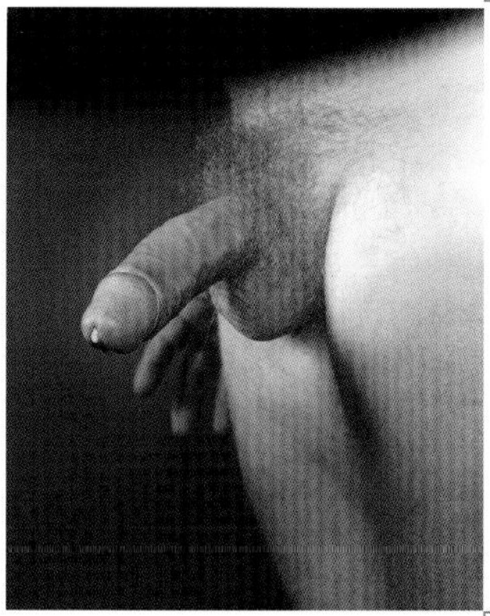

VI

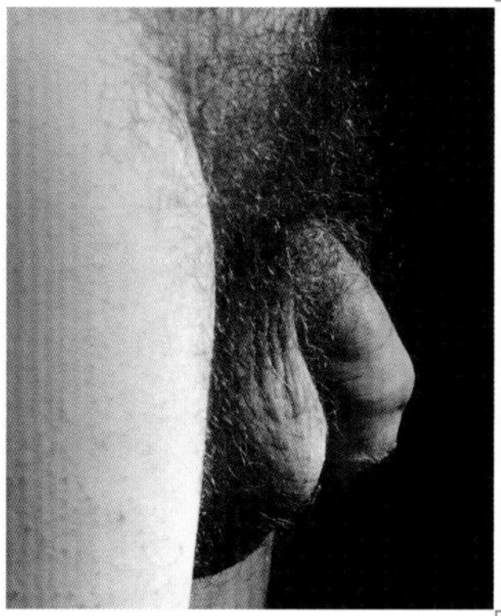

VII

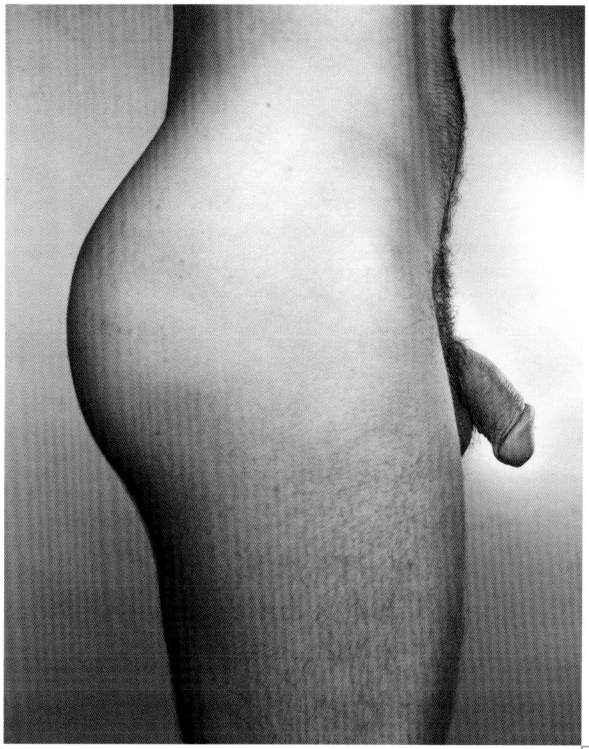

VIII

William Dellenback (1917-2000), USA IV
Männliche anatomische Studie, Figurensatz 28, um 1949
Gelatinesilber
23,3 × 18,3 cm
[KI DC: 520. Genitalia, male.] Schenkung 1949

William Dellenback (1917-2000), USA V
Männliche anatomische Studie, Figurensatz 35, um 1950
Gelatinesilber
23,3 × 18,3 cm
[KI-DC: 638. Genitalia, male, ejaculation.] Schenkung 1950

William Dellenback (1917-2000), USA VI
Männliche anatomische Studie, Figurensatz 35, um 1950
Gelatinesilber
23,3 × 18,3 cm
[KI-DC: 639. Genitalia, male, ejaculation.] Schenkung 1950

William Dellenback (1917-2000), USA VII
Männliche anatomische Studie, Figurensatz 28, um 1949
Gelatinesilber
23,7 × 19 cm
[KI-DC: 526. Genitalia, male, flaccid.] Schenkung 1949

William Dellenback (1917-2000), USA VIII
Männliche anatomische Studie, Figurensatz 31, um 1950
Gelatinesilber
23,3 × 18,3 cm
[KI-DC: 609. Genitalia, male, partially erect, close-up view.]
Schenkung 1950

I

Als der Bürgerkriegsveteran William (Will) Soule 1867 in den Westen aufbrach, hatte er eine Kameraausrüstung bei sich, um Porträt- und Landschaftsaufnahmen zu machen. Seine Reise brachte ihn zuerst nach Kansas und dann nach Fort Still (im heutige Staat Oklahoma), wo er Angehörige verschiedener Indianerstämme fotografierte. Da sein Bruder John die Fotografien in Boston veröffentlichte, wusste Soule, dass es für Aufnahmen der Ureinwohner des amerikanischen Westens einen Markt gab. Er verbrachte ungefähr 5 Jahre im Indianer-Gebiet, bevor er nach Boston zurückkehrte, wo sein Bruder die Fotografien druckte und verkaufte.
Diese Fotografie ist ein Porträt der Frau des Einsamen Wolfs, eines Kiowa Häuptlings. Sie saß für Soule in Fort Still, dem Hauptquartier der U.S. Streitkräfte, das gleichzeitig als Geschäftsstelle für die Kiowa, Komanchen und Wichita Stämme diente. [C. A. J.]

II

Die Mehrzahl der Fotografien wurden in die Sammlung des Instituts mit wenigen oder gar keinen Identifizierungsmerkmalen aufgenommen; selten ist der Name des Fotografen bekannt, und noch seltener gibt es Hinweise auf die dargestellten Personen. Das vorliegende Bild ist eine Ausnahme – zwar ist der Fotograf unbekannt, die Figuren jedoch lassen sich als Tapirape Indianer aus Zentralbrasilien identifizieren. Auf der Rückseite befindet sich ein Klebezettel, der die dargestellte Szene wie folgt beschreibt: „Ein älterer Bruder denunziert seine Schwester öffentlich wegen Arbeitsverweigerung. Die Denunziation gab den jungen männlichen Dorfbewohnern das Recht, mit der Frau Geschlechtsverkehr zu haben – sie wurde in den Dschungel verfolgt, und zehn Männer hatten Verkehr mit ihr.“ [C. A. J.]

I William S. Soule (1836–1908), USA
Die Frau von Einsamer Wolf, 1869–1875
Album-Abzug
15,6 x 10,5 cm
[KI-DC: 1049. Anthropology, Kiowa.] Schenkung 1956

II Unbekannter Fotograf
Tapirape-Paar (Brasilien) auf dem Dschungelboden, Datum unbekannt
Gelatinesilber
23,7 x 19 cm
[KI-DC: 1061. Anthropology, Tapirape (Brazil).]
Schenkung 1956

III

Unbekannter Fotograf III
Gefesselte und angekettete Frau, Datierung unbekannt
Gelatinesilber
10,8 x 5,9 cm
[KI-DC: 1058. Anthropology, Morocco.] Schenkung 1958

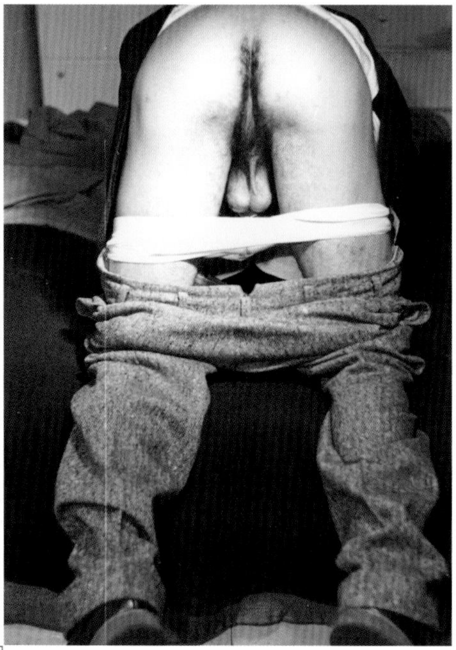

I

I Unbekannter Fotograf
Rückansicht eines Mannes, 1950
Gelatinesilber
23 x 16 cm
[KI-DC: 2025. Anus, male.] Schenkung 1952

II

Unbekannter Fotograf II
Penis, auf dem Gesäß einer Frau aufliegend, 1946
Gelatinesilber
15,7 x 19,5 cm
[KI-DC: 340. Anal, heterosexual.] Schenkung 1951

1

1 Unbekannter Fotograf, Frankreich
Mann, das Gesäß einer Frau leckend, 1895–1900
Gelatinesilber
11,5 x 14,8 cm
[KI-DC: 113. Analinctus, heterosexual.] Schenkung 1958

CABINET
CATALOG

Fotografien des männlichen Körpers zeigen meist muskuläre Männer, die allein oder mit einem anderen Mann posieren; die Posen sind zumeist nicht eindeutig sexuell. Die Modelle sind häufig unbekleidet oder minimal bekleidet in Kleidungsstücken, die als posing straps (Posenriemen) bezeichnet werden. Wenngleich schon im 19. Jahrhundert unbekleidete Männer für künstlerische Zwecke abgebildet wurden [siehe KI-DC: 2723 und KI-DC: 2725], lag doch der wahre Höhepunkt der männlichen Körperfotografie in den 50er Jahren mit dem Erscheinen von bebilderten populären Zeitschriften wie *Physique Pictorial, American Manhood* und *Adonis*. Die offizielle Zielgruppe dieser Fotografien waren Künstler und Bodybuilder; als jedoch die Nachfrage nach dieser Art von Bildern rasch stieg, wurde klar, dass ein großer Marktanteil bei der männlichen homosexuellen Bevölkerung lag. Da in den Vereinigten Staaten die Darstellung männlicher Genitalien als obszön galt, wurden diese häufig mit einem posing strap übermalt, bevor sie durch die U.S. Post befördert werden konnten. Nachdem die Fotografie dann beim Adressaten angekommen war, konnte die Farbapplikation entfernt werden, so dass die unbekleidete Figur wieder zu Tage trat. [C. A. J.]

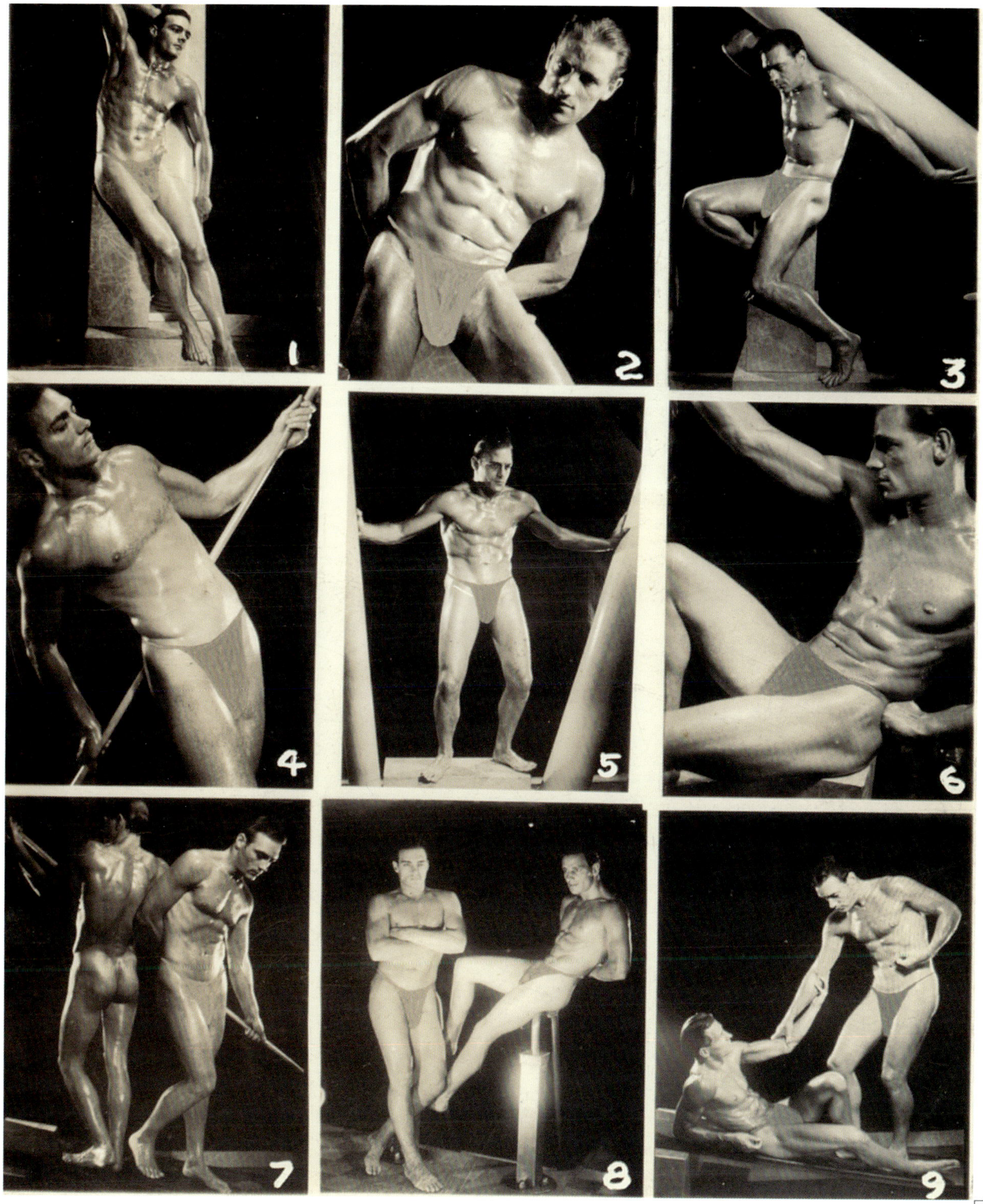

1

Unbekannter Fotograf 1
Katalogkarte mit männlichen Bodybuildern,
Datum unbekannt
Gelatinesilber
12,3 x 10 cm
[KI-DC: 2694. Catalogue, male.] Schenkung 1962

1

1 Unbekannter Fotograf
Katalogkarte mit weiblichen Akten, 1918–1922
Gelatinesilber
24 x 16,5 cm
[KI-DC: 2617. Catalogue, female.] Schenkung 1951

Seit Beginn der Fotografie wurden Bilder von bekleideten und unbekleideten Männern, Frauen und Kindern als Hilfsmittel für Künstler hergestellt. So konnten Maler, die sich ein lebendes Modell nicht leisten konnten, Fotografien erwerben und nach diesen die menschliche Figur zeichnen. Bilderserien, die Modelle in einer Vielzahl von Posen zeigten, wurden mit Hilfe von sog. Katalogkarten beworben – hierbei handelte es sich um Bögen, die sämtliche in einer Serie vorhandenen Bilder zeigten. Häufig waren die einzelnen Bilder nummeriert, so dass der Käufer eine bestimmte Fotografie anfordern konnte, ohne die gesamte Serie kaufen zu müssen. [C. A. J.]

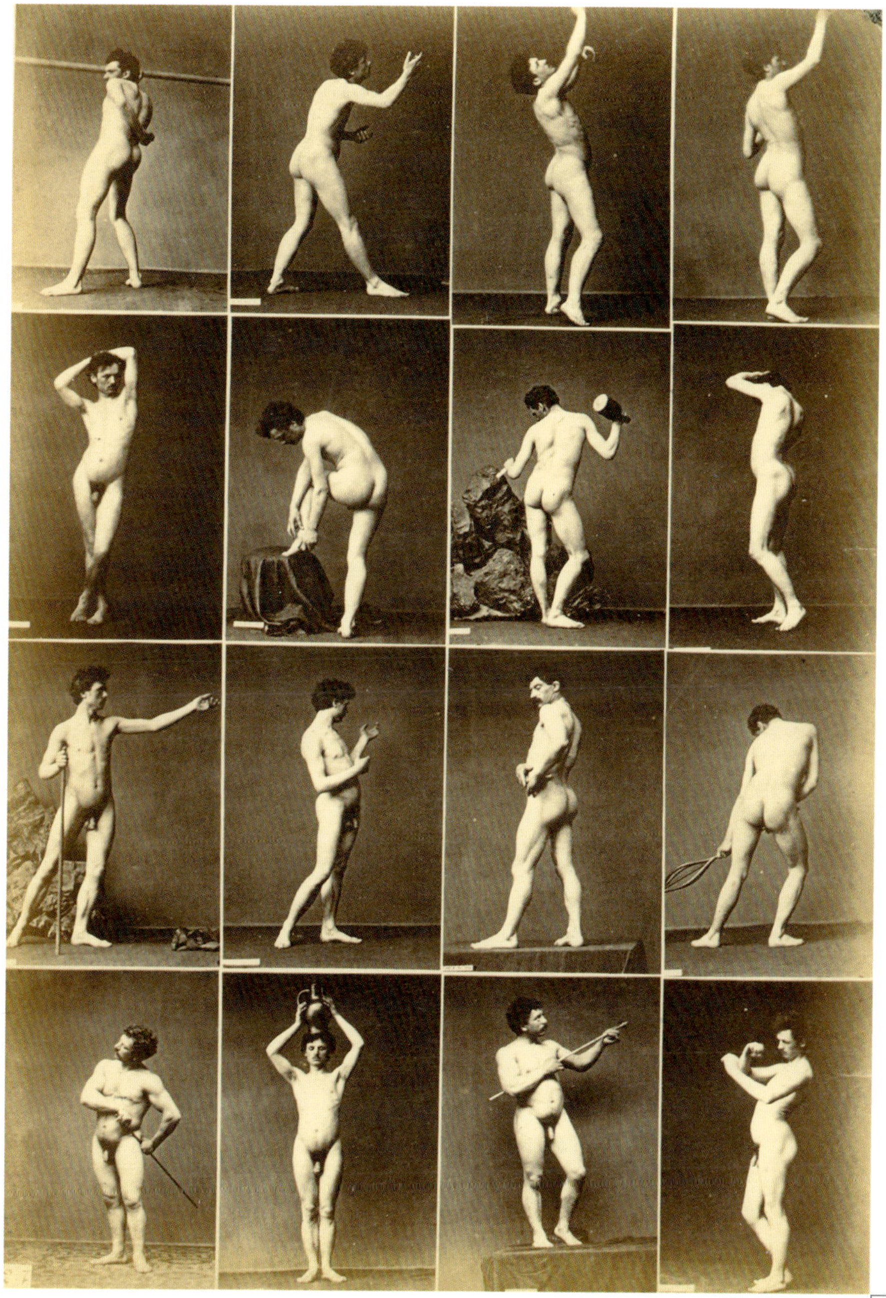

11

Unbekannter Fotograf 11
Katalogkarte mit unbekleideten Männern,
Datierung unbekannt
Gelatinesilber
20,4 x 13,7 cm
[KI-DC: 2725. Catalogue, male.] Schenkung 1950

I

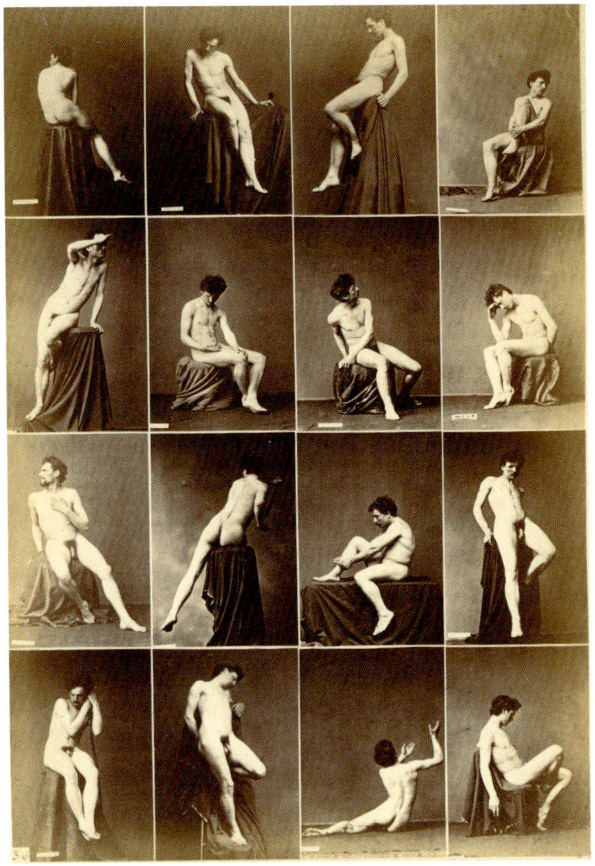

II

I Unbekannter Fotograf.
Katalogkarte mit unbekleideten Frauen, 1918–1922
Gelatinesilber
24 × 16,5 cm
[KI-DC: 2624. Catalogue, female.] Schenkung 1951

II Unbekannter Fotograf
Katalogkarte mit unbekleideten Männern,
Datierung unbekannt
Gelatinesilber
20,2 × 13,7 cm
[KI-DC: 2723. Catalogue, male.] Schenkung 1950

III

III

Unbekannter Fotograf
Katalogkarte mit masturbierenden Männern, 1930–1940
Gelatinesilber
14,3 x 10 cm
[KI-DC: 2858. Catalogue, sexual acts.] Schenkung 1940

1

1 Unbekannter Fotograf
Katalogkarte mit Gruppensex, 1887–1910
Gelatinesilber
16,4 x 11,4 cm
[KI-DC: 2853. Catalogue, sexual acts.] Schenkung 1960

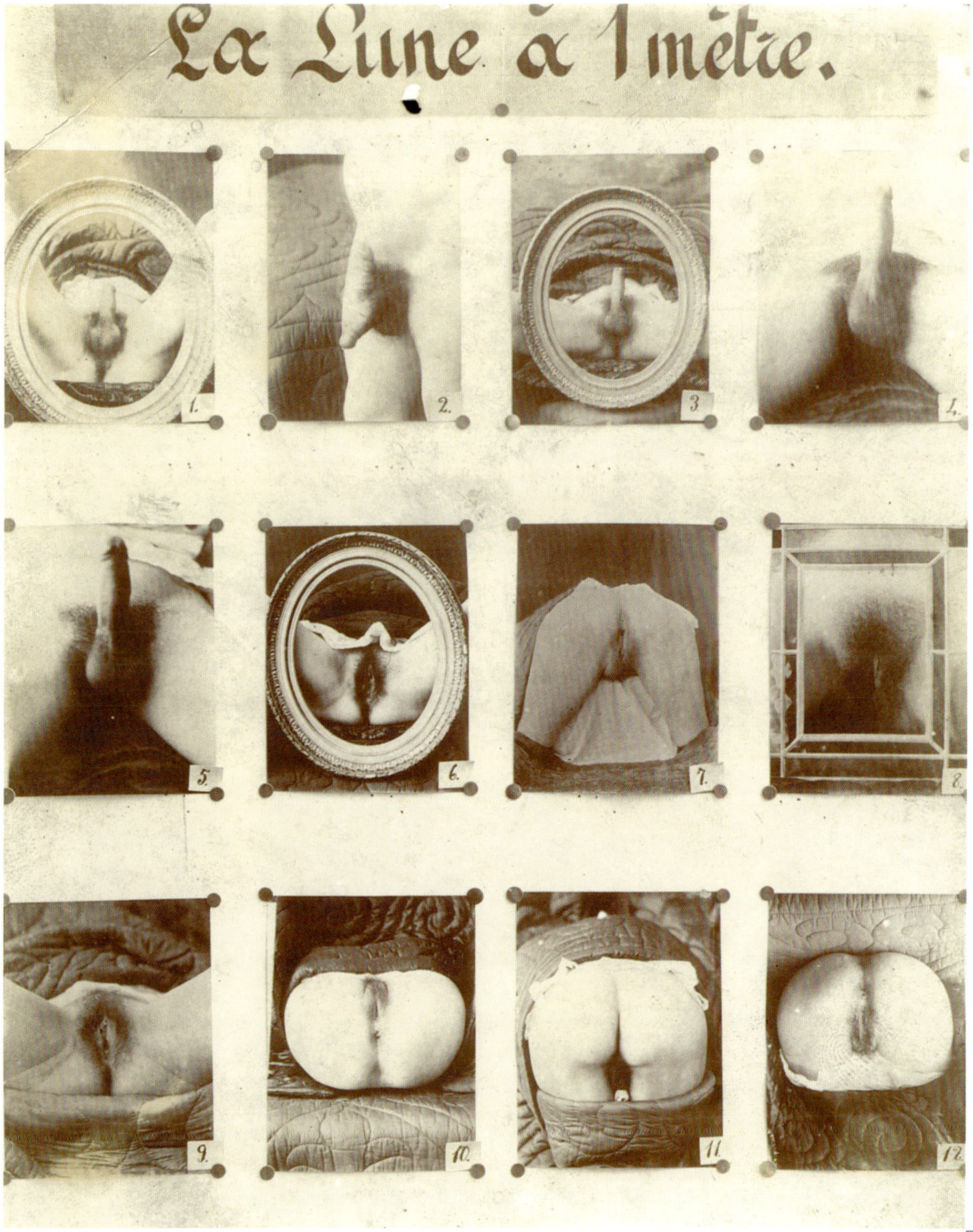

11

Unbekannter Fotograf 11
Katalogkarte mit Genitalien, um 1900
Gelatinesilber
14,2 x 11,3 cm
[KI-DC: 2843. Catalogue, miscellaneous.] Schenkung 1958

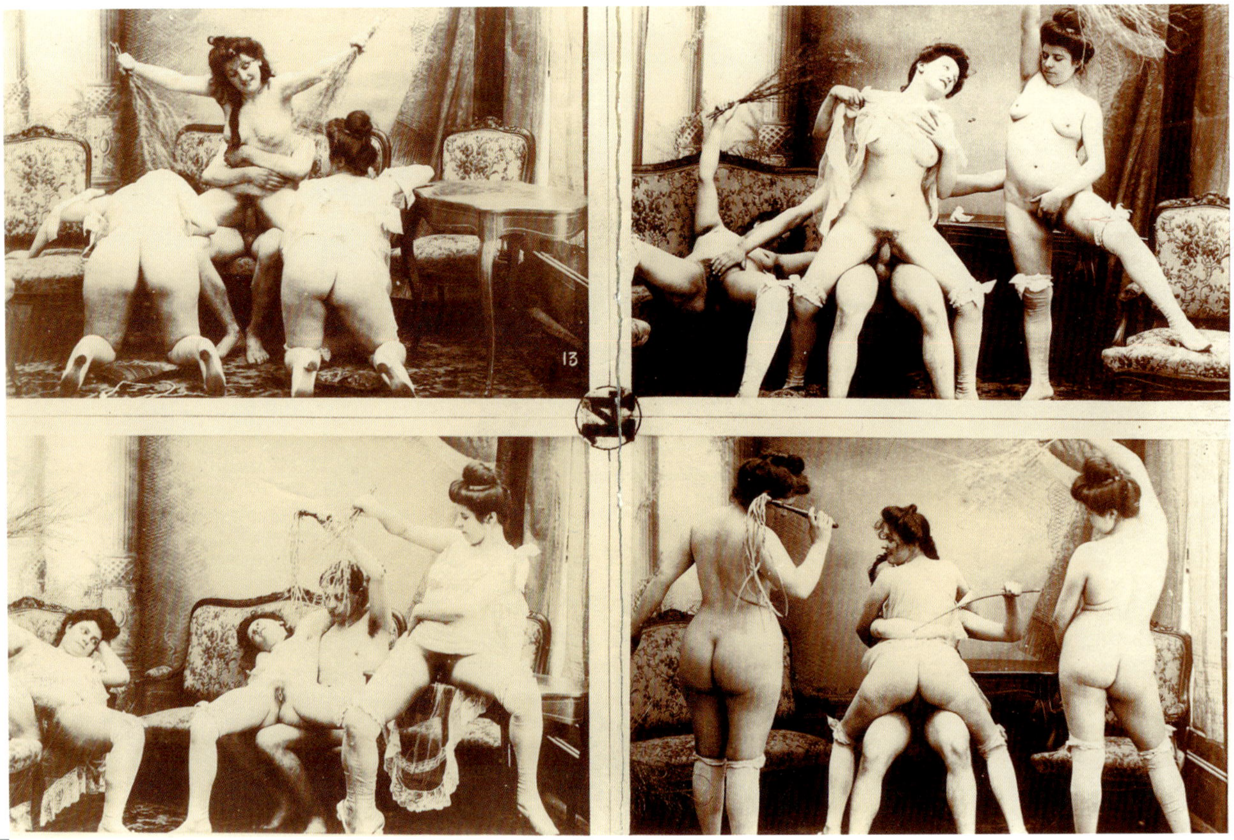

1

1 Unbekannter Fotograf
Katalogkarte mit Gruppensex, 1887–1890
Gelatinesilber
11,5 x 16,5 cm
[KI-DC: 2826. Catalogue, sexual acts.] Schenkung 1960

CINE ILLUSTRATIONS

CINE

CLERIC

C (COITUS)

Sogenannte „Filme für Herrenabende" waren grob produziert, zumeist auf einer einzigen 8 oder 16 mm Rolle ohne Ton. Ähnlich wie ihre nur für Erwachsene freigegebenen Nachfolger bestanden sie zumeist aus einfachsten Handlungsmustern, die lediglich dazu dienten, eindeutige Szenen sexueller Aktivitäten mit Hilfe von übertriebenen Bewegungsabläufen und Darstellungstechniken zu zeigen. Die frühesten dieser Filme wurden vermutlich um die Jahrhundertwende in Frankreich produziert, ab 1915 sind dirty movies dann in den Vereinigten Staaten nachweisbar. Die hier gezeigte Fotografie wirbt für einen englischen Film Mitte der sechziger Jahre, eine Zeit, die das Ende dieser Art von Film bedeutete; ab Anfang der 70er wurden dann pornografische Filme in Spielfilmlänge zur Vorführung in bestimmten Kinos produziert, und wenige Jahre später verdrängte das Medium Video den Herrenabend-Film bei privaten Vorführungen. [C. A. J.]

1

Unbekannter Fotograf 1
Baby Doll, Datierung unbekannt
Gelatinesilber
9 × 12,2 cm
[KI-DC: 3902. Cinema Illustration.] Schenkung 1967

1

1 Unbekannter Fotograf
Seducing Susan, Datierung unbekannt
Gelatinesilber
12,7 x 12,4 cm
[KI-DC: 3983. Cinema Illustration.] Schenkung,
Datum unbekannt

11

Unbekannter Fotograf 11
Cock Eyed Porter, Datierung unbekannt
Gelatinesilber
10,7 × 6 cm
[KI-DC: 3912. Cinema Illustration.]
Schenkung, Datum unbekannt

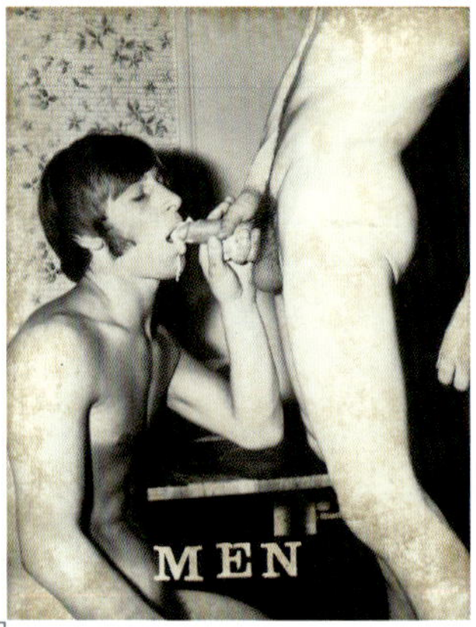

I

II

III

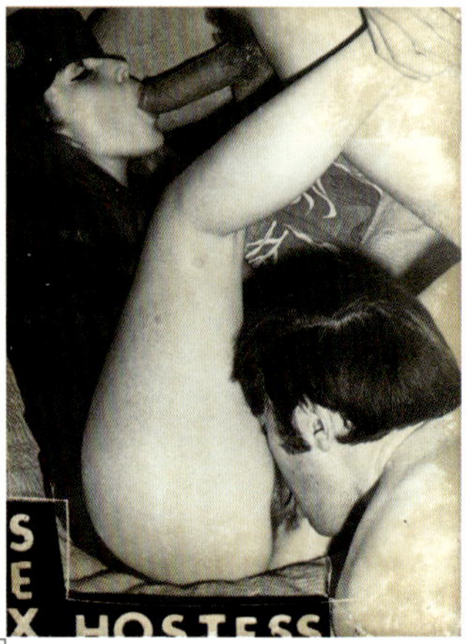

IV

I Unbekannter Fotograf
Men, Datierung unbekannt
Gelatinesilber
12 × 8,8 cm
[KI-DC: 3959. Cinema Illustration.] Schenkung 1967

II Unbekannter Fotograf
Manhungry, Datierung unbekannt
Gelatinesilber
9 × 12 cm
[KI-DC: 3958. Cinema Illustration.] Schenkung 1968

III Unbekannter Fotograf
Sex, Datierung unbekannt
Gelatinesilber
8,8 × 13,8 cm
[KI-DC: 3985. Cinema Illustration.] Schenkung 1967

IV Unbekannter Fotograf
Sex Hostess, Datierung unbekannt
Gelatinesilber
12,3 × 8,8 cm
[KI-DC: 3987. Cinema Illustration.]
Schenkung, Datum unbekannt

V

V Unbekannter Fotograf
Her Maid Raped, Datierung unbekannt
Gelatinesilber
9,2 x 11 cm
[KI-DC: 3936. Cinema Illustration.]
Schenkung, Datum unbekannt

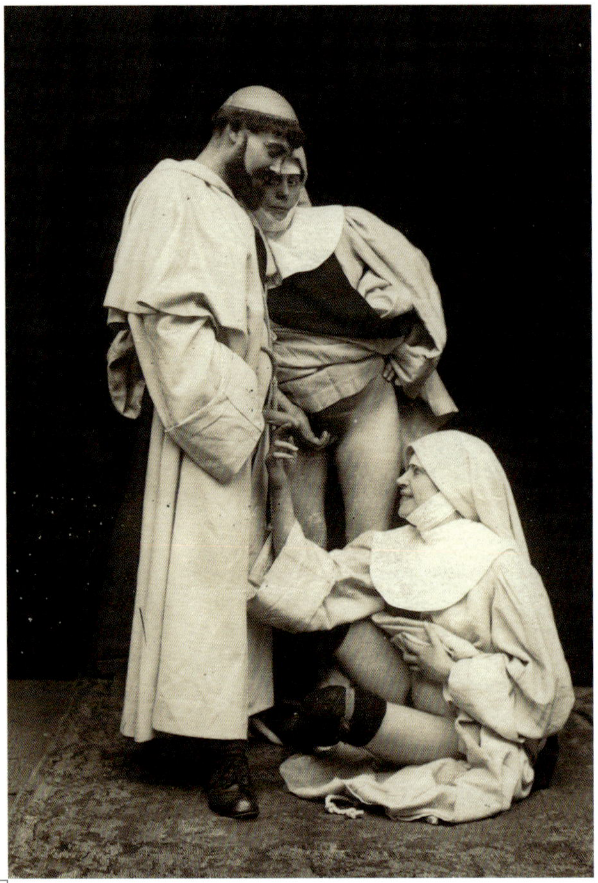

I

Eine der spannenderen Kategorien in der Sammlung des Instituts ist mit „Klerikal“ bezeichnet. Diese Klassifizierung bezeichnet erotische Fotografien, auf denen männliche und weibliche Modelle verkleidet als Mönche, Nonnen, Priester und Altarjungen auftreten. An dieser Fotografie des 19. Jahrhunderts, das eine erotische Begegnung zwischen einem Mönch und zwei Nonnen darzustellen vorgibt, fällt auf, dass die Tonsur offensichtlich nicht echt ist und der Mann für diese Szene kostümiert wurde. Obwohl allgemein von katholischen Geistlichen erwartet wurde, dass sie das Gelübde des Zölibats einhielten, tragen dieser Art Darstellungen dazu bei, den Verdacht des Betrachters zu befriedigen, dass niemand dem Sexualtrieb gegenüber immun ist. . [C. A. J.]

II

I Unbekannter Fotograf
Zwei Nonnen und ein Mönch, 1883–1885
Gelatinesilber
12,3 x 8,8 cm
[KI-DC: 5304. Cleric.] Schenkung 1959

II Unbekannter Fotograf, France
Nonne, eine Frau masturbierend, um 1890
Gelatinesilber
19,4 x 13,8 cm
[KI-DC: 5317. Cleric.] Schenkung 1959

III Unbekannter Fotograf
Nonne und gekreuzigte Frau, 1890
Gelatinesilber
7,9 x 4,9 cm
[KI-DC: 5313. Cleric.] Schenkung 1958

III

1 Unbekannter Fotograf, Frankreich
Braut und Bräutigam, 1897–1900
Gelatinesilber
15,9 x 12 cm
[KI-DC: 6014. Coitus female other position, ventral-ventral.] Schenkung 1958

1

I

II

I Unbekannter Fotograf, Frankreich
Mann und Frau beim Geschlechtsverkehr (der Mann die Frau haltend), 1890–1895
Gelatinesilber
9 x 6 cm
[KI-DC: 6013. Coitus, female, other position.]
Schenkung 1958

II Unbekannter Fotograf
Paar beim Geschlechtsverkehr, ca. 1900–1910
Gelatinesilber
17,5 x 13,5 cm
[KI-DC: 6119. Coitus, female kneeling position, dorsal-ventral.] Schenkung 1958

III

III

Unbekannter Fotograf, Frankreich
Paar beim Geschlechtsverkehr, 1895–1900
Gelatinesilber
13 x 11,3 cm
[KI-DC: 7915. Coitus, female sitting position, ventral-ventral.]
Schenkung 1946

I

II

I Unbekannter Fotograf
Sich küssendes Paar beim Geschlechtsverkehr, 1897–1900
Gelatinesilber
9,6 x 6,6 cm
[KI-DC: 8422. Coitus, female standing position, ventral-ventral.] Schenkung 1946

II Unbekannter Fotograf, Frankreich
Stehendes Paar beim Geschlechtsverkehr, 1895–1900
Gelatinesilber
15 x 10,7 cm
[KI-DC: 8420. Coitus, female standing position, ventral-ventral.] Schenkung 1953

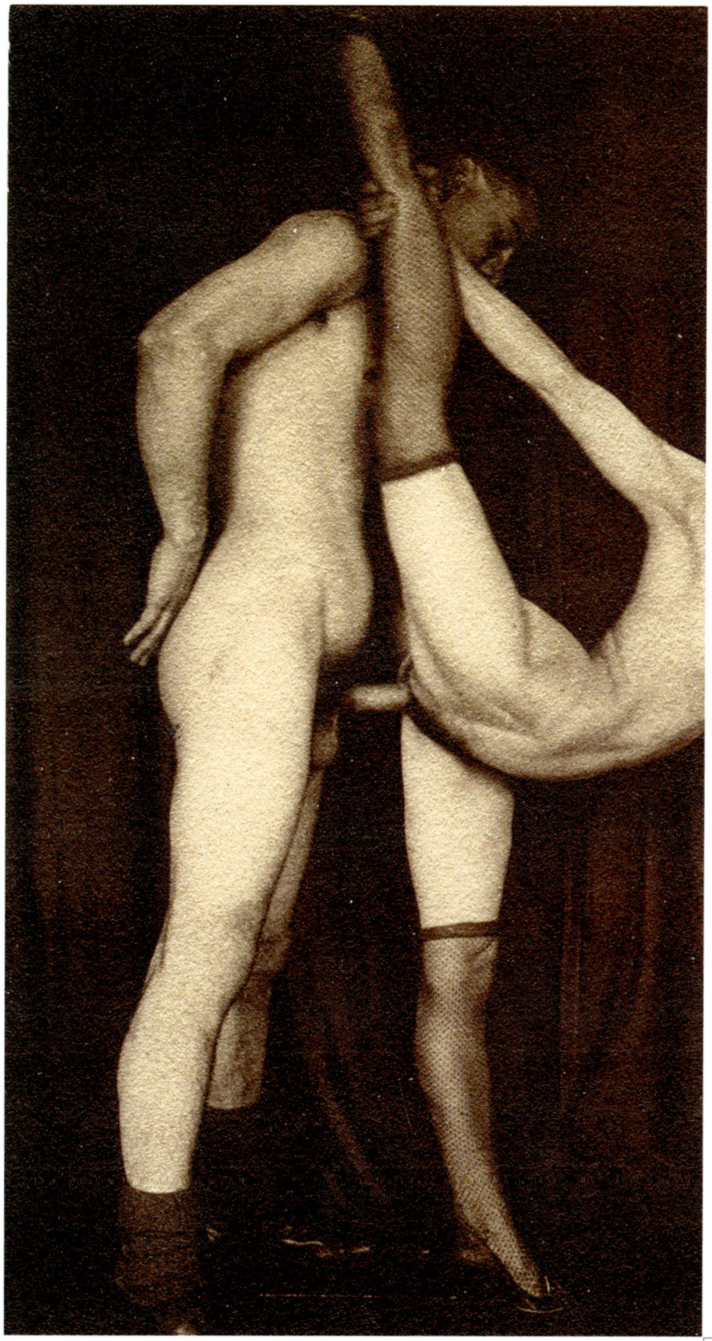

III

Dr. Kinsey stufte Fotografien als wertvolle Hilfsmittel der Forschung ein, die visuelle Dokumentationen von Sexualverhalten lieferten. Von den mehr als 5000 Bildern in der fotografischen Sammlung des Instituts, die heterosexuellen Geschlechtsverkehr darstellen, handelt es sich bei diesem Bild um eine eher kreative koitale Stellung. [C. A. J.]

III Unbekannter Fotograf
Mann und Frau beim Geschlechtsverkehr (akrobatische Stellung), um 1945
Gelatinesilber
14 x 7,2 cm
[KI-DC: 8344. Coitus, female standing position, dorsal-ventral.] Schenkung 1964

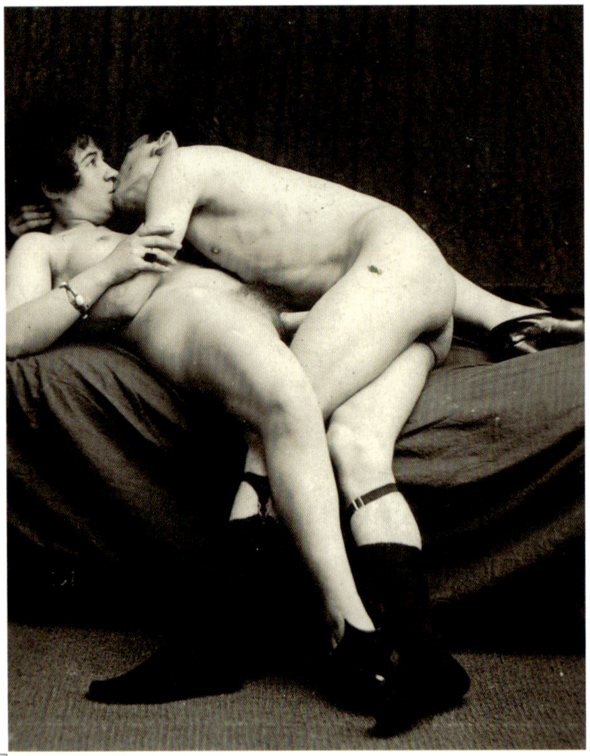

I

II

I Unbekannter Fotograf
Paar beim Geschlechtsverkehr, 1924–1927
Gelatinesilber
10,3 × 7,8 cm
[KI-DC: 10309. Coitus, female supine position, ventral-ventral; male, side position.] Schenkung 1949

II Unbekannter Fotograf
Stehendes Paar beim Geschlechtsverkehr, 1916
Gelatinesilber
12 × 5,8 cm
[KI-DC: 8434. Coitus, female standing position, ventral-ventral.] Schenkung 1949

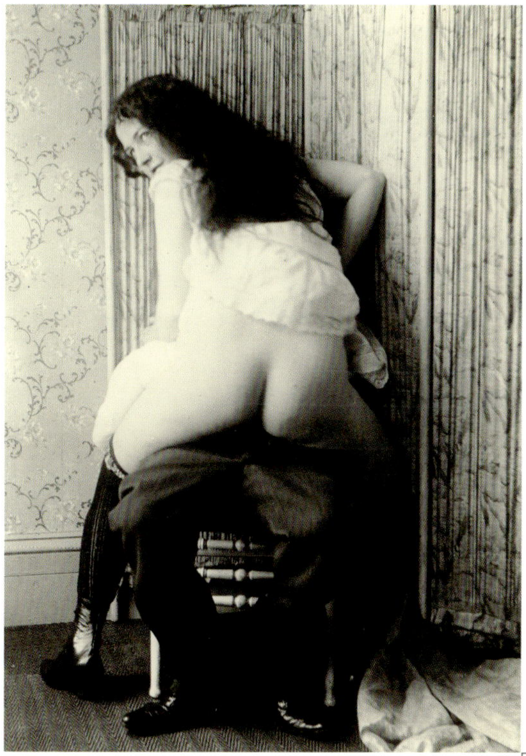

III

III

Unbekannter Fotograf
Paar beim Geschlechtsverkehr auf einem Stuhl, 1895–1898
Gelatinesilber
15 × 10 cm
[KI-DC: 8412. Coitus, female standing position, ventral-ventral.] Schenkung 1959

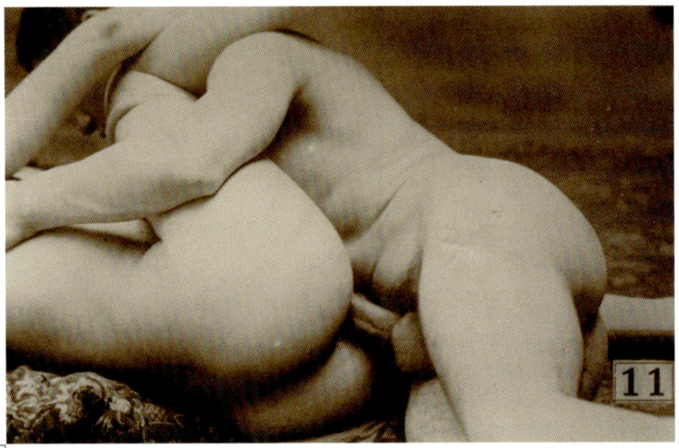

I

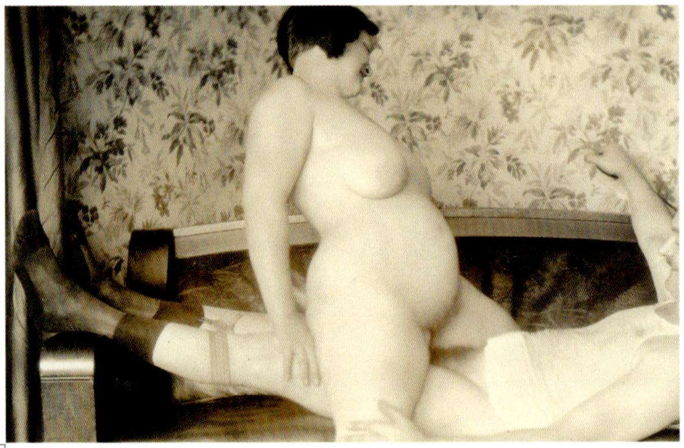

II

I Unbekannter Fotograf
Paar beim Geschlechtsverkehr, 1923–1925
Gelatinesilber
7,9 × 11,9 cm
[KI-DC: 10306. Coitus, female supine position, ventral-ventral; male, side position.] Schenkung 1948

II Unbekannter Fotograf
Paar beim Geschlechtsverkehr, 1927–1929
Gelatinesilber
8,7 × 13,3 cm
[KI-DC: 8444. Coitus, female standing position, ventral-ventral.] Schenkung 1959

III

III

Unbekannter Fotograf, wahrscheinlich Frankreich
Paar beim Geschlechtsverkehr, 1924–1926
Gelatinesilber
11 x 15 cm
[KI-DC: 7566. Coitus, female sitting position, dorsal-ventral.]
Schenkung 1959

I

II

I Unbekannter Fotograf, Frankreich
Paar mit Hut und Schirm beim Geschlechtsverkehr, 1950–1955
Gelatinesilber
9,7 x 12 cm
[KI-DC: 6613. Coitus, female kneeling position, ventral-ventral.] Schenkung 1964

II Unbekannter Fotograf, Frankreich
Maskiertes Paar beim Geschlechtsverkehr, 1950–1955
Gelatinesilber
9,7 x 12 cm
[KI-DC: 7069. Coitus, female side position, dorsal-ventral.] Schenkung 1964

III

Die Schöpfer erotischer Bildwelten haben seit langem verstanden, dass eine teilweise Nacktheit für den Betrachter häufig aufregender ist, als eine komplett unbekleidete Figur. Sexuelle Aktivitäten zwischen einer bekleideten Person und einer unbekleideten, oder fast unbekleideten, deutet eine Beziehung von Dominanz und Unterwerfung an, die für den Betrachter eine zusätzliche erotische Spannung erzeugt. In diesem Foto scheint der bekleidete Mann die teilweise unbekleidete Frau in seiner Gewalt zu haben, deren Verletzbarkeit noch durch die Stellung des rückwärtigen Eindringens akzentuiert wird. [C. A. J.]

Unbekannter Fotograf III
Paar beim Geschlechtsverkehr, 1950–1955
Gelatinesilber
13,7 × 8,8 cm
[KI-DC: 8739. Coitus, female stooping position, dorsal-ventral.] Schenkung 1964

I

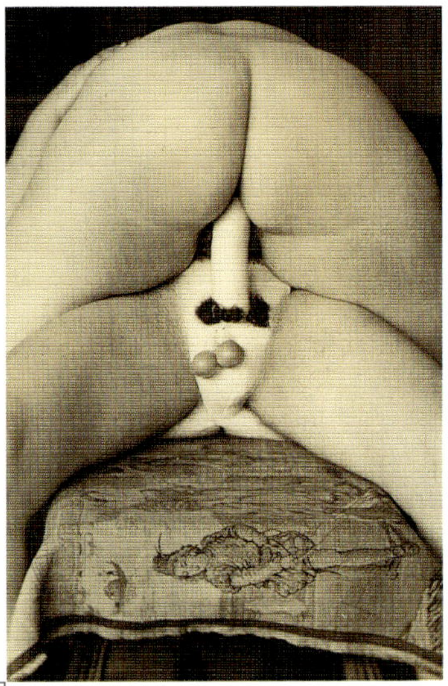

II

I Unbekannter Fotograf
Mann und Frau beim Geschlechtsverkehr mit einem Dildo, 1932
Gelatinesilber
39 x 14 cm
[KI-DC: 6005. Coitus, dildo.] Schenkung 1953

II Unbekannter Fotograf
Frauen beim Geschlechtsverkehr mit einem Dildo, 1930–1933
Gelatinesilber
11,3 x 7,3 cm
[KI-DC: 6002. Coitus, dildo.] Schenkung 1959

DAGUERREOTYPES

DANCE

DANCE BALLET

Ted Shawn (1891–1972) wurde als Sohn eines Zeitungsherausgebers in Kansas City, Missouri geboren. Als junger Mann begann Shawn zu tanzen, um seine nach einem Diphterieanfall geschwächten Beine zu stärken. 1915 gründeten Shawn und seine Frau Ruth St. Denis die Denishawn Tanzgruppe, die sich auf Ballettaufführungen zu Themen amerikanischer und eingeborener Folklore spezialisierte. 1931 trennten sich Shawn und Denis, und er begann auf seinem Anwesen Jacob's Pillow in Lee, Massachusetts, männliche Tänzer auszubilden. Ted Shawn and His Men Dancers brachten es zwischen 1933 und 1940 auf über eintausend Aufführungen in den Vereinigten Staaten, Kanada, Kuba und England. Mit Beginn des Zweiten Weltkriegs wurde die Gruppe aufgelöst. Nach dem Kriegsende kehrte Shawn nach Jacob's Pillow zurück und veranstaltete dort bis zu seinem Tod jährliche Tanz Festivals.
Ted Shawn widmete dieses Porträt seinem Freund Dr. Andrey Avinoff (1884–1949); Avinoff war ein russischer Immigrant und von 1926 bis 1945 Direktor des Carnegie Naturkunde Museums in Pittsburgh, Pennsylvania. [C. A. J.]

1 Marcus, USA
Tanzfotografie von Ted Shawn, mit eigenhändiger Unterschrift, 1938
Gelatinesilber
23,5 x 16 cm
[KI-DC: 5619. Dance.] Schenkung 1949

To
My friend
Dr Avinoff
with all high
greetings
from
Shawn
July
1938

1

1

1 Shapiro Studio, USA
Shawn und seine Tänzer in „Dance of the Ages", 1945
Gelatinesilber
18,8 × 24,3 cm
[KI-DC: 5644. Dance.] Schenkung, Datum unbekannt

11

Burton Mumaw wurde 1912 in Pennsylvania geboren und wuchs in Florida auf; 1930 trat er der Denishawn Tanzgruppe bei. Zwischen 1933 und 1940 trat er mit Ted Shawn's männlichen Tänzern auf. Während des Zweiten Weltkriegs diente Mumaw, wie auch die anderen Mitglieder der Gruppe, in den U.S. Streitkräften in Europa. Nach Ende des Krieges trat Mumaw in diversen Broadway Musicals auf, u.a 1956 in *My Fair Lady*. [C. A. J.]

Unbekannter Fotograf, USA 11
Barton Mumaw in Dyak Spear Dance (Borneo), 1937
Gelatinesilber
24,3 × 18,7 cm
[KI-DC: 5624. Dance.] Schenkung 1949

1

1 Unbekannter Fotograf, USA
Männlicher Tänzer vor einer Mauer, Datierung unbekannt
Gelatinesilber
23,7 x 19,2 cm
[KI-DC: 5622. Dance.] Schenkung 1949

ER FACIAL
FEMALE FIGURE

Diese Serie von Fotografien zeigt eine Frau beim Orgasmus. Das Modell gab an, einen Orgasmus erreichen zu können, indem sie fantasierte, ohne den mindesten direkten Kontakt mit ihren Geschlechtsorganen zu haben.
Es wurde in der Mitte des 20. Jahrhunderts gemeinhin angenommen, dass eine sexuell erfahrene Frau während des Geschlechtsaktes einen Orgasmus haben sollte. Kinsey entdeckte im Laufe seiner Gespräche mit Tausenden von Frauen, dass die meisten von ihnen den Orgasmus durch ein Reiben der Klitoris erreichten. Er wandte sich an Gynäkologen, um die Sensibilität der Vagina untersuchen zu lassen und die Ergebnisse dieser Studie zeigen, dass die Innenwände der Vagina unempfindlich sind, wodurch die meisten Frauen keinen vaginalen Orgasmus haben können. [C. A. J.]

1 Unbekannter Fotograf
Kontaktbogen, Datierung unbekannt
Gelatinesilber
21,5 x 19,5 cm
[KI-DC: 5902. Arousal, orgasm, climax, facial.]
Schenkung, Datum unbekannt

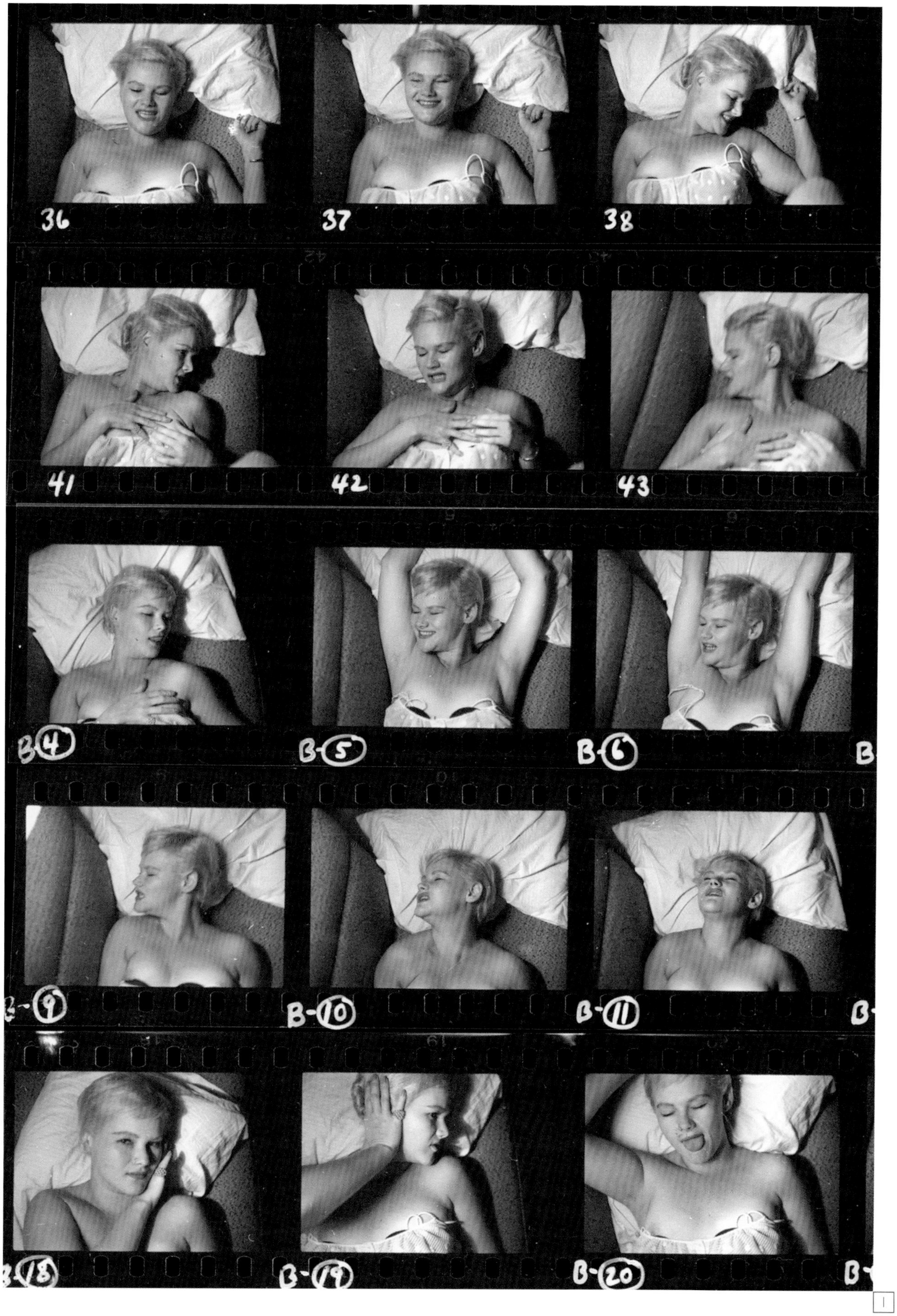

1

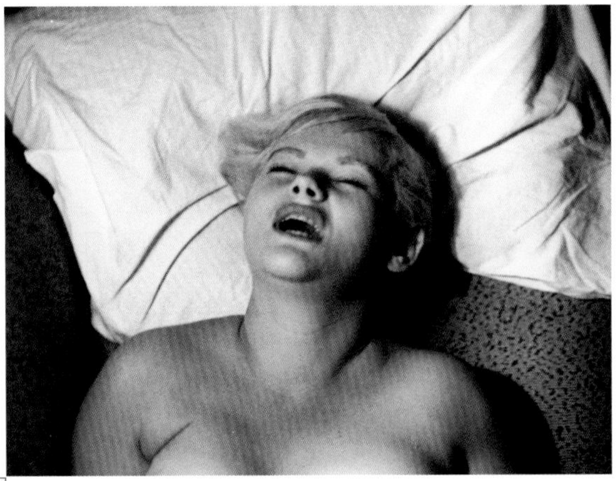

I

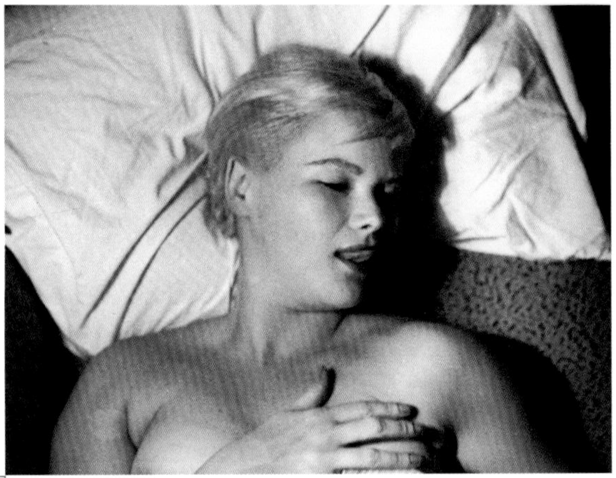

II

III

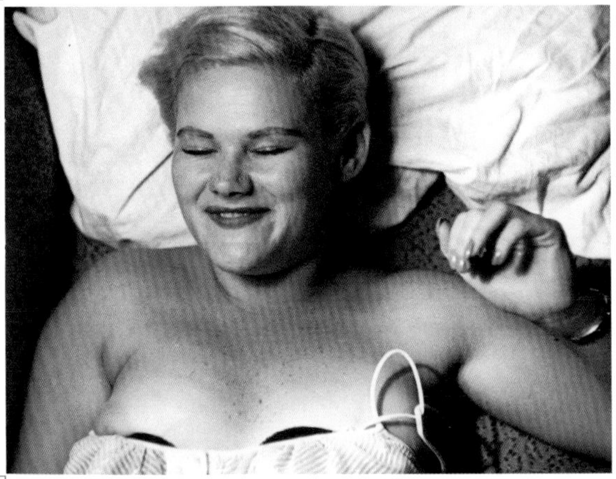

IV

I Unbekannter Fotograf
Frau während des Orgasmus, Datierung unbekannt
Gelatinesilber
18,8 x 23,8 cm
[KI-DC: 5935. Arousal, orgasm, climax, facial.]
Schenkung, Datum unbekannt

II Unbekannter Fotograf
Frau während des Orgasmus, Datierung unbekannt
Gelatinesilber
18,8 x 23,8 cm
[KI-DC: 5904. Arousal, orgasm, climax, facial.]
Schenkung, Datum unbekannt

III Unbekannter Fotograf
Frau während des Orgasmus, Datierung unbekannt
Gelatinesilber
18,8 x 23,8 cm
[KI-DC: 5931. Arousal, orgasm, climax, facial.]
Schenkung, Datum unbekannt

IV Unbekannter Fotograf
Frau während des Orgasmus, Datierung unbekannt
Gelatinesilber
18,8 x 23,8 cm
[KI-DC: 5916. Arousal, orgasm, climax, facial.]
Schenkung, Datum unbekannt

V

Unbekannter Fotograf V
Frau wird oral befriedigt, Datierung unbekannt
Gelatinesilber
18,8 × 23,8 cm
[KI-DC: 5953. Arousal, orgasm, climax, facial.]
Schenkung, Datum unbekannt

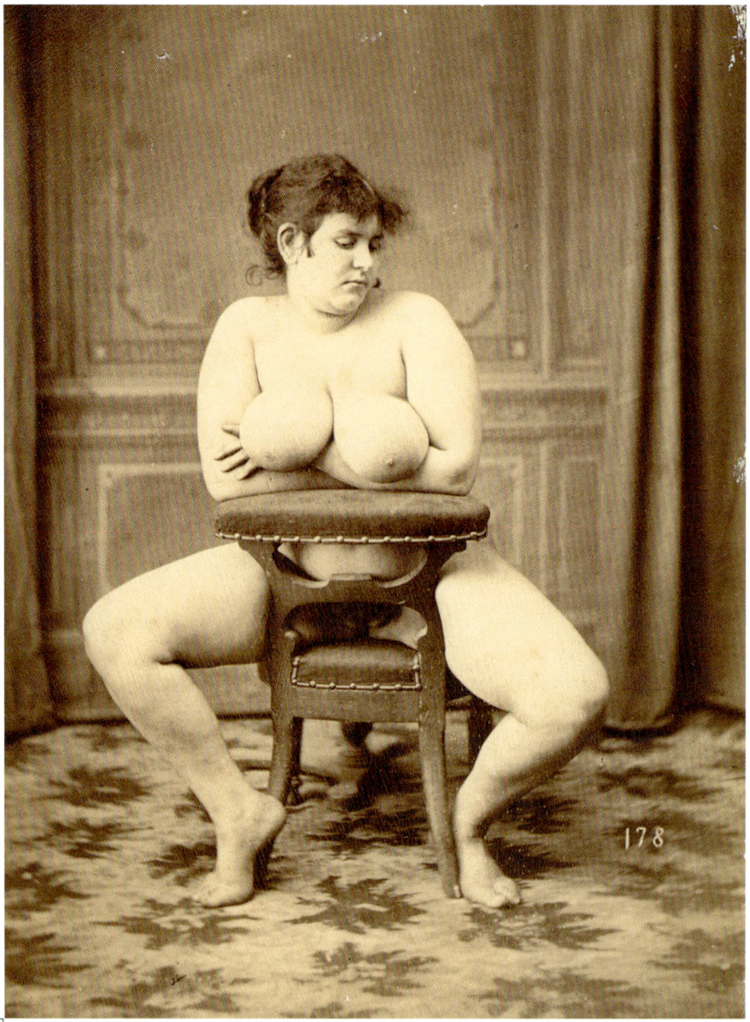

I

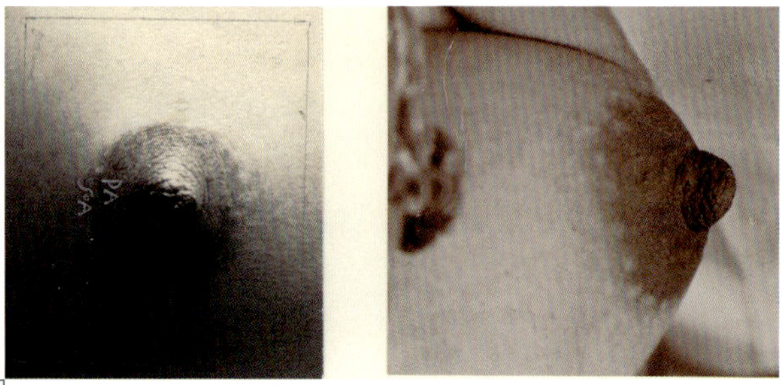

II

I Unbekannter Fotograf
Frau, ihre Brüste auf den Armen aufstützend, 1885–1890
Gelatinesilber
13,6 × 9,7 cm
[KI-DC: 10902. Female figure, breast.] Schenkung 1948

II Unbekannter Fotograf
Schwangerschaft: primärer und sekundärer Brustwarzenring, Datierung unbekannt
Gelatinesilber
Bild 1 : 8,5 × 7 cm. Bild 2 : 8,5 × 9,5 cm
[KI-DC: 11511. Female figure, breast.] Schenkung 1951

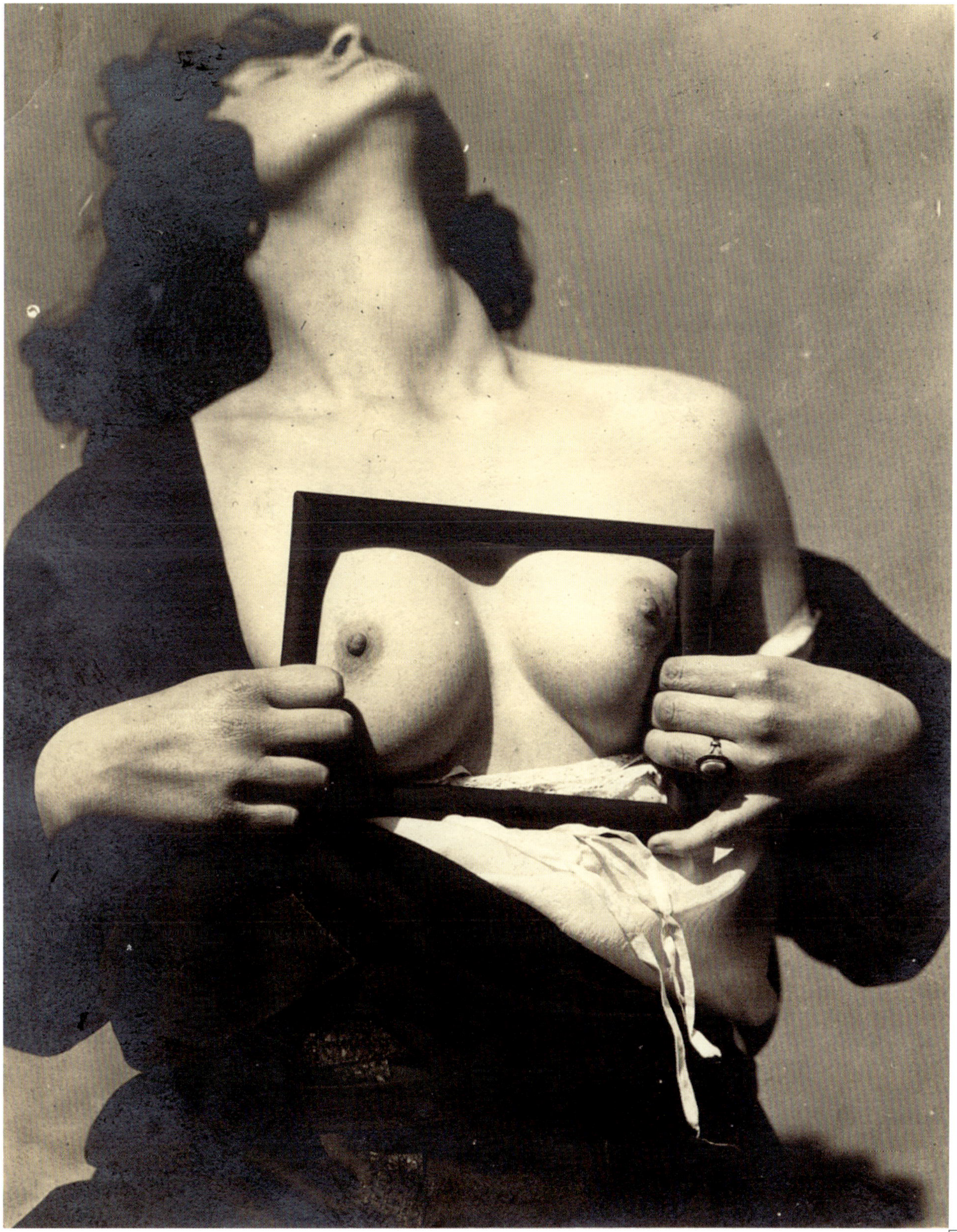

III

III Unbekannter Fotograf
Brüste im Rahmen, um 1930–1946
Gelatinesilber
10,8 x 8,3 cm
[KI-DC: 11414. Female figure, breast.] Schenkung 1946

Der einladende Blick, der schlanke Körper und das kurzgeschnittene Haar dieses Modells datiert das Bild in die 20er Jahre, eine Zeit, in der die Rocklängen kürzer wurden und junge Frauen begannen, viele der gesellschaftlichen Regeln, denen ihre Mütter noch gehorcht hatten, abzulehnen. Besonders in der Werbung nahmen die Bilder verführerischer Frauen zu; sowohl Geschäftsleute als auch Konsumenten hatten gelernt, dass „Sex verkauft". Es ist ein wenig ironisch, dass diese junge Frau in einer Verpackung für Weizenschrot gezeigt wird, da gerade diese Frühstücks Cerealien von Gesundheitsaposteln um die Jahrhundertwende als ein Mittel zur abstinenten Lebenshaltung angepriesen wurden. [C. A. J.]

I

II

I Unbekannter Fotograf, USA
Weizenschrot Parodie, um 1925
Gelatinesilber
16,5 x 11,5 cm
[KI-DC: 10961. Female figure, breast.] Schenkung 1959

II Unbekannter Fotograf
Frau mit Vase, 1926
Gelatinesilber
8,6 x 13,7 cm
[KI-DC: 10922. Female figure, breast.] Schenkung 1959

III

IV

Auf dieser handkolorierten Fotografie werden die vollen Brüste der Frau mit einer Rose als Symbol weiblicher Schönheit gleichgesetzt. Zur Jahrhundertwende waren große Brüste sehr beliebt, und Medikamente und Behandlungen, die das Brustwachstum anregen sollten, waren leicht erhältlich. Auch enge Korsette wurden benutzt, um einen volleren Busen und eine schmale Hüfte zu formen, und die populären Schönheiten jener Zeit wurden für ihre üppigen Körper bewundert.. [C. A. J.]

III Unbekannter Fotograf
Porträt einer Frau mit Rose, 1885-1890
Gelatinesilber, handkoloriert
16,3 x 11 cm
[KI-DC: 10903. Female figure, breast.] Schenkung 1958

IV Unbekannter Fotograf
Stehende Frau, 1895–1898
Gelatinesilber
16,1 x 10,8 cm
[KI-DC: 29201. Female figure, hidden genitalia, standing/kneeling position.] Schenkung 1959

I

II

I Unbekannter Fotograf
Porträt einer Frau mit unbekleidetem Oberkörper, 1927
Gelatinesilber
22,8 × 17,8 cm
[KI-DC: 10924. Female figure, breast.] Schenkung 1959

II Unbekannter Fotograf
Frau im Profil, um 1936
Gelatinesilber
9 × 6,3 cm
[KI-DC: 10971. Female figure, breast.] Schenkung 1949

III

Hinda Wassu (oder Wassau) wird allgemein als die erste amerikanische Frau angesehen, die einen Striptease auf der Bühne durchführte. Ursprünglich vom Variététheater stammend trat sie 1928 in einem Theater in Chicago als Ensembletänzerin auf. Während der Vorstellung hatte sie Probleme, ihr Kostüm zwischen den Akten zu wechseln. Schließlich zog sie ihr Kleid während des Tanzens auf der Bühne aus, so dass sie am Ende der Aufführung fast nackt war. Dem Publikum gefiel dies so gut, dass der Theatermanager sie bat, denselben Akt bei der nächsten Vorstellung zu wiederholen. Mit Beginn der 30er Jahre war der Striptease ein fester Bestandteil des Variététheaters im ganzen Land geworden. [C. A. J.]

Unbekannter Fotograf, USA III
Die berühmte Hinda Wassu, 1946–1947
Gelatinesilber
16 x 10,5 cm
[KI-DC: 11133. Female figure, breast.] Schenkung 1947

I

II

I Unbekannter Fotograf
Kniende Frau, Datierung unbekannt
Gelatinesilber
12 x 7,4 cm
[KI-DC: 29214. Female figure, hidden genitalia, standing/kneeling position.] Schenkung 1960

II Unbekannter Fotograf
Frau im Profil mit entblößten Brüsten, 1925
Gelatinesilber
24 x 19 cm
[KI-DC: 10918. Female figure, breast.] Schenkung 1959

III

Unbekannter Fotograf III
Frau, auf dem Boden sitzend, 1917
Gelatinesilber
12 x 14,7 cm
[KI-DC: 26905. Female figure, hidden genitalia, sitting position, hands below shoulder.] Schenkung 1959

Als ein Resultat der Expansion der Weltreiche im 19. Jahrhundert lernten europäische Künstler, Schriftsteller und Forscher die komplexen historischen und modernen Kulturen des Nahen Ostens kennen. Als sich die beiden Kunststudenten Rudolf Lehnert und Ernst Landrock 1904 kennen lernten, entdeckten sie schnell ihr gemeinsames Interesse an der Kultur Nordafrikas. Angesichts der großen Zugkraft romantisierender Bilder aus dem Orient in Europa gründeten die beiden ein Fotoatelier in Tunesien; dort produzierten sie Landschaftsbilder, Porträts und Aktbilder. Lehnert war der Fotograf, und Landrock kümmerte sich um das Geschäftliche. Obwohl die Partner gezwungen waren, ihr Atelier zu Beginn des Ersten Weltkriegs zu schließen, taten sie sich 1920 wieder zusammen und gründeten den Verlag The Oriental Art Publishing House in Kairo. Indem sie die Postkarten-Manie jener Zeit geschickt nutzten, konnten sie ihre Bilder in ganz Europa absetzen.
[C. A. J.]

1 Ernst Heinrich Landrock (1878–1966), Deutschland
und Rudolf Franz Lehnert (1878–1948), Österreich
Porträt eines jungen Mädchens, frühes 20. Jahrhundert
Sepia getönte Heliogravüre
22,8 x 16,9 cm
[KI-DC: 24502. Female figure photograph.]
Schenkung 1960

1

I

II

I Ernst Heinrich Landrock (1878–1966), Deutschland
und Rudolf Franz Lehnert (1878–1948), Österreich
Porträt einer stehenden unbekleideten Frau, frühes 20. Jh.
Sepia getönte Heliogravüre
22,9 x 17 cm
[KI-DC: 24563. Female figure photograph.]
Schenkung 1960 ©Lehnert und Landrock – Kairo

II Ernst Heinrich Landrock (1878–1966), Deutschland
und Rudolf Franz Lehnert (1878–1948), Österreich
Porträt einer sitzenden unbekleideten Frau, frühes 20. Jh.
Sepia getönte Heliogravüre
23 x 17 cm
[KI-DC: 24583. Female figure photograph.]
Schenkung 1960 ©Lehnert und Landrock – Kairo

111

111 Ernst Heinrich Landrock (1878–1966), Deutschland
und Rudolf Franz Lehnert (1878–1948), Österreich
Porträt einer liegenden unbekleideten Frau, frühes 20. Jh.
Sepia getönte Heliogravüre
17 x 23 cm
[KI-DC: 24546. Female figure photograph.]
Schenkung 1960

1

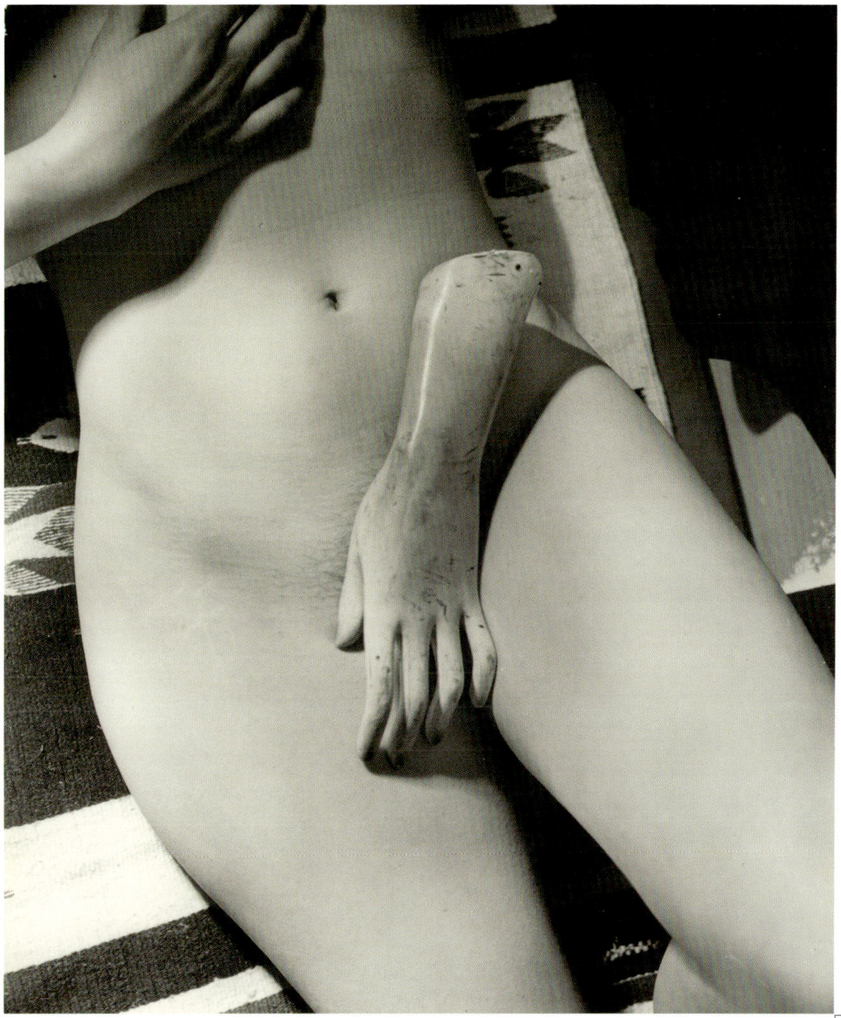

II

Clarence John Laughlin stammte aus Louisiana und verbrachte den Großteil seines Lebens in New Orleans. Nachdem er ursprünglich Schriftsteller und Dichter werden wollte, erlernte er als Folge der großen Wirtschaftskrise der Dreißiger Jahre autodidaktisch die Fotografie und begann 1936 eine Tätigkeit als beamteter Fotograf für die Pioniertruppe der Vereinigten Staaten in New Orleans. Seine Fotografien der einzigartigen Architektur dieser Stadt waren so erfolgreich, dass er nach dem Ende des Zweiten Weltkriegs seinen Lebensunterhalt als Architekturfotograf verdiente. 1948 veröffentlichte er das Buch *Ghosts Along the Mississippi* über die Architektur der Plantagen in Louisiana. Als Künstler sah Laughlin sich als Surrealist, der die Fotografie zur Erkundung „der Irrealität des Realen und der Realität des Irrealen" nutzte. Für seine einzigartige Bilderwelt benutzte er sowohl Atelieraufbauten als auch Doppelbelichtungen und andere Dunkelkammer-Techniken. [C. A. J.]

I
Arundel Holmes Nicholls, USA
Stehende Frau, frühes 20. Jahrhundert
Gelatinesilber
26,6 × 17,5 cm
[KI-DC: 25255. Female figure photograph.]
Schenkung 1956

II
Clarence John Laughlin (1905–1985), USA
Das Natürliche und das Unnatürliche, 1946
Gelatinesilber
34,5 × 27,5 cm
[KI-DC: 4140. Female figure photograph.]
Datum der Schenkung unbekannt

I

I Unbekannter Fotograf
Frau in Kostümjacke, mit entblößtem Gesäß, um 1950–1955
Gelatinesilber
9,7 x 6,8 cm
[KI-DC: 12430. Female figure, buttocks.] Schenkung 1964

II Unbekannter Fotograf
Stehende Frau (mit entblößtem Gesäß), 1895–1898
Gelatinesilber
14,3 x 8,3 cm
[KI-DC: 12113. Female figure, buttocks.] Schenkung 1946

Diese Fotografie zeigt eine große Ähnlichkeit zu den populären Pin-up Kalendern der 40er und 50er Jahre, die häufig eine Frau zeigen, die mit unschuldiger Überraschung darauf reagiert, dass der Wind oder ein anderes unerwartetes Element ihr den Rock hochhebt, um dem Betrachter ihre Beine zu zeigen. Die Frau in diesem Bild hat einen ähnlich überraschten Gesichtsausdruck, als wenn sie gerade erst bemerkt hätte, dass sie in der Eile des morgendlichen Ankleidens ein wichtiges Kleidungsstück vergessen hat. [C. A. J.]

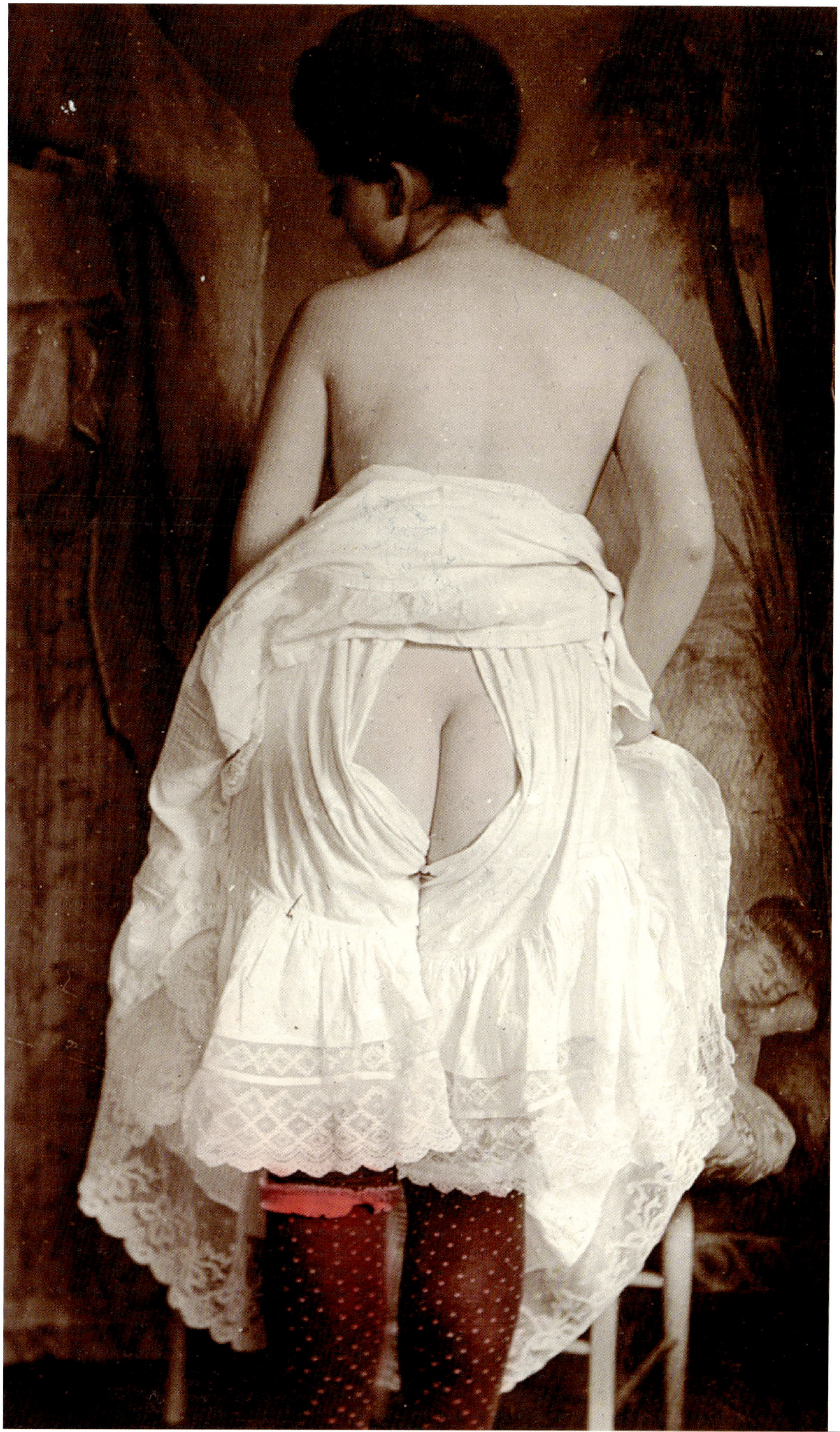

11

1

1 Unbekannter Fotograf
Sich zurücklehnende Frau im Matrosenkostüm, frühes 20. Jh.
Gelatinesilber
9,2 x 14 cm
[KI-DC: 15356. Female figure, clothed, exposed genitalia, side position.] Schenkung 1958

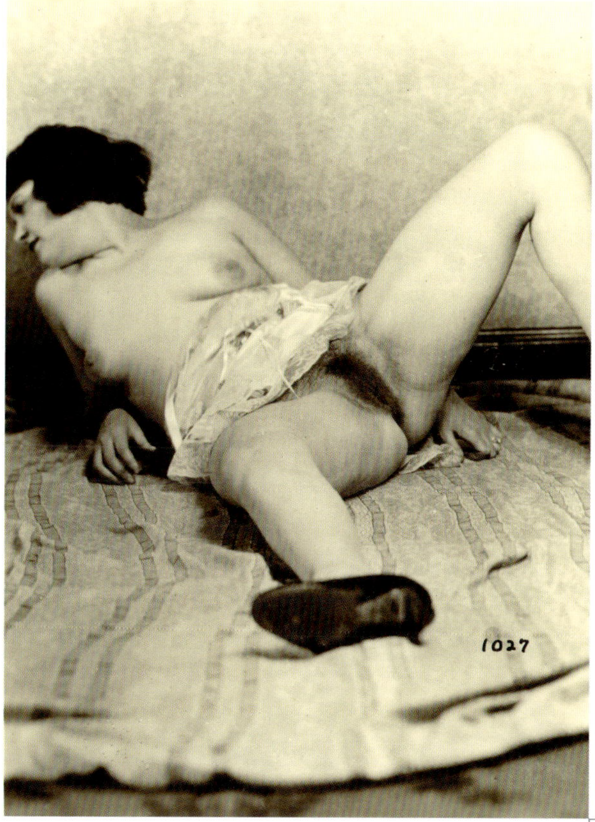

II

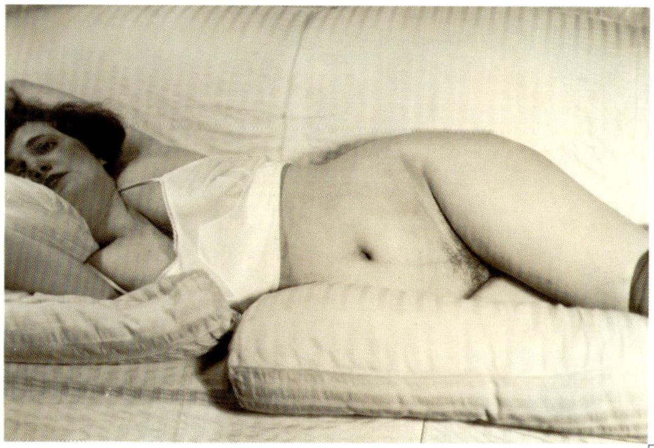

III

Unbekannter Fotograf II
Frau, sich auf dem Boden zurücklehnend, 1929
Gelatinesilber
16,5 × 11,7 cm
[KI-DC: 15301. Female figure, clothed, exposed genitalia.] Schenkung 1959

Unbekannter Fotograf III
Frau, sich auf einer Couch zurücklehnend, 1922–1923
Gelatinesilber
11,5 × 16,5 cm
[KI-DC: 15334. Female figure, clothed, exposed genitalia, side position.] Schenkung 1959

I

II

I Unbekannter Fotograf
Frau, ihre Genitalien zur Schau stellend, 1895–1898
Gelatinesilber
14 x 9 cm
[KI-DC: 15623. Female figure, clothed, exposed genitalia, side position.] Schenkung 1958

II Unbekannter Fotograf
Frau mit entblößtem Gesäß, 1923
Gelatinesilber
14 x 8,2 cm
[KI-DC: 12168. Female figure, buttocks.] Schenkung 1959

III

IV

Unbekannter Fotograf III
Model D, 1929
Gelatinesilber
23 × 18,3 cm
[KI-DC: 16115. Female figure, clothed, exposed genitalia, standing position.] Schenkung 1959

Unbekannter Fotograf IV
Frau, ihr Gesicht hinter einem Fächer versteckend, 1895–1898
Gelatinesilber
12,8 × 7,9 cm
[KI-DC: 16106. Female figure, clothed, exposed genitalia, standing position.] Schenkung 1946

I

I Albert Arthur Allen (1886–1962), USA
Frau, ihren Körper zur Schau stellend, 1925
Gelatinesilber
13,7 x 9,8 cm
[KI-DC: 16102. Female figure, clothed, exposed genitalia, standing position.] Schenkung 1958

II Unbekannter Fotograf, für Charles Guyette hergestellt, USA
Maskierte sitzende Frau, 1940–1942
Gelatinesilber
14,3 x 8,3 cm
[KI-DC: 15809. Female figure, clothed, exposed genitalia, sitting position.] Schenkung 1959

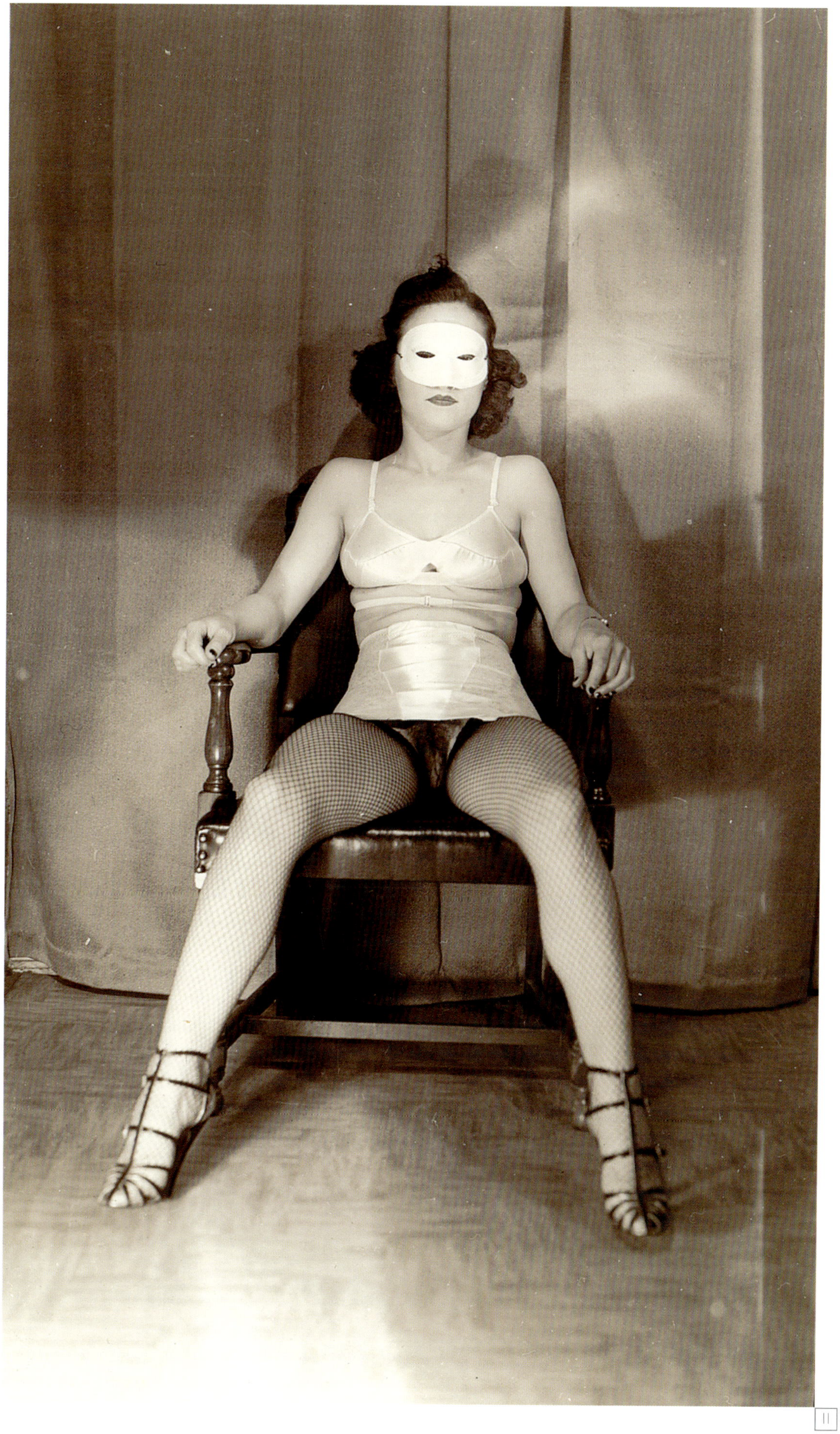

11

Albert Arthur Allen wurde als jüngstes von drei Kindern eines wohlhabenden Werftbesitzers in der Nähe von Grafton, Massachusetts geboren. 1916 eröffnete er ein Fotoatelier in Oakland, Kalifornien und spezialisierte sich auf Bilder von unbekleideten Frauen inklusive einer Serie von pseudo-wissenschaftlichen Körperstudien. In diesen 1925 in *The Human Figure* zusammengefassten Studien versuchte er, die Modelle anhand einer Anzahl physischer und psychologischer Kategorien zu analysieren: Größe, Gewicht, Haarfarbe, Rasse, Persönlichkeitstyp bis hin zur Dichte des Schamhaars. Die Tatsache, dass Allen unbekleidete Frauen mit zur Schau gestelltem Schamhaar fotografierte, reichte aus, um ihm Ärger einzuhandeln, da diese Darstellungsweise offiziell als obszön galt. Ende der 20er Jahre hatten ihn seine diversen gerichtlichen Auseinandersetzungen an den Rand des Bankrotts getrieben. Eins seiner letzten bekannten Projekte war eine Serie von Fotografien, 1930 unter dem Titel *Premiere Nudes* produziert. Im Zentrum jeder einzelnen Fotografie steht ein weibliches Modell, das bis auf ein Paar hochhackige Schuhe unbekleidet ist. Um den Bildern ein Gefühl von Tiefe zu geben, arrangierte Allen hinter der zentralen Figur kunstvoll eine Gruppe von Aktmodellen; diese erscheinen etwas unscharf, so dass der Betrachter seine ganze Aufmerksamkeit auf das „premiere" Modell im Vordergrund richten muss. [C. A. J.]

1

1 Albert Arthur Allen (1886–1962), USA
Unbekleidete Frauen, um 1930
Gelatinesilber
9,9 x 8 cm
[KI-DC:20014. Female figures, nude, exposed genitalia, 3 or more females.] Schenkung 1959

I

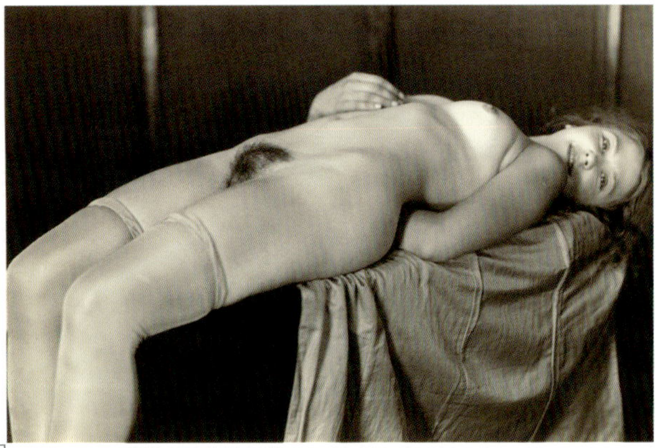

II

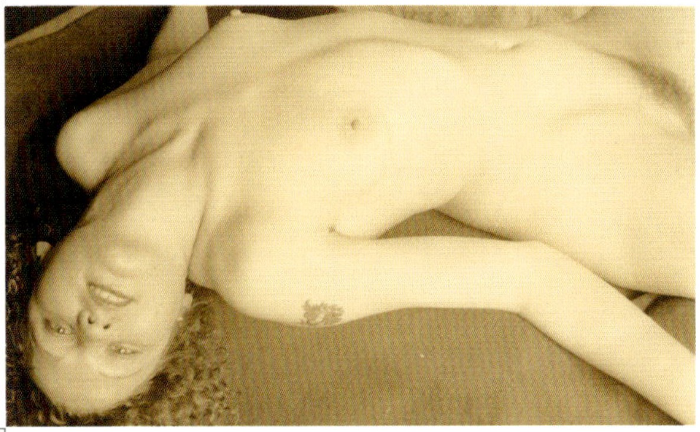

III

I Unbekannter Fotograf aus St. Louis, USA
Frau, sich auf einem Bett zurücklehnend, um 1923
Gelatinesilber
10 x 15 cm
[KI-DC: 17303. Female figure, nude,
exposed genitalia, side position.] Schenkung 1959

II Unbekannter Fotograf
Frau, sich zurücklehnend, 1930
Gelatinesilber
11,3 x 16,4 cm
[KI-DC: 23749. Female figure, nude,
exposed genitalia, supine position.] Schenkung 1959

III Unbekannter Fotograf
Frau, sich auf dem Boden zurücklehnend, 1925–1927
Gelatinesilber
8,6 x 13,8 cm
[KI-DC: 23728. Female figure, nude,
exposed genitalia, supine position.] Schenkung 1959

V

Unbekannter Fotograf aus St. Louis, USA V
Frau, einen Schuh tragend, um 1923
Gelatinesilber
15 x 10 cm
[KI-DC: 18626. Female figure, nude, exposed genitalia, supine position.] Schenkung 1959

1

1 Unbekannter Fotograf
Frau in Brückenstellung, 1935–1940
Gelatinesilber
9,8 × 8 cm
[KI-DC: 16714. Female figure, nude,
exposed genitalia, other position.] Schenkung 1953

11

Viele der dem Kinsey Institute über die Jahre geschenkten Fotografien stammen von unbekannten Amateurfotografen. Die verbesserte Fototechnik führte dazu, dass jedermann eine Kamera besitzen und handhaben konnte; damit stieg die Produktion erotischer Bilder zum privaten Vergnügen erheblich an. Üblicherweise wurden die frühen Fotografien im Freien aufgenommen, weil dort das Licht besser war, aber auch weil Fotograf und Modell den Kitzel sexueller Ausübung im öffentlichen Bereich erleben konnten. [C. A. J.]

Unbekannter Fotograf 11
Frau, in einem Feld sitzend, 1924
Gelatinesilber
8,2 x 14 cm
[KI-DC: 17601. Female figure, nude, exposed genitalia, sitting position.] Schenkung 1959

I

II

I Unbekannter Fotograf
Frau auf einem Fahrrad, 1895–1898
Gelatinesilber
15,1 x 10,2 cm
[KI-DC: 17413. Female figure, nude, exposed genitalia, sitting position.] Schenkung 1959

II Unbekannter Fotograf
Zwei Frauen, ein Fahrrad und ein Schirm, Datierung unbekannt
Gelatinesilber, handkoloriert
13,3 x 9,8 cm
[KI-DC: 19900. Female figures, nude, exposed genitalia, two females.] Schenkung 1948

111

111

Unbekannter Fotograf
Frau im Morgenrock, 1927–1928
Gelatinesilber
24 x 18,3 cm
[KI-DC: 22560. Female figure, nude, exposed genitalia, standing position, hands below shoulder.]
Schenkung 1959

1

1 Unbekannter Fotograf
Frau, ihren Unterrock herablassend, 1895–1898
Gelatinesilber
16,1 x 10,4 cm
[KI-DC: 21105. Female figure, nude, exposed genitalia, standing position, hand above shoulder.] Schenkung 1959

MALE & FEMALE FIGURE

G IN C

MALE GENITALIA

Ähnlich wie auf den Darstellungen des starken athletischen Körpers, die für die deutsche und englische Naturalisten-Fotografie der 20er und 30er Jahre typisch sind, zeigt sich dieses junge schwedische Paar mit einander zugekehrten Rücken und über den Köpfen erhobenen Armen als ein gefälliges Bild der Symmetrie. Obwohl es sich hierbei um eine Innenaufnahme handelt, wurden Bilder dieser Art meist im Freien aufgenommen, um nackte Figuren in ihrem „natürlichen" Element zu zeigen. [C. A. J.]

1 Unbekannnter Fotograf, Schweden
Mann und Frau, auf einer Kiste balancierend, Datierung unbekannt
Gelatinesilber
14,2 × 9,7 cm
[KI-DC: 29828. Female and male figure, nude, exposed genitalia.] Schenkung 1960

1

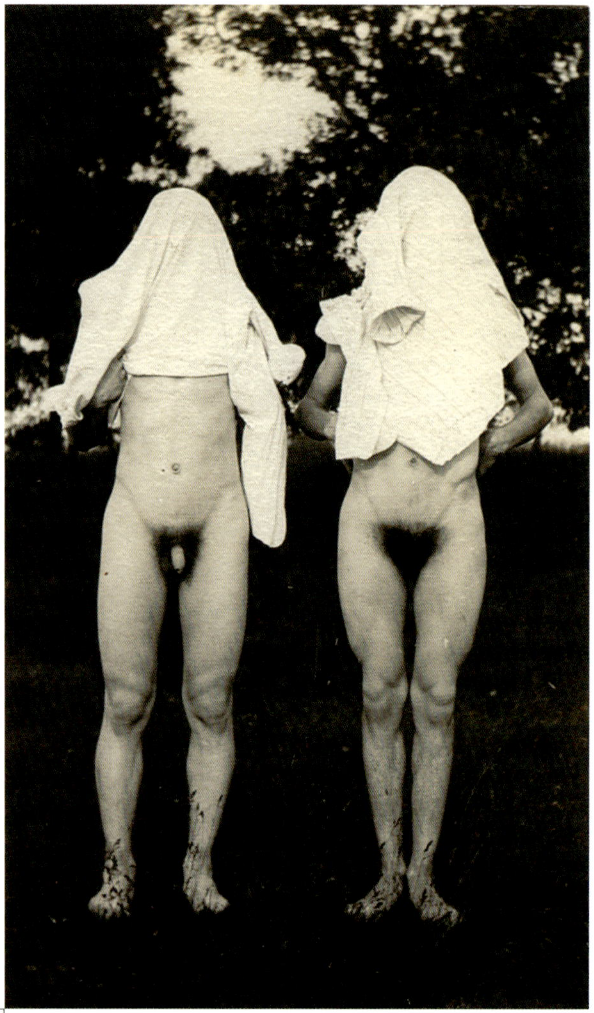

1

1 Unbekannter Fotograf
Mann und Frau mit Hemden über dem Kopf,
Datierung unbekannt
Gelatinesilber
9,1 x 5,2 cm
[KI-DC: 29830. Female and male figure, nude, exposed genitalia.] Schenkung 1961

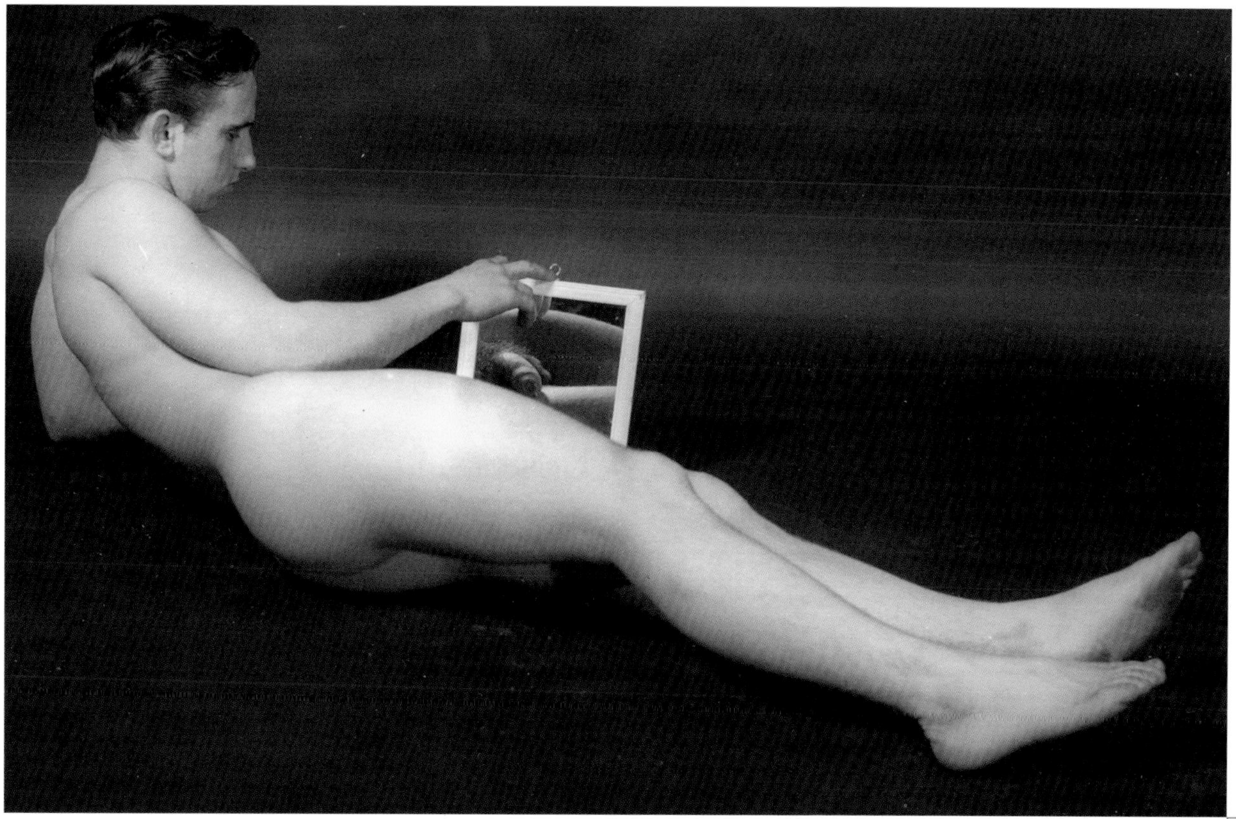

11

11
Unbekannter Fotograf, USA
Sich zurücklehnender männlicher Akt mit Spiegel, 1950–1960
Gelatinesilber
11,5 x 16,6 cm
[KI-DC: 30801. Genitalia, male, partially erect, arm propped position.] Schenkung 1960

In der Sammlung des Kinsey Instituts befindet sich eine große Anzahl von Fotografien der männlichen Physis aus der ersten Hälfte des 20. Jahrhunderts. Wenngleich die Mehrzahl der Modelle Weiße sind, gibt es einige Fotografien von Schwarzen, zu denen auch eine Serie des hier gezeigten gut gebauten Modell mit seinem charakteristischen Schnurrbart und den gewellten Haaren gehört. Dieses Bild ist insofern untypisch für das Genre, als es den Mann mit einer Erektion zeigt, was darauf hinweist, daß es aufgrund seines erotischen Inhalts genossen werden und nicht als visuelles Vorbild für Bodybuilder dienen sollte. [C. A. J.]

I

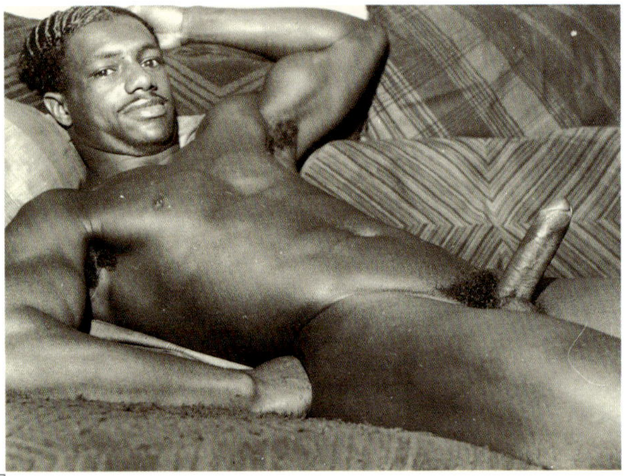

II

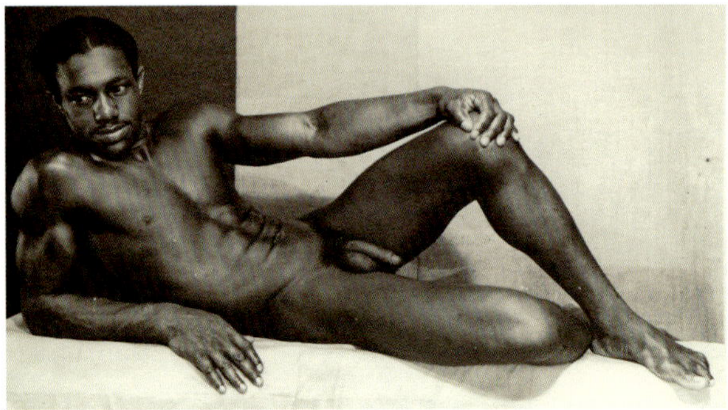

III

I Unbekannter Fotograf
Männliche Genitalien, Datierung unbekannt
Gelatinesilber
24 x 19,6 cm
[KI-DC: 30628. Genitalia, male, negro.] Schenkung 1967

II Unbekannter Fotograf
Sich zurücklehnender unbekleideter Mann, Datierung unbekannt
Gelatinesilber
10 x 12,3 cm
[KI-DC: 30624. Genitalia, male, negro.] Schenkung, Datum unbekannt

III Unbekannter Fotograf
Sich zurücklehnender unbekleideter Mann, Datierung unbekannt
Gelatinesilber
10,4 x 17,5 cm
[KI-DC: 30623. Genitalia, male, negro.] Schenkung, Datum unbekannt

IV

Unbekannnter Fotograf IV
Mann mit Erektion, an einer Säule lehnend,
Datierung unbekannt
Gelatinesilber
17,7 x 12,5 cm
[KI-DC: 32101. Genitalia, male, erect, close view.]
Schenkung 1947

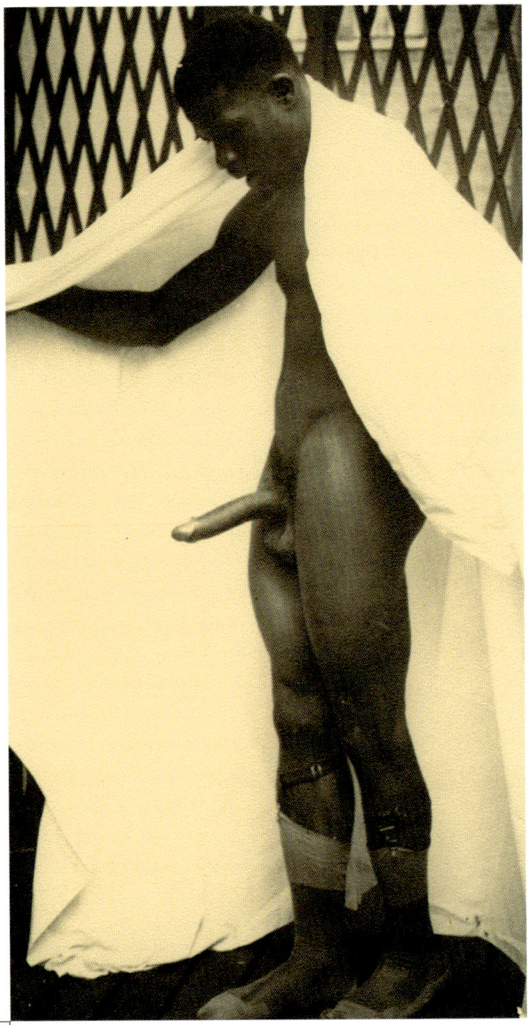

1

1 Unbekannter Fotograf
Mann mit Decke, Datierung unbekannt
Gelatinesilber
17,5 x 9 cm
[KI-DC: 30635. Genitalia, male, negro.] Schenkung 1945

11

Unbekannter Fotograf 11
Mann in Brückenstellung, Datierung unbekannt
Gelatinesilber
16,3 × 23,7 cm
[KI-DC: 30697. Genitalia, male, negro.] Schenkung 1952

1

1 Unbekannter Fotograf
Mann, sein Glied zur Schau stellend, Datierung unbekannt
Gelatinesilber
16,3 × 23,8 cm
[KI-DC: 30715. Genitalia, male, negro.] Schenkung 1952

GO

GRP HT

H FEMALE

H MALE

I

II

I Unbekannter Fotograf
Mann und Frau beim Oralverkehr, 1925–1927
Gelatinesilber
15 × 10,1 cm
[KI-DC: 36613. Genital-oral, heterosexual, 69 position.]
Schenkung 1959

II Unbekannter Fotograf
Mann hält Frau beim Oralverkehr, 1923–1925
Gelatinesilber
12 × 6,8 cm
[KI-DC: 36603. Genital-oral, heterosexual, 69 position.]
Schenkung 1948

111

111 Unbekannter Fotograf, Frankreich
Mann und Frau beim Oralverkehr, 1895–1900
Gelatinesilber
11,7 x 15,5 cm
[KI-DC: 36523. Genital-oral, heterosexual, 69 position.] Schenkung 1958

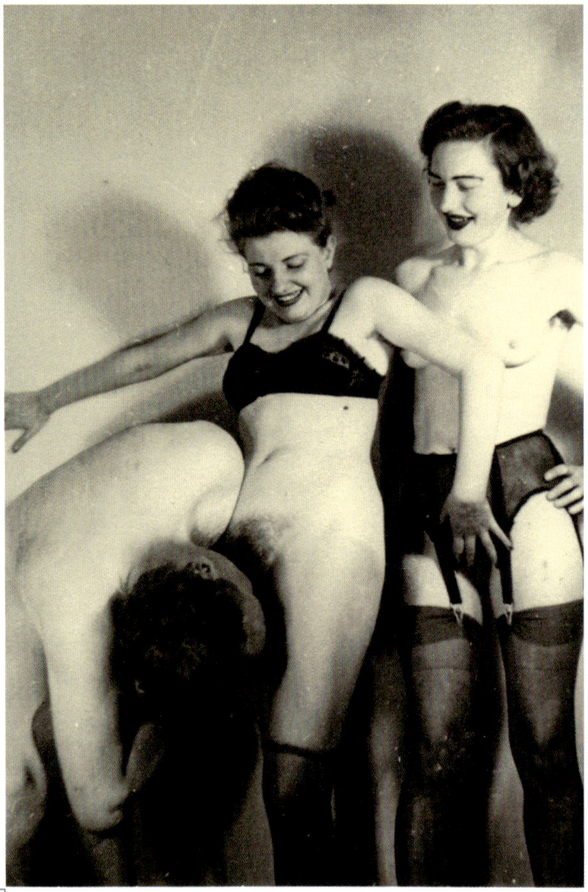

I

II

III

I Unbekannter Fotograf
Zwei Frauen und ein Mann, 1939–1944
Gelatinesilber
17,2 × 11,4 cm
[KI-DC: 37111. Group, heterosexual, 1 male, 2 female, stooping position.] Schenkung 1952

II Unbekannter Fotograf
Mann und Frau beim Oralverkehr, 1937
Gelatinesilber
8,7 × 13,8 cm
[KI-DC: 33715. Genital-oral, female, supine position.] Schenkung 1959

III Unbekannter Fotograf
Zwei Frauen beim Oralverkehr, mit dem Penis eines Mannes spielend, 1939–1944
Gelatinesilber
11 × 17 cm
[KI-DC: 37974. Group, heterosexual, 1 male, 2 females, standing position.] Schenkung 1952

IV

Zu Beginn der 50er Jahre wurde Alfred Kinsey mehr und mehr besorgt, dass der U.S. Zoll die Auslieferung von Forschungsmaterial, das dem Institut aus aller Welt geschickt wurde, behinderte. In diesem Zusammenhang wurde ihm von seinen Anwälten geraten, eine Sendung mit sehr freizügigem Material aus Europa zu ordern, um damit die Regierung zu zwingen, gerichtlich gegen ihn vorzugehen und damit eine endgültige Entscheidung herbeizuführen, ob das Institut legal „obszönes" Material für Forschungszwecke importieren durfte. Diese Fotografie [KI-DC: 37111] gehört zu denjenigen, die konfisziert wurden und später als Beweismaterial in dem Fall *US v. 31 Photographs* diente. Diese Serie von Abzügen wurden in Dänemark bestellt, und zwar speziell unter dem Gesichtspunkt, dass sie offensichtlich pornografischer Natur war und wenig ästhetische Qualitäten besaß. 1957 entschied der Bundesrichter Edward L. Palmieri, dass es rechtlich zulässig war für das Institut für Sexualforschung, sexuell eindeutiges Material durch die Post zu empfangen, sofern es für Forschungszwecke benutzt werden sollte.
Zwei weitere in diesem Buch abgebildete Fotografien wurden als Beweismaterial in dem Prozess benutzt: [KI-DC: 37974 und 39806]. Für weitere Details zum Fall *US v. 31 Photographs* siehe Jennifer Pearson Yamashiros Aufsatz. [C. A. J.]

Unbekannter Fotograf IV
Zwei Frauen und ein Mann, Datierung unbekannt
Gelatinesilber
10 x 15 cm
[KI-DC: 37255. Group, heterosexual, 1 male, 2 females, kneeling position.] Schenkung 1958

Dieses Bild unterscheidet sich ganz offensichtlich von den sorgfältigen Kompositionen früherer erotischer Fotografien; dargestellt sind zwei Frauen, die sich scheinbar spontan zu einem erotischen Abenteuer entschlossen haben und zu diesem Zweck einen Lageraum aufgesucht haben. Allerdings ist es klar, dass hier für die Kamera posiert wurde, da das Kleid der Frau im Vordergrund hochgehalten wird, um dem Betrachter ihr Gesäß zu zeigen.

Obwohl es möglich ist, dass diese Modelle tatsächlich Lesbierinnen waren, sind es im Normalfall dieselben Frauen, die für Fotografien heterosexuellen und homosexuellen Inhalts posieren. Die meisten Käufer dieser Bilder waren männlich, und solange es eine Nachfrage für lesbische Bilder gibt, werden die Produzenten von Erotika diese gern anbieten. [C. A. J.]

1

Unbekannter Fotograf 1
Zwei Frauen beim Oralverkehr, 1895–1898
Gelatinesilber
16,8 × 10,5 cm
[KI-DC: 40018. Homosexual, female, genital-oral.]
Schenkung 1958

I

I Unbekannter Fotograf
Zwei Frauen in Kostümen des 18. Jahrhunderts, 1920–1930
Gelatinesilber
17,7 x 12,5 cm
[KI-DC: 40959. Homosexual, female, masturbation.]
Schenkung 1947

II Unbekannter Fotograf
Zwei sich umarmende Frauen, 1915–1918
Gelatinesilber
16,6 x 11,5 cm
[KI-DC: 39253. Homosexual, female.] Schenkung 1953

11

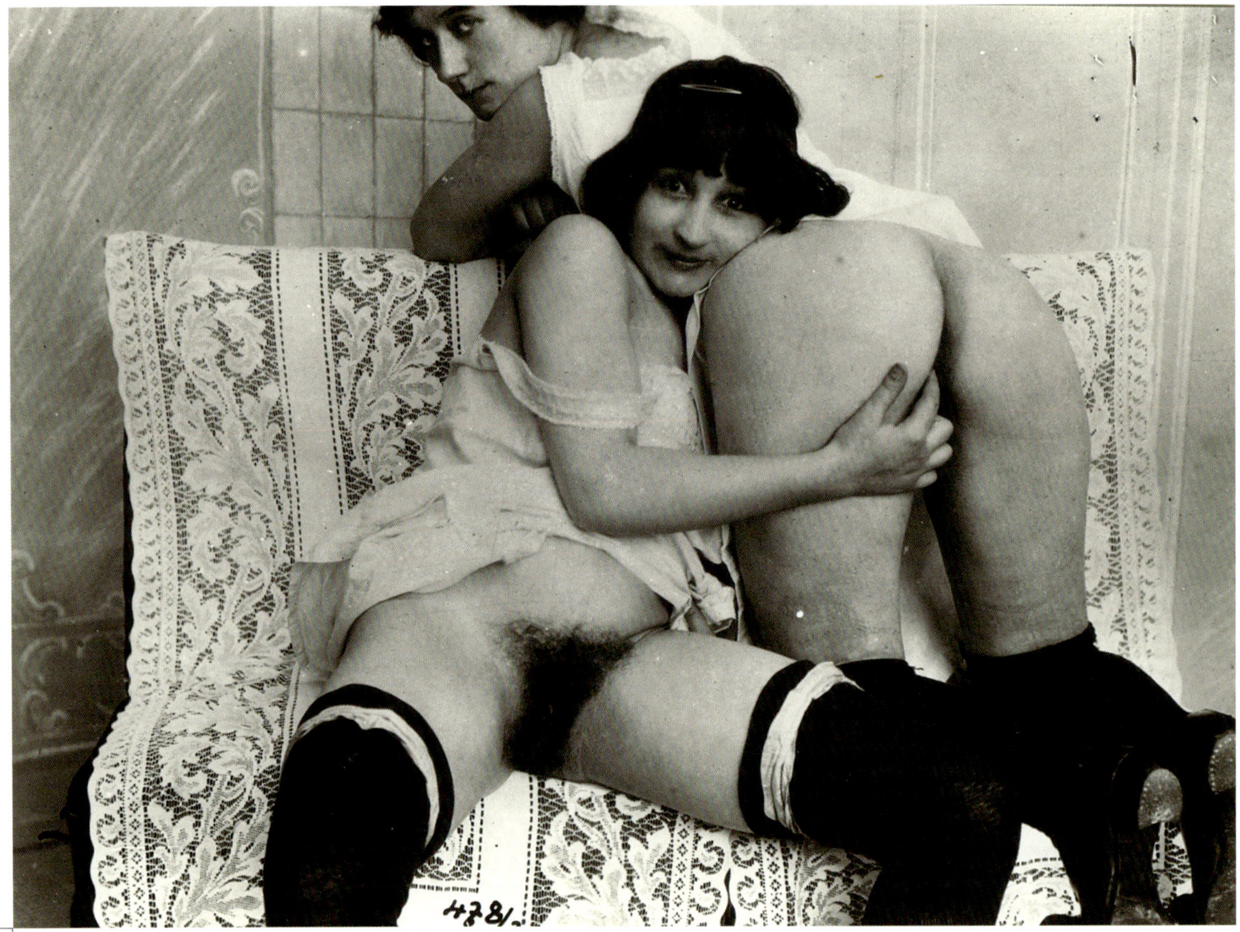

I

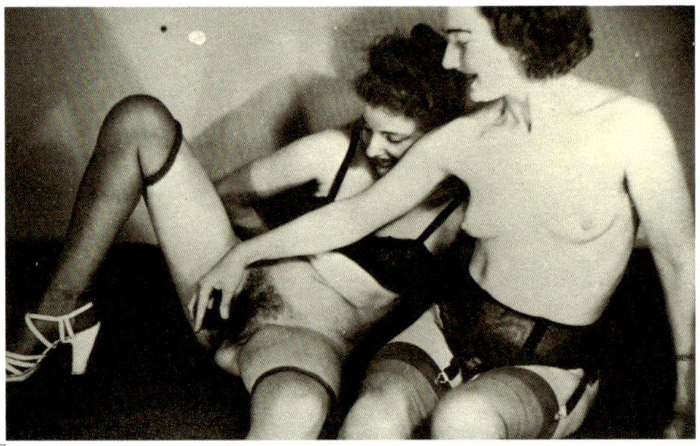

II

I Unbekannter Fotograf
Frau, eine andere Frau masturbierend, 1885–1890
Gelatinesilber
10,8 x 14 cm
[KI-DC: 40906. Homosexual, female, masturbation.]
Schenkung 1950

II Unbekannter Fotograf
Zwei Frauen mit einem Dildo, 1939–1944
Gelatinesilber
11 x 16,8 cm
[KI-DC: 39806. Homosexual, female, dildo.]
Schenkung 1952

III

Diese Szene mit zwei sich vor einem modernen Automobil umarmenden Frauen ist ein Beleg für die Popularität von lesbischen Bildern in den 20er Jahren. Die Jahre nach dem 1. Weltkrieg brachten für Frauen neue Freiheiten, und es war insbesondere für Frauen, die sich selbst als kultiviert und unkonventionell einschätzen, üblich geworden, im sexuellen Bereich zu experimentieren. Obwohl die Fotografie als Postkarte produzierte wurde, ist es unwahrscheinlich, dass sie als solche gelaufen ist, ohne vorher in einen Umschlag gesteckt worden zu sein. [C. A. J.]

Unbekannter Fotograf III
Zwei Frauen vor einem Auto, 1926
Gelatinesilber
12,6 x 7,6 cm
[KI-DC: 39327. Homosexual, female.] Schenkung 1947

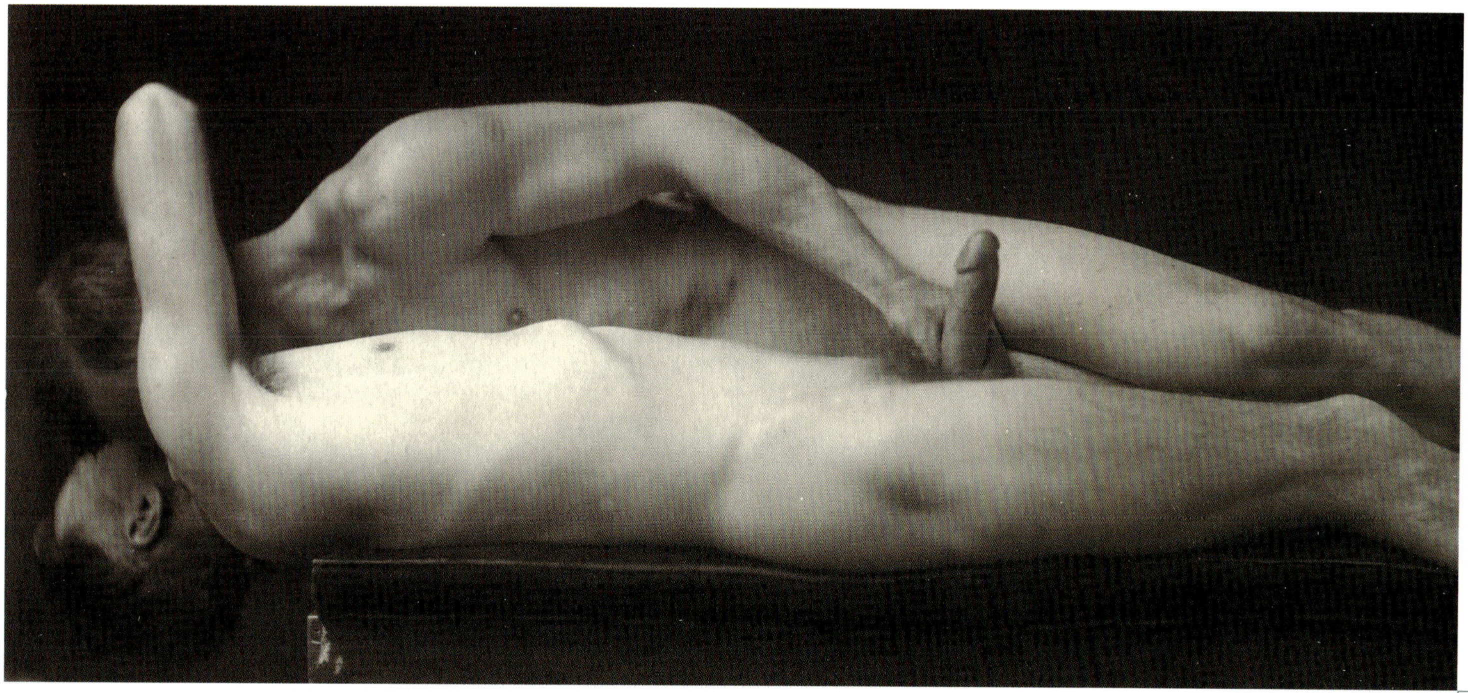

1

Unbekannter Fotograf 1
Mann, einen anderen Mann masturbierend, um 1940
Gelatinesilber
11,6 x 23,7 cm
[KI-DC: 44028. Homosexual, male, masturbation.]
Schenkung 1948

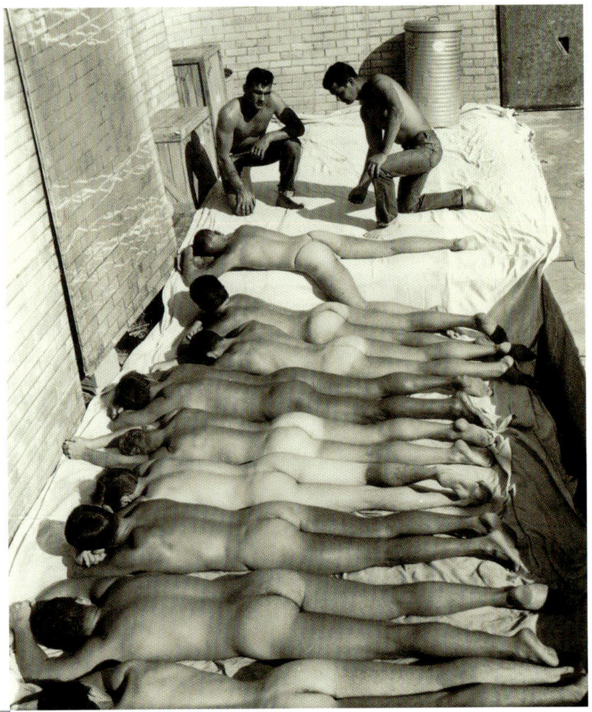

I

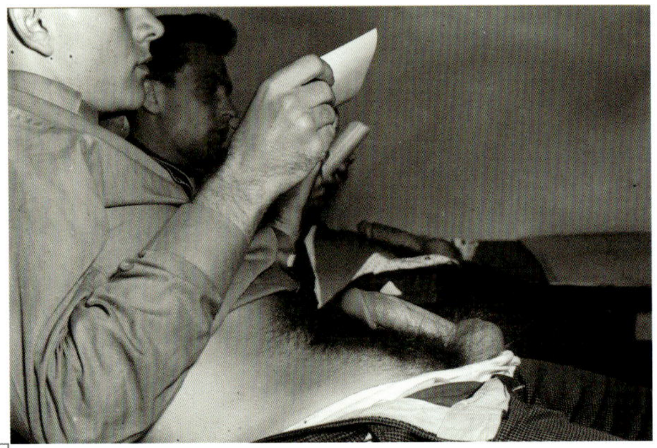

II

I Unbekannter Fotograf
Männer beim Sonnenbaden, Datierung unbekannt
Gelatinesilber
10,5 x 8,4 cm
[KI-DC: 41668. Homosexual, male.] Schenkung 1963

II Unbekannter Fotograf
Lesende Männer, Datierung unbekannt
Gelatinesilber
11,3 x 16,1 cm
[KI-DC: 41662. Homosexual, male.]
Schenkung, Datum unbekannt

111

Unbekannter Fotograf 111
Pectoral Development (Entwicklung von Brustmuskeln),
Datierung unbekannt
Gelatinesilber
16,5 x 11,4 cm
[KI-DC: 41636. Homosexual, male.]
Schenkung, Datum unbekannt

I

II

I Unbekannter Fotograf
Männer beim Analverkehr, 1950
Gelatinesilber
19,9 x 17,1 cm
[KI-DC: 41935. Homosexual, male, anal, kneeling position.]
Schenkung 1954

II Unbekannter Fotograf
Drei Männer beim Analverkehr, Datierung unbekannt
Gelatinesilber
19,6 x 24,1 cm
[KI-DC: 43934. Homosexual, group.] Schenkung 1967

III

Das Bild des Matrosen ist seit langem eine populäre Figur in der Welt der männlichen Homosexualität. Seeleute verbringen viele Monate auf See, und das, was dort oder während ihres Landurlaubs vorgeht, hat schon lange die Fantasie von Künstlern, Schriftstellern und Fotografen beflügelt. Dieses Bild sich küssender Matrosen wurde irgendwann nach 1948 aufgenommen, dem Jahr, in dem die ersten Resultate von Kinseys bahnbrechenden Untersuchungen in *Sexual Behaviour in the Human Male* veröffentlicht wurden. Seine Interviews mit amerikanischen Männern hatten gezeigt, dass 37% mindestens einmal in ihrem Leben eine homosexuelle Erfahrung gehabt hatten, die zum Orgasmus führte. [C. A. J.]

Unbekannter Fotograf III
Zwei Matrosen im Bett, sich küssend, nach 1948
Gelatinesilber
9,2 x 11,3 cm
[KI-DC: 44321. Homosexual, male, petting.]
Schenkung 1959

1

1 Unbekannter Fotograf
Mann in Brückenstellung wird masturbiert, Datierung unbekannt
Gelatinesilber
12 x 17,2 cm
[KI-DC: 44187. Homosexual, male, masturbation.]
Schenkung 1949

HUMOR
FETISH
M FEMALE
M MALE
MALE FIGURE

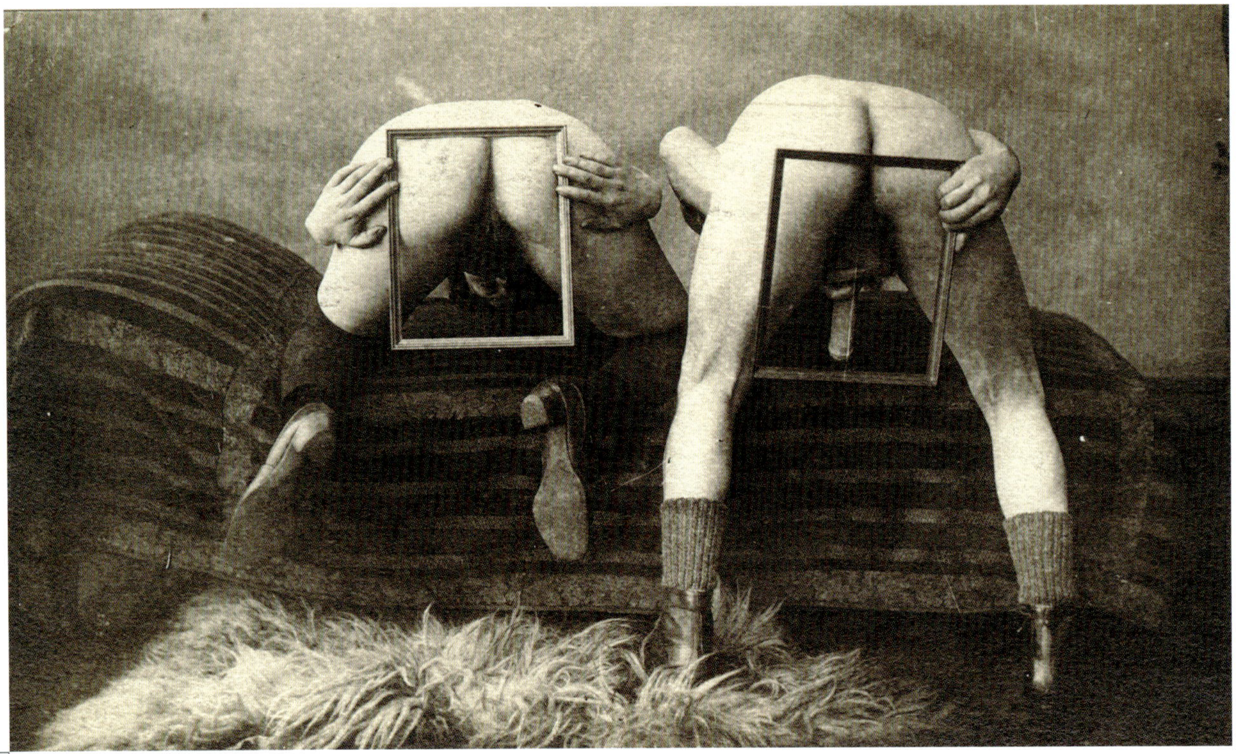

1

1 Unbekannter Fotograf
Genitalien im Rahmen, um 1905
Gelatinesilber
8,6 x 14 cm
[KI-DC: 44708. Humor, unusual emphasis of genitalia.]
Schenkung 1959

11

11 Unbekannter Fotograf
Frau und Skelett auf einer Couch, Datierung unbekannt
Gelatinesilber
14,2 x 16,7 cm
[KI-DC: 44925. Humor.] Schenkung 1951

1

1 Unbekannter Fotograf
Penis als Nahrungsmittel, 1923–1925
Gelatinesilber
14,5 x 10,6 cm
[KI-DC: 44723. Humor; genitalia as food.] Schenkung 1950

Als unwiderstehlicher Leckerbissen für Einige taucht das Thema „Penis als Lebensmittel" seit der Jahrhundertwende in vielen sich wiederholenden Witzen in der erotischen Fotografie auf. Während der übergroße Penis seit Jahrtausenden in künstlerischen Darstellungen auftaucht, mußten sich neuzeitliche Fotografen von Erotika etwas Neues einfallen lassen, um auf den Phallus aufmerksam zu machen. Also fotografierten sie den Penis in einer Vielzahl nichtsexueller Verkleidungen, wie z.B. als appetitanregende Wurst auf einem Teller oder als Teil eines komischen menschlichen Gesichts [KI-DC: 44918]. Die Nutzung des männlichen Sexualorgans zu humoristischen Zwecken erreichte kürzlich ein neues Niveau mit der populären Bühnenshow „Puppetry of the Penis" (Das Puppenspiel mit dem Penis), in der unbekleidete Männer ihre Penisse zu Tieren, architektonischen Monumenten und – natürlich – Nahrungsmitteln modellierten. [C. A. J.]

11

11 Unbekannter Fotograf
Penis mit Brille und Pfeife, Datierung unbekannt
Gelatinesilber
11,5 x 9 cm
[KI-DC: 44918. Humor, unusual emphasis of genitalia.]
Schenkung 1947

John Alexander Scott Coutts, besser bekannt als John Willie, wuchs in einem Londoner Vorort auf und wanderte in den Mitzwanzigern nach Australien aus. Dort machte er die Bekanntschaft einer schlanken, jungen Frau, die zu seinem Modell und später zu seiner Frau wurde. Sie teilte sein Interesse an hochhackigen Schuhen und sadomasochistischen Fesselungsspielen und erklärte sich bereit, für Fotografien zu posieren, die Coutts an andere Schuhfetischisten verkaufte. Am Ende des 2. Weltkriegs verließ er seine Frau und übersiedelte nach Nordamerika, wo er weiter als Fotograf und Künstler arbeitete und zwischenzeitlich ein Magazin mit dem Namen *Bizarre* herausgab. [C. A. J.]

1 John Alexander Scott Coutts
(John Willie, 1902–1962), England
Frau in schenkelhohen Stiefeln, 1936
Gelatinesilber
22,8 × 16,7 cm
[KI-DC: 46012. Fetish, boot, glove.] Schenkung 1959

1

1

1 Unbekannter Fotograf
Frau, ein Korsett und Handschuhe tragend, 1938
Gelatinesilber
24,3 × 14,3 cm
[KI-DC: 46804. Fetish, corset, shoe, glove.]
Schenkung 1959

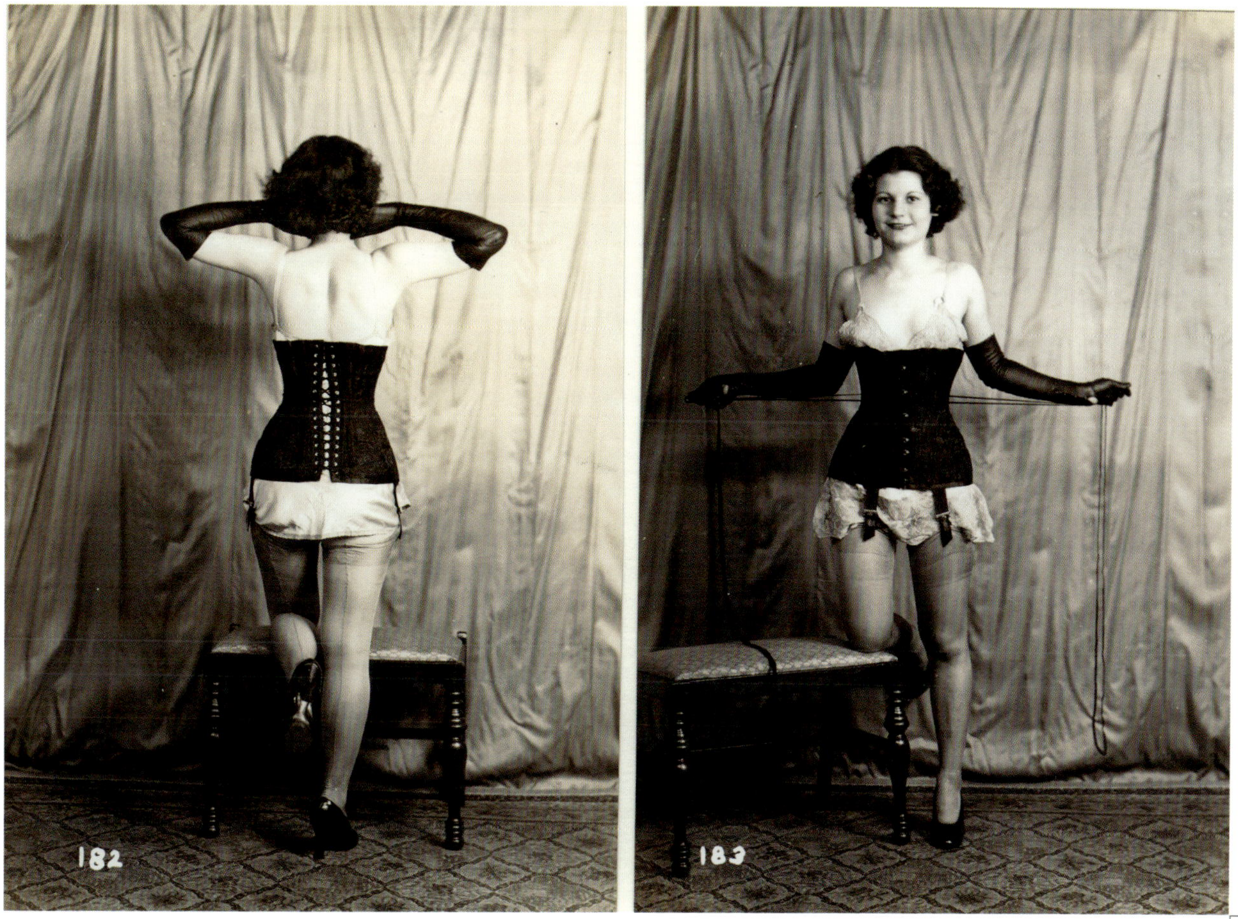

11

Unbekannter Fotograf 11
Frau im Korsett mit Handschuhen, 1939
Gelatinesilber
15 x 19,8 cm
[KI-DC: 46811. Fetish, corset, shoe, glove.]
Schenkung 1959

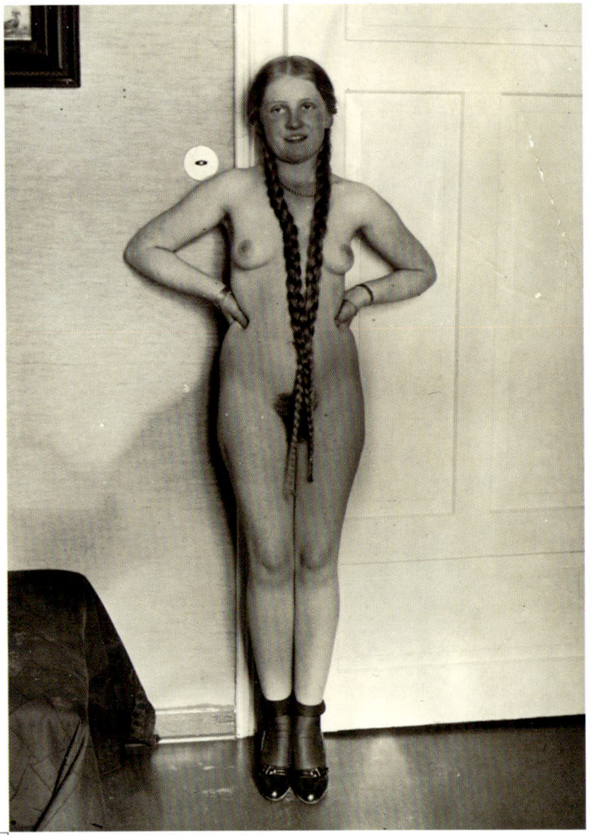

I

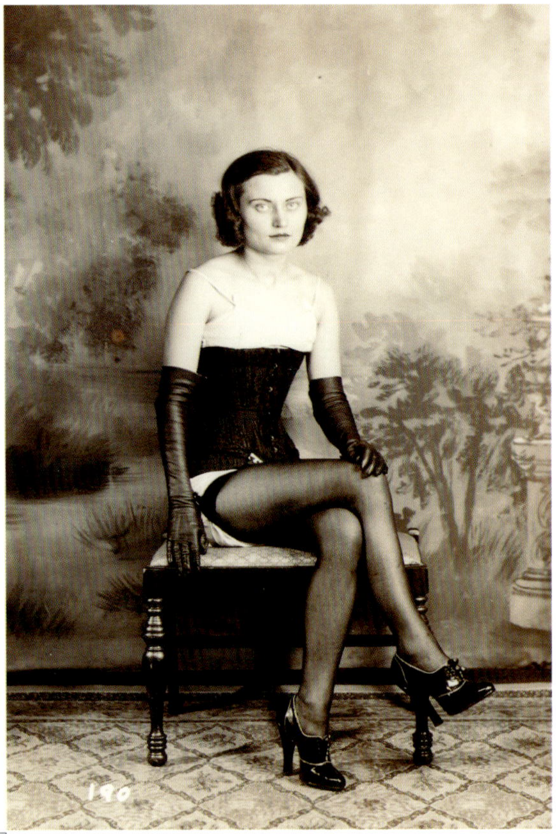

II

I Unbekannter Fotograf
Frau mit Zöpfen, frühes 20. Jahrhundert
Gelatinesilber
16,8 × 11,7 cm
[KI-DC: 47381. Fetish, hair.] Schenkung 1956

II Unbekannter Fotograf
Frau im Korsett mit Handschuhen, auf einem Stuhl sitzend, 1941
Gelatinesilber
14,8 × 9,8 cm
[KI-DC: 46840. Fetish, corset, shoe, glove.]
Schenkung 1959

III

In Yva Richard verbinden sich die Namen des Fotografen L. Richard und seiner Frau Nativa, die zwischen 1913 und dem Beginn des 2. Weltkriegs in Paris ein Geschäft für Fetischkleidung und Fotografie betrieben. Bilder von Nativa Richard als Modell für die Korsette, hochhackige Stiefel, Handschuhe und andere Bekleidungsstücke der Firma erschienen im Verkaufskatalog, wobei auf Dauer die Fotografien bei den Kunden populärer waren als die angebotenen Waren. [C. A. J.]

Yva Richard, Frankreich III
Frau, ihre Brüste haltend, 1929
Gelatinesilber
13,8 x 8,9 cm
[KI-DC: 46308. Fetish, corset.] Schenkung 1959

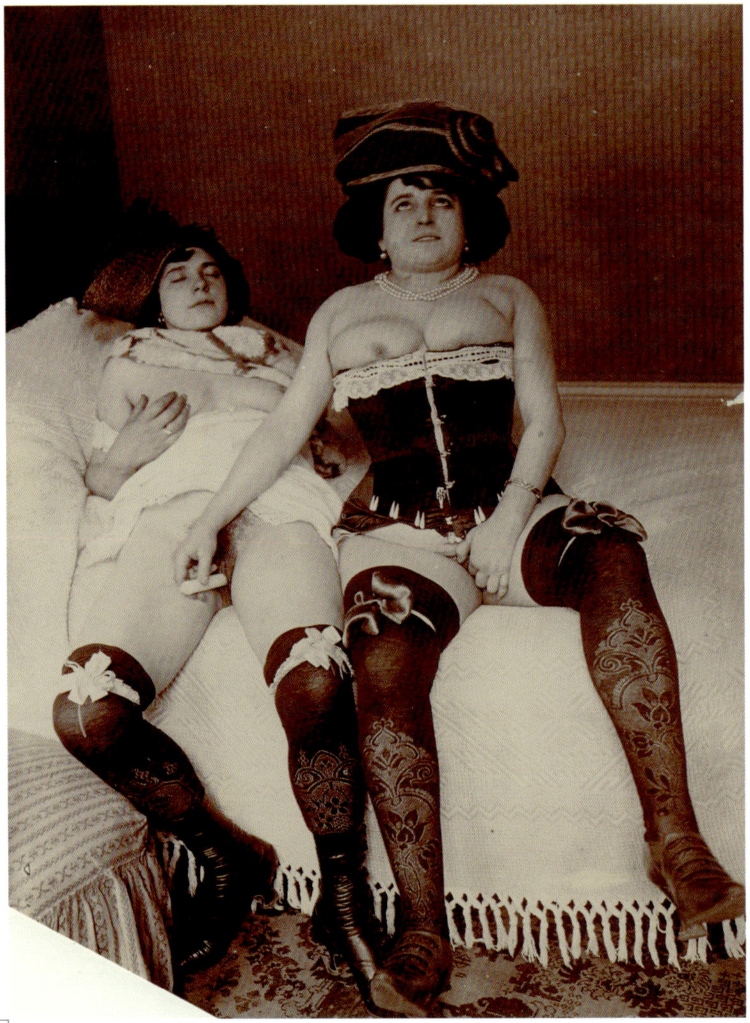

1

1 Unbekannter Fotograf
Frau, sich selbst und eine schlafende Frau masturbierend, 1912–1918
Gelatinesilber
16,5 x 11,8 cm
[KI-DC: 50363. Masturbation, female, dildo.]
Schenkung 1958

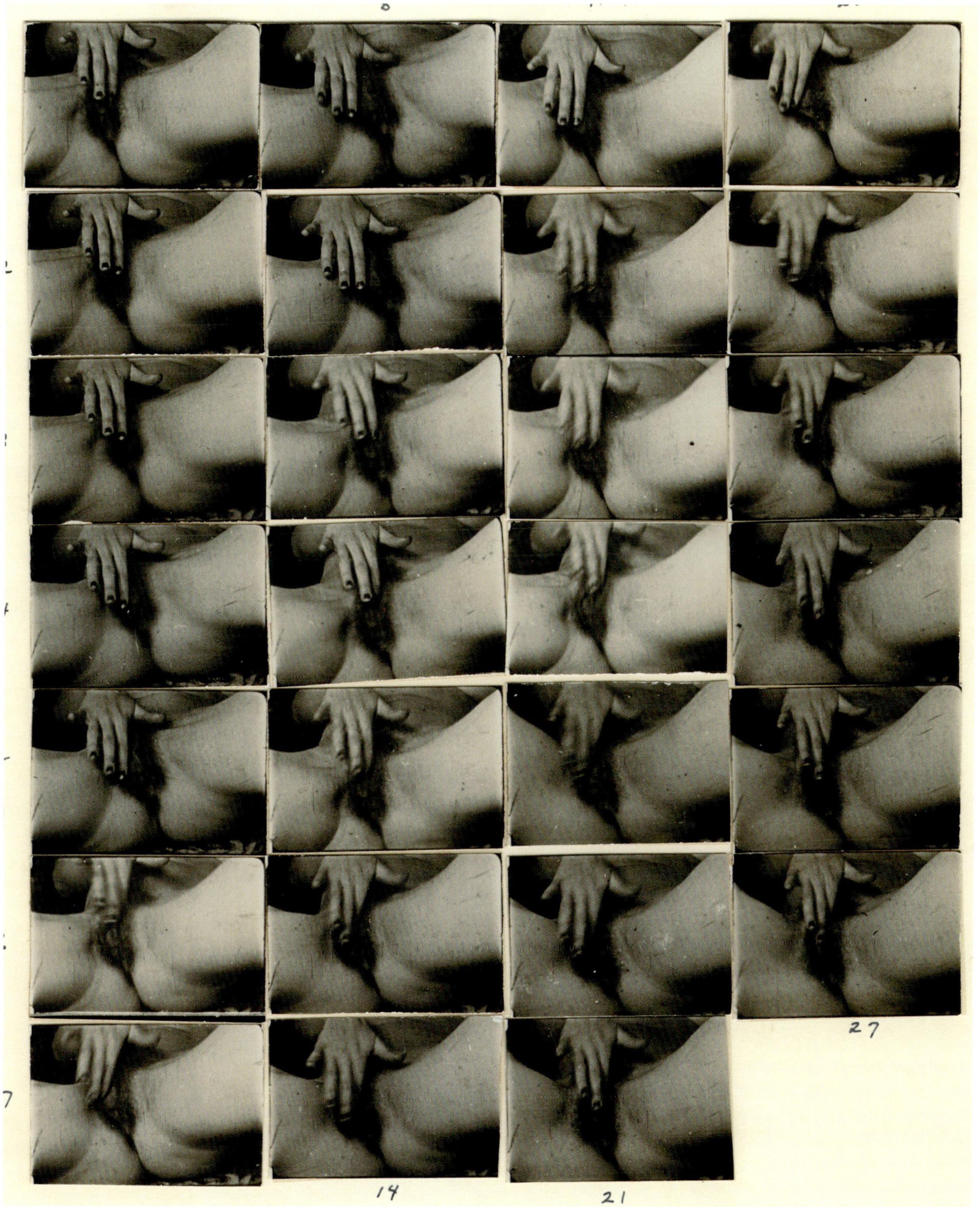

II

II Unbekannter Fotograf
Katalogkarte mit masturbierender Frau,
Datierung unbekannt
Gelatinesilber
21,4 x 17 cm
[KI-DC: 50237. Masturbation, female.] Schenkung 1947

1

1 Unbekannter Fotograf
Mann, sich selbst oral befriedigend, Datierung unbekannt
Gelatinesilber
11,3 x 11,3 cm
[KI-DC: 51027. Masturbation, male, self genital-oral.]
Schenkung 1949

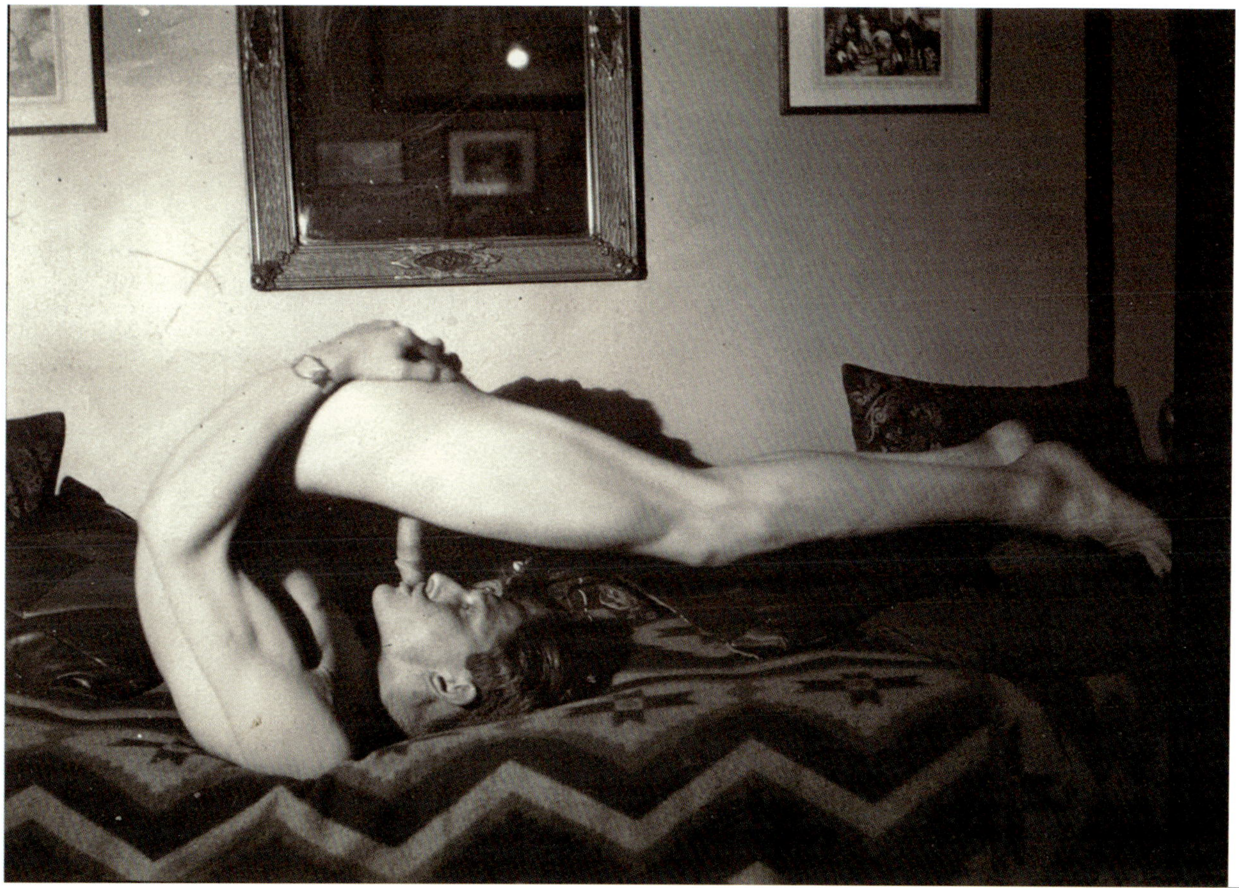

11

Unbekannter Fotograf 11
Mann, sich selbst oral befriedigend, Datierung unbekannt
Gelatinesilber
8,1 × 11 cm
[KI-DC: 51042. Masturbation, male, self genital-oral.]
Schenkung 1951

1

1 Al Urban (gest. 1992), USA
Männlicher Bodybuilder, Datierung unbekannt
Gelatinesilber
24,3 x 19,6 cm
[KI-DC: 53103. Male figure photograph.]
Schenkung 1949

II

Al Urban gilt als Pionier der Körper- und Bodybuildingfotografie. In den späten 30er Jahren begann er, muskulöse Männer zu fotografieren, wobei seine Modelle u.a. aus olympischen Gewichthebern und Teilnehmern an Bodybuilding – Wettbewerben bestanden. Wie üblich in Urbans Fotografien des männlichen Körpers nimmt auch hier das Modell eine von der klassischen griechischen Bildhauerkunst inspirierte Pose ein, in diesem Fall diejenige des Discobolos (Diskuswerfer) des Bildhauers Myron aus der Zeit um 450 vor Christi Geburt. Obwohl er in den 50er Jahren noch fotografierte, ist sein Oeuvre nicht sehr umfassend. Im Gegensatz zu anderen Fotografen, die ihre Modelle im Freien posieren ließen, zog Urban es vor, im Atelier mit einer Standkamera zu arbeiten; dies war zwar aufwendiger, gestattete ihm aber eine größere kreative Kontrolle über die von ihm verfertigten Bilder. [C. A. J.]

Al Urban (gest. 1992), USA II
Diskuswerfer, 1949
Gelatinesilber
24,3 x 19,6 cm
[KI-DC: 53136. Male figure photograph] Schenkung 1949

1

1 Unbekannter Fotograf
Gesäß im Wasser, Datierung unbekannt
Gelatinesilber
11,1 x 16,2 cm
[KI-DC: 51763. Male figure, buttocks.] Schenkung 1951

NUDISM
MEDICAL
PET HT
PHOTOMONTAGE
PRISONER

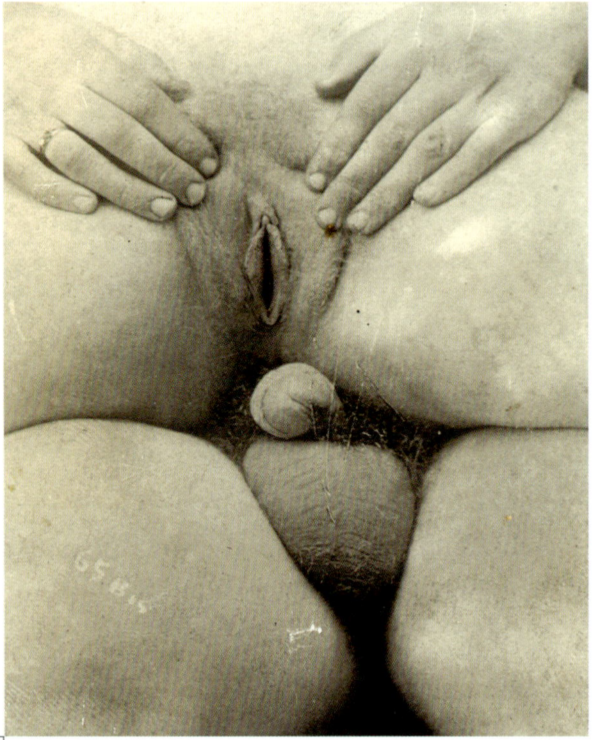

1

1 Unbekannter Fotograf
Männliche und weibliche Genitalien, Datierung unbekannt
Gelatinesilber
9,1 x 7,2 cm
[KI-DC: 58541. Petting, heterosexual, genital apposition.]
Schenkung 1947

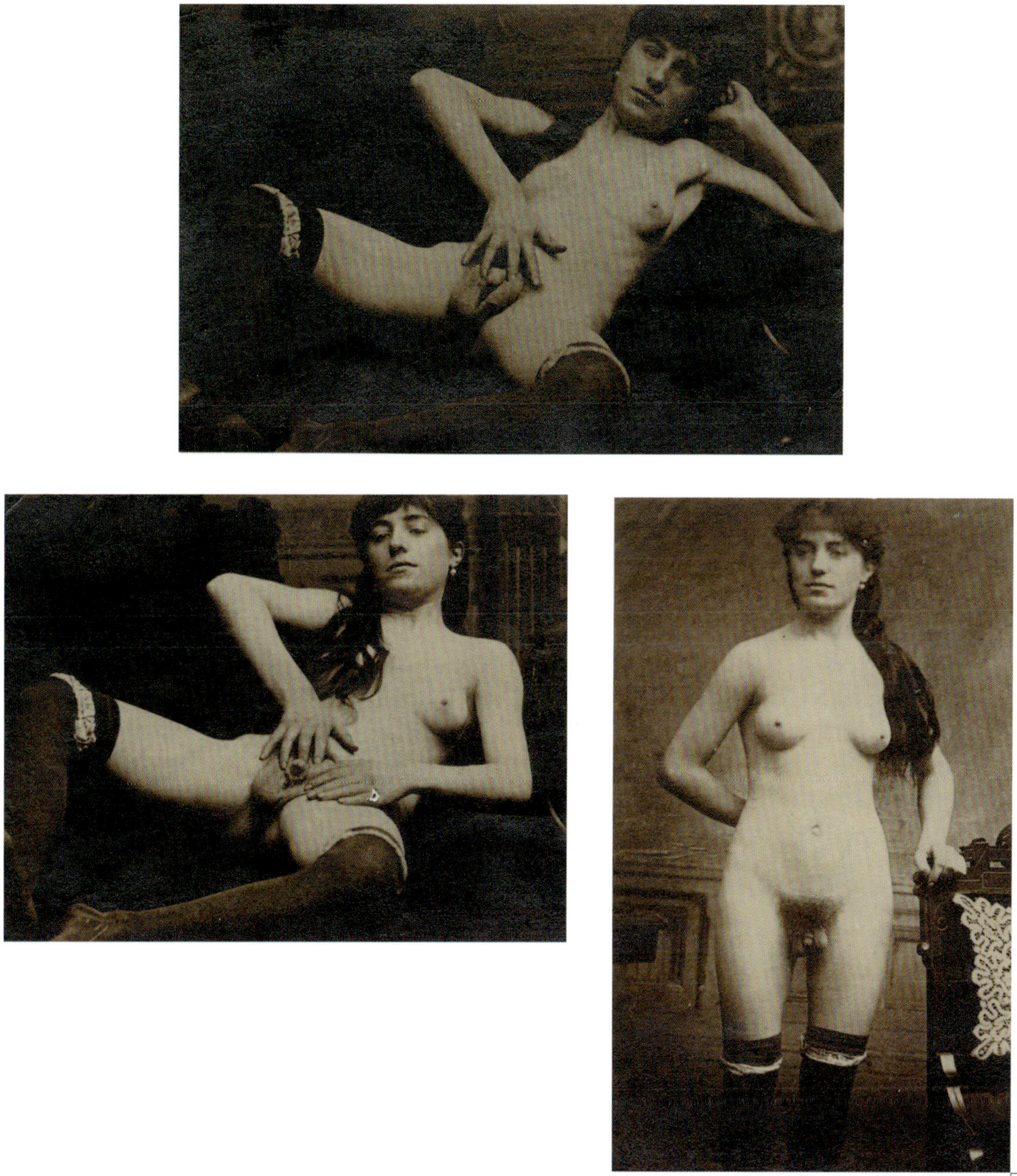

11

Unter der Kategorie „medizinisch“ finden sich Fotografien sowohl von Frauen als auch von Männern, die Kinsey und seine Kollegen primär unter medizinischen Gesichtspunkten für interessant erachteten; hierunter finden sich auch Bilder von angeborenen Konditionen wie z.B. Hermaphroditismus. In der griechischen Mythologie war Hermaphroditus der Sohn des Hermes und der Aphrodite, der die Liebe einer Wassernymphe verschmähte. Diese wiederum betete zu den Göttern, mit ihm vereint zu werden: dies geschah auch, und die zwei wurden zu einem Wesen mit multiplen Geschlechtsmerkmalen. Obwohl ein richtiger Hermaphrodit sowohl testikulares als auch ovariales Gewebe besitzt, wird der Begriff auch zur Beschreibung von Personen benutzt, die sowohl männliche als auch weibliche primäre und sekundäre Geschlechtsmerkmale zu besitzen scheinen. [C. A. J.]

Unbekannter Fotograf 11
Hermaphrodit, Datierung unbekannt
Gelatinesilber
20,7 x 16,7 cm
[KI-DC: 56623. Medical, female.] Schenkung 1947

1

1 Unbekannter Fotograf, Frankreich
Braut und Bräutigam, 1897–1900
Gelatinesilber
15,8 x 12 cm
[KI-DC: 59020. Petting, heterosexual, male masturbating female.] Schenkung 1958

Quasi als Vorläufer der bald darauf entstehenden pornografischen Filme wurde erotische Fotografien der Jahrhundertwende manchmal als Bilderfolge mit einer narrativen Struktur konzipiert. Jede Einstellung wurde sorgfältig komponiert, wobei den Kostümen und der Bühnenausstattung große Aufmerksamkeit gewidmet wurde. Diese Art von Erzählung beginnt normalerweise mit der Einführung der handelnden Personen, um dann zu expliziteren Szenen überzugehen. In der hier gezeigten Serie spielen die Modelle die Rollen von Braut und Bräutigam während der dramatisierten Hochzeitsnacht. [C. A. J.]

11

Unbekannter Fotograf 11
Paar, im Gras liegend, Datierung unbekannt
Gelatinesilber
8,8 × 13,8 cm
[KI-DC: 58533. Petting, heterosexual, genital apposition.]
Schenkung 1965

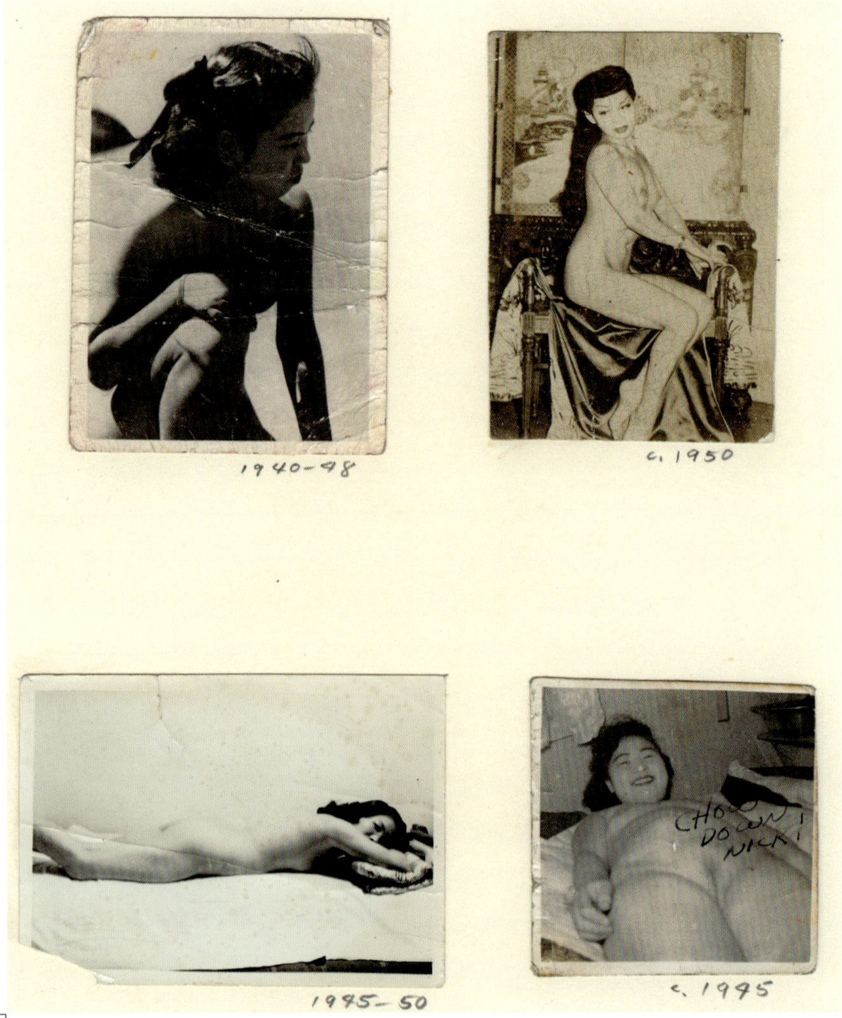

1

Die Klassifikation „Strafanstalt" wurde für Fotografien eingerichtet, die bei Strafhäftlingen aus den ganzen Vereinigten Staaten konfisziert worden waren. Viele dieser Bilder sind im Brieftaschen-Format und wurden bei Durchsuchungen von Häftlingseigentum gefunden. Die Tatsache, daß sie häufig geknickt und abgenutzt sind, weist daraufhin, daß sie von den Eigentümern lange bei sich getragen worden waren. In der Sammlung befinden sich nicht nur Abzüge von professionellen und Amateur Fotografen, sondern ausgeschnittene Bilder aus Magazinen und Billigreproduktionen von Farb-Pinups auf Spielkarten. [C. A. J.]

1 Unbekannter Fotograf
Porträts unbekleideter Frauen, 1940–1950
Gelatinesilber
18,5 x 14,6 cm
[KI-DC: 59946. Prison, Orange County Jail.]
Schenkung 1954

PORTRAITS / SEX RESEARCHERS
PR FEMALE
SDM
SCAT
SELF-STIM FEMALE BR
STEREO
STRIPTEASE FEMALE
TV
TATOO
Z

I

II

I Von unbekanntem Fotografen
für Charles Guyette produziert, USA
Mann, den Fuß einer Frau leckend, 1937–1939
Gelatinesilber
5,4 x 7,8 cm
[KI-DC: 65809. Sadomasochism, female on male.]
Schenkung 1959

II Von unbekanntem Fotografen
für Charles Guyette produziert, USA
Frau mit Peitsche, über einem Mann stehend, 1936–1941
Gelatinesilber
8 x 5,2 cm
[KI-DC: 65758. Sadomasochism, female on male.]
Schenkung 1959

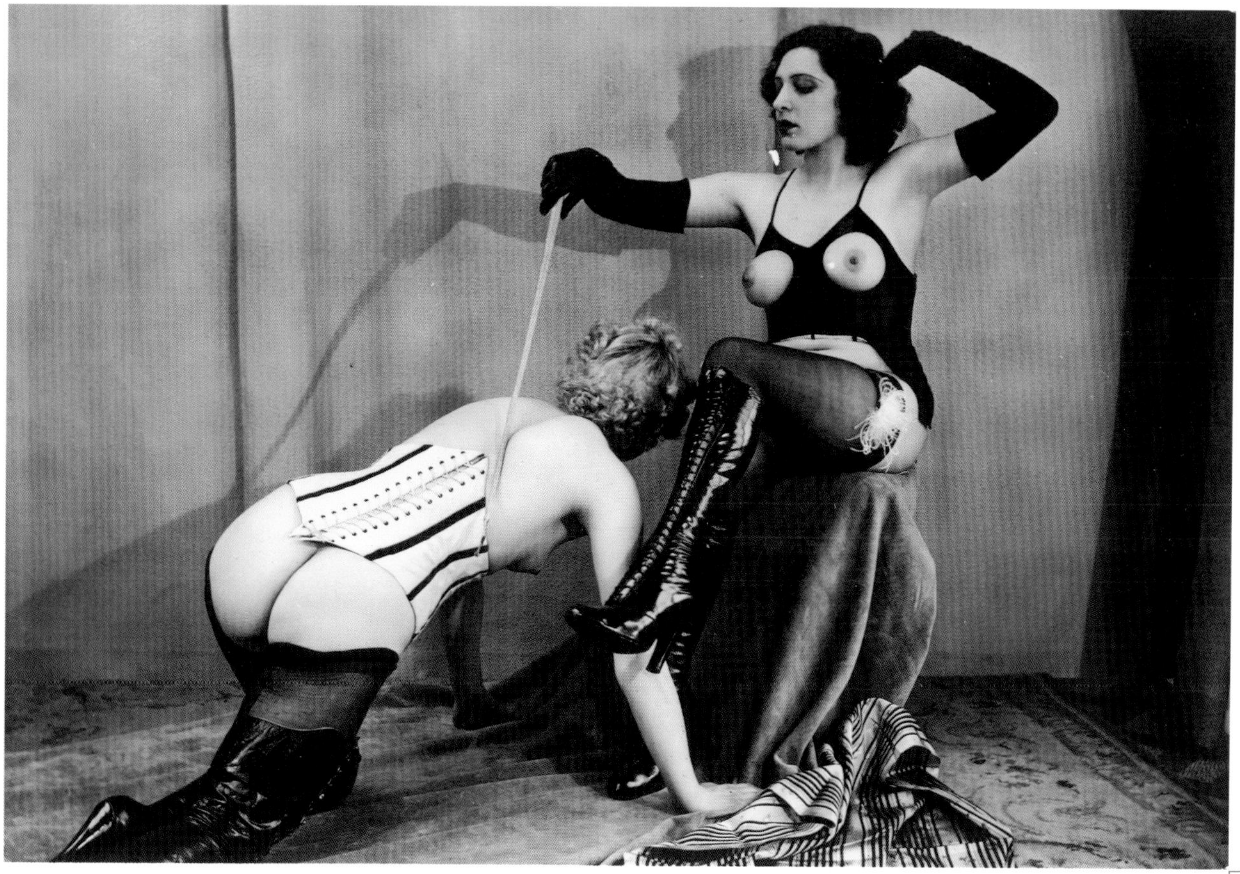

111

Bei erotischen Darstellungen von Sadomasochismus, Fesselungsspielen oder Unterwerfungen auf Fotografien des 19. Jahrhunderts sind die Figuren zumeist unbekleidet oder in Alltagskleidung. Bei Auspeitschungsszenen wird zumeist ein Bündel von Birkenruten benutzt. Auf thematisch ähnlichen Fotografien der 20er oder 30er Jahre sind die Szenen bis ins Detail choreografiert, die Fetischbekleidung ist fachgerecht entworfen und die Teilnehmer benutzen eine breites Spektrum von Leder-, Metall und Holzobjekten. Häufig wurden diese Fotografien für Anzeigen in Versandhauskatalogen für Fetischbekleidung verwandt, so dass ihre Qualität sehr hochwertig sein kann. Obwohl viele dieser Bilder in Frankreich entstanden, sind sie seit den 30er Jahren auch in den Vereinigten Staaten bekannt. [C. A. J.]

Unbekannter Fotograf 111
Frau, eine weitere Frau auspeitschend, um 1936
Gelatinesilber
12,4 × 17,5 cm
[KI-DC: 64868. Sadomasochism, female on female flagellation.] Schenkung 1959

I

Die Bilderwelten von Bad und Toilette haben eine lange Tradition – in der Sammlung des Kinsey Instituts befindet sich eine kleine Radierung von Rembrandt aus dem 17. Jahrhundert, in der sich eine Frau zum Zwecke der Erleichterung in ein Gebüsch hockt, und erotische Daguerrotypien aus den 1850ern zeigen auf Nachttöpfen sitzende Frauen. Obwohl viele skatalogische Bilder eher als grober Witz verstanden werden wollen, sind andere direkter in ihrer Ansprache und wohl für Betrachter mit einer fetischistischen Neigung zu skatologischen Dingen gedacht. Vergleicht man die vorliegende Fotografie mit den eher komischen Darstellungen urinierender Frauen aus jener Zeit, so fällt sie durch ihre ausgesprochene Direktheit auf. [C. A. J.]

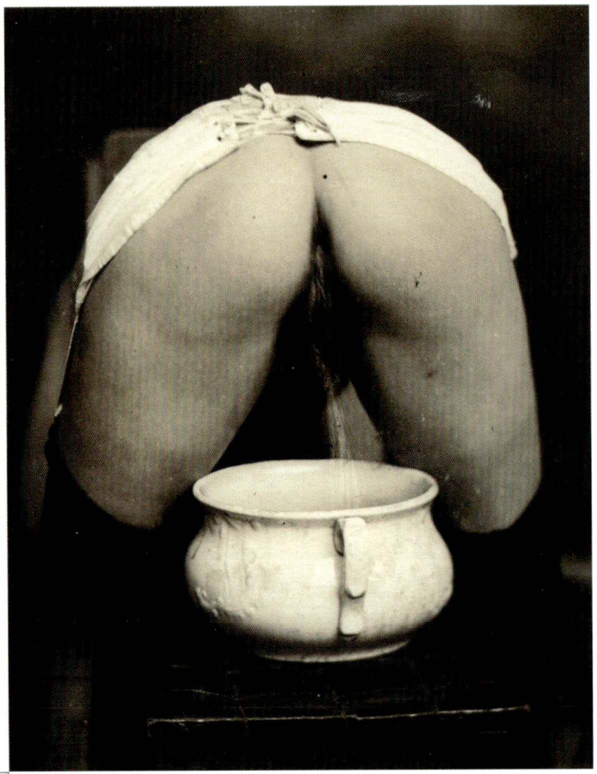

II

I Unbekannter Fotograf
Frau in Ketten, 1929
Gelatinesilber
13,6 x 7,3 cm
[KI-DC: 61612. Sadomasochism, female, bound feet or legs.]
Schenkung 1959

II Unbekannter Fotograf
Urinierende Frau, um 1925
Gelatinesilber
10,9 x 8,5 cm
[KI-DC: 67259. Scatology.] Schenkung 1946

111

Unbekannter Fotograf, Frankreich 111
Maskierter Mann, eine Frau schlagend, 1950–1955
Gelatinesilber
9,8 x 12 cm
[KI-DC: 66829. Sadomasochism, male on female, spanking.]
Schenkung 1964

I

I Unbekannter Fotograf
Transvestit, auf einem Stuhl sitzend, Datierung unbekannt
Gelatinesilber
8,5 × 5,3 cm
[KI-DC: 69267. Transvestite.] Schenkung 1959

II Unbekannter Fotograf
Transvestit, in einem Abendkleid am Fenster sitzend, Datierung unbekannt
Gelatinesilber
13,8 × 8,3 cm
[KI-DC: 69079. Transvestite.] Schenkung 1959

Viele der unter der Rubrik „TV" (Transvestit) gefundenen Fotografien in der Sammlung des Kinsey Instituts sind Amateuraufnahmen, welche die Privatsphäre von Menschen dokumentieren, denen es gegen größte gesellschaftliche Hindernisse gelungen war, eine eigene Gemeinschaft zu bilden. Die vorliegende Fotografie ist jedoch aus einer Serie mit ein und demselben elegant gekleideten Modell und wurde vermutlich von einem professionellen Fotografen für den kommerziellen Vertrieb aufgenommen. Die Kategorie „TV" wurde von Kinsey und seinen Kollegen zur Beschreibung von Personen benutzt, die die Kleidung des anderen Geschlechts benutzten: dies traf sowohl für Heterosexuelle zu als auch für Homosexuelle, die ansonsten als Mann lebten und ebenso für Transsexuelle, die ihr Leben ausschließlich im Rahmen des anderen Geschlechts führten. Eine separate Kategorie „TV impersonators" (Transvestiten-Darsteller) wurde eingeführt für Darstellerinnen, die als Transvestiten auf der Bühne auftraten, egal, ob sie sich selber als wahre Transvestiten ansahen oder nicht. [C. A. J.]

11

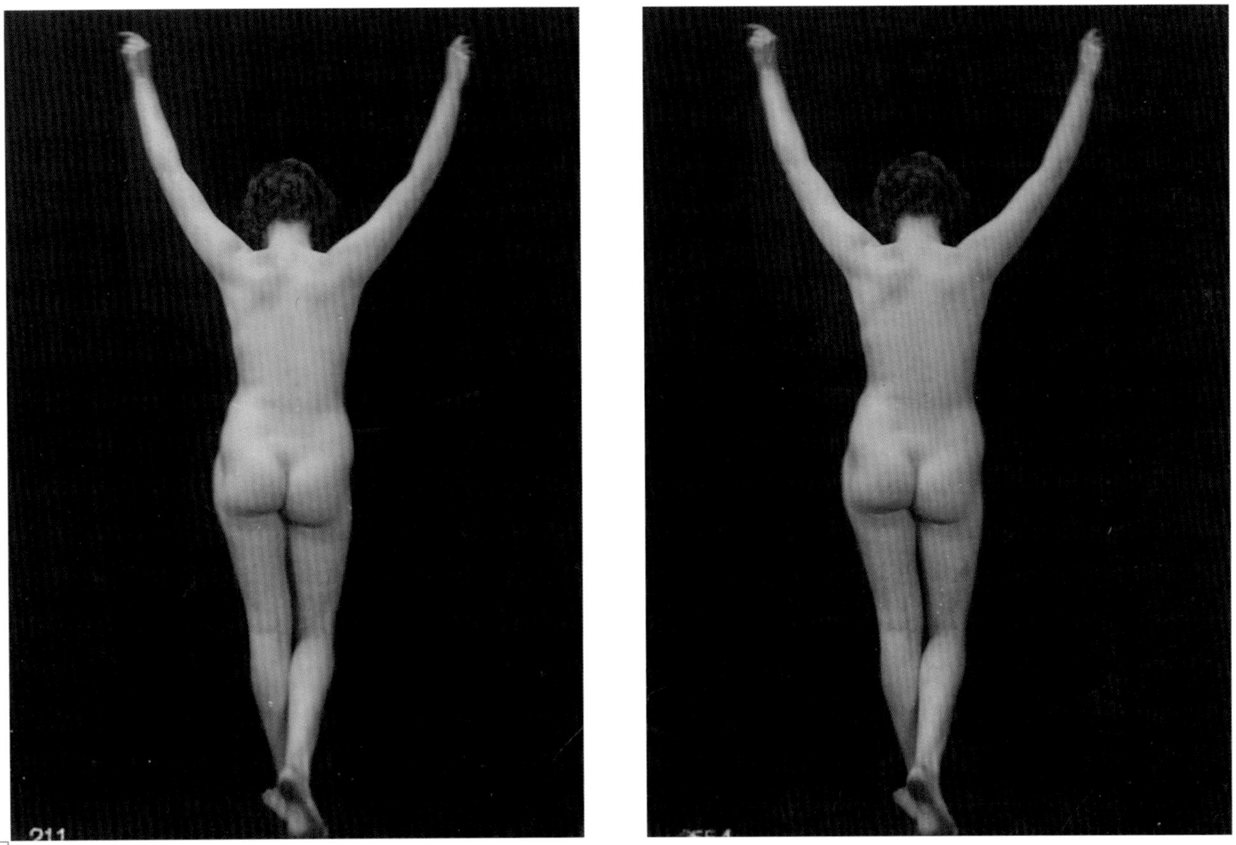

1

1 Unbekannter Fotograf.
Stereokarte einer stehenden Frau, 1923–1925
Gelatinesilber
7,5 × 10,7 cm
[KI-DC: 67620. Stereo.] Schenkung 1959

Stereokarten tauchen zuerst um 1850 auf, sie blieben allerdings weit ins 20. Jahrhundert hinein beliebt im Rahmen häuslicher Unterhaltung. Die Stereofotografie benutzt Kameras mit zwei Linsen, die im selben Abstand wie die menschlichen Augen zueinander angebracht sind. Die zwei so entstehenden fast identischen Fotografien werden gerahmt und dann in ein Betrachtungsgerät namens Stereoskop gesteckt: so erzeugen sie beim Betrachter den Eindruck von Dreidimensionalität. Obwohl Stereokarten mit Motiven wie Landschaften, Städteansichten, Kunstwerken und Ereignissen der Berichterstattung am häufigsten waren, gab es seit den 1850ern auch solche mit Akt- oder pornografischen Darstellungen. [C. A. J.]

11

Unbekannter Fotograf 11
Stereokarte zweier nackter Männer, Datierung unbekannt
Gelatinesilber
7,5 x 10,7 cm
[KI-DC: 67636. Stereo.] Schenkung 1959

1

1 Unbekannter Fotograf
Frau mit Hund, 1924
Gelatinesilber
12 x 16 cm
[KI-DC: 70329. Zoophilia.] Schenkung 1946

Die Darstellungen sexueller Beziehungen zwischen Menschen und Tieren hat in der erotischen Bilderwelt eine lange Tradition. Es gibt unzählige Beispiele in der antiken Mythologie für Verkehr zwischen Menschen und Tieren, und viele Künstler haben so berühmte Szenen wie *Europa und der Stier* oder *Leda und der Schwan* dargestellt (wobei in beiden Fällen das Tier jeweils ein verkleideter Gott war). Direktere Darstellungen sind in der erotischen Kunst durchaus üblich, die zumeist Sexualakte zwischen Frauen und Hunden oder Pferden zeigen. Obwohl Kinseys Forschungen nachwiesen, dass Männer häufiger sexuelle Beziehungen zu Tieren hatten als Frauen, zeigen die meisten der unter „Zoophilie" kategorisierten Fotografien Frauen, die eine Vielzahl von Aktivitäten mit ihren vierbeinigen Freunden durchführten. [C. A. J.]

POSTCARD

I

II

III

IV

I Unbekannter Fotograf
Frau, in einen Spiegel sehend, Datierung unbekannt
Gelatinesilber
13 x 9 cm
[KI-PC: unnumeroed. Postcard.] Schenkung 1959

II Unbekannter Fotograf
Frau mit gelbem Hut, in einen Spiegel sehend, 1924
Gelatinesilber
13,3 x 8,7 cm
[KI-PC: 211. Postcard.] Schenkung 1959

III J. Mandel, Frankreich
Tee trinkende Frau, Datierung unbekannt
Gelatinesilber
13,7 x 8,7 cm
[KI-PC: 609. Postcard.] Schenkung 1959

IV Unbekannter Fotograf
Stehende Frau mit hinter dem Kopf verschränkten Händen, um 1910–1935
Gelatinesilber
13,5 x 8,5 cm
[KI-PC: 328. Postcard.] Schenkung 1972

V

VI

VII

VIII

Unbekannter Fotograf V
Frau mit Perlen im Haar, Datierung unbekannt
Gelatinesilber
12,3 × 7,2 cm
[KI-PC: 1327. Postcard.] Schenkung 1946

Unbekannter Fotograf VI
Frau, in einen Spiegel sehend, Datierung unbekannt
Gelatinesilber
11,8 × 8,7 cm
[KI-PC: 1324. Postcard.] Schenkung 1946

Léo, Frankreich VII
Sich auf einem Kissen zurücklehnende Frau, Datierung unbekannt
Gelatinesilber
13,7 × 8,7 cm
[KI-PC: 1061. Postcard.] Schenkung 1959

Unbekannter Fotograf VIII
Frau, sich an ein Kopfbrett lehnend, Datierung unbekannt
Gelatinesilber
8,7 × 13,7 cm
[KI-PC: 893. Postcard.] Schenkung 1959

1

Die Jahre 1900 bis 1920 gelten als das Goldene Zeitalter der erotischen Postkarte. Sie wurden häufig „Französische Postkarten" genannt, da die Franzosen für ihre erotischen Produktionen berühmt waren. Sie zeigen junge Frauen, die entweder nackt sind oder sparsame Dessous tragen. Sie wurden manchmal in Form von drehbuchartigen Erzählungen veröffentlicht, wodurch die Liebhaber zum Kauf mehrerer Karten animiert wurden. Viele der Käufer waren Sammler, die die Karten nicht verschickten, sondern in Alben sammelten. Sie hatten zwar das Standardformat von Postkarten, wurden aber meistens nicht offen durch die Post verschickt. Ihre Autoren zogen es generell vor, anonym zu bleiben, um die rechtlichen Probleme zu vermeiden, die eine von den staatlichen Stellen als obszön eingestufte Karte hervorrufen konnte. [C. A. J.]

1 Unbekannter Fotograf
Auf einem Kissen liegende Frau, Datierung unbekannt
Gelatinesilber
8,7 x 13,3 cm
[KI-PC: 761. Postcard.] Schenkung 1960

GEORGE PLATT LYNES

In den 1930ern wurde George Platt Lynes durch seine Aufnahmen elegant gekleideter Damen für New Yorker Modemagazine erfolgreich. Er porträtierte Künstler, Schauspieler, Musiker und Literaten wie z. B. Paul Cadmus, Jean Cocteau, Katharine Hepburn, Aaron Copland, Gertrude Stein und W. H. Auden, für George Balanchine fotografierte er Ballettänzer. Obwohl er nicht hoffen konnte, mit Aktaufnahmen (speziell von Männern) Geld zu verdienen, überredete er dennoch viele seiner männlichen Freunde und Bekannten, für ihn Modell zu stehen; so entstand, wie wir heute erkennen, eine der wichtigsten Sammlungen männlicher Aktfotografie überhaupt. [C. A. J.]

1

1 George Platt Lynes (1907–1955), USA
Zwei Männer, einer hinter einer Glasscheibe stehend, 1954
Gelatinesilber
23 x 19 cm
[KI-GPL: 10. Lynes, male nude.] Schenkung 1955

1

1 George Platt Lynes (1907–1955), USA
Mann in Hängematte, 1940
Gelatinesilber
19 x 23,5 cm
[KI-GPL: 47. Lynes, male nude.] Schenkung 1950

11

George Platt Lynes (1907–1955), USA 11
An Seilen hängender Mann, 1947
Gelatinesilber
19 x 23 cm
[KI-GPL: 260. Lynes, male nude.] Schenkung 1955

1

1 George Platt Lynes (1907–1955), USA
Mann, vor einem Flechtzaun stehend, 1952
Gelatinesilber
23,5 × 19 cm
[KI-GPL: 36. Lynes, male nude.] Schenkung 1955

11

George Platt Lynes (1907–1955), USA 11
Rückenakt einer Frau, Datierung unbekannt
Gelatinesilber
24 x 19 cm
[KI-GPL: 45. Lynes, female nude.]
Schenkung, Datum unbekannt

I

II

I George Platt Lynes (1907–1955), USA
Gaia und der erste König von Athen, 1939
Gelatinesilber
32,5 x 26 cm
[KI-GPL: 478. Lynes.] Schenkung 1954
©Estate of George Platt Lynes

II George Platt Lynes (1907–1955), USA
Frau, ihr Gesicht mit dem Arm verbergend, um 1940
Gelatinesilber
23 x 19 cm
[KI-GPL: 354. Lynes, female nude.] Schenkung 1955
©Estate of George Platt Lynes

Ende der 30er Jahre schuf George Platt Lynes eine Reihe von Fotografien, deren Inspirationsquelle die griechische Mythologie war. Er folgte dabei einer Tradition, die zwei Jahrhunderte zuvor von Titian, Rubens und anderen bekannten Künstlern ins Leben gerufen wurde: Um bei der Darstellung von Akten nicht auf eine abwehrende Haltungen des Publikums zu stoßen, bedienten sie sich einfach mythologischer Themen. Im vorliegenden Bild [KI-GPL: 478] ist die junge Frau, die aus dem Sand emporkommt Gaia, die Göttin der Erde. Das Kind, das sie hält spielt die Rolle des Erichthonios, Sohn der Gaia und des Hephaistos, dem Gott des Feuers. Von Athena, der Tochter des Zeus, auf die Akropolis erhoben, wurde Erichthonios einer der legendären Könige Athens. [C. A. J.]

III

III George Platt Lynes (1907–1955), USA
Der Schlafwandler, 1936
Gelatinesilber
23,2 × 18,4 cm
[KI-GPL: 391. Lynes, male nude.] Schenkung 1950

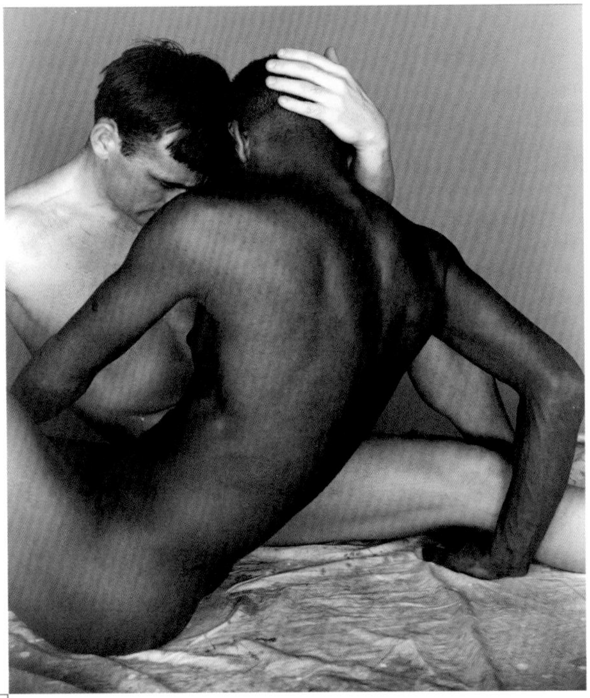

I

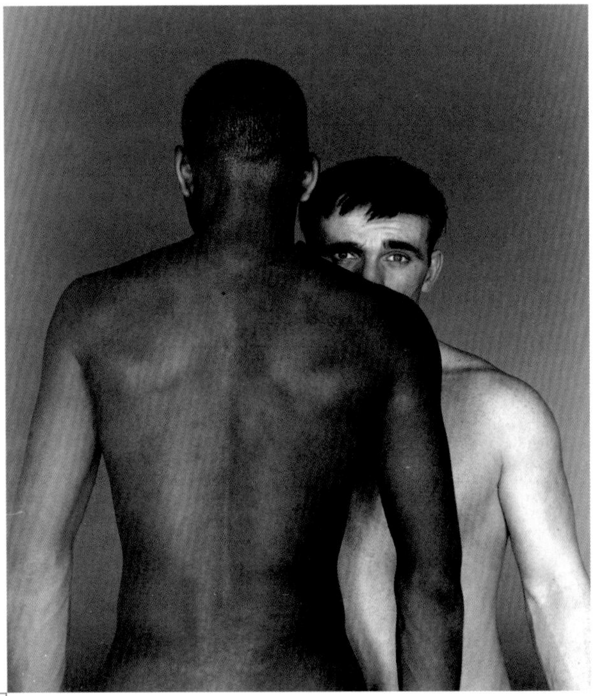

II

I George Platt Lynes (1907–1955), USA
Zwei sich umarmende Männer, 1952
Gelatinesilber
23 x 19 cm
[KI-GPL: 130. Lynes, male nude.] Schenkung 1955

II George Platt Lynes (1907–1955), USA
Zwei Männer, 1952
Gelatinesilber
23 x 19 cm
[KI-GPL: 131. Lynes, male nude.] Schenkung 1955

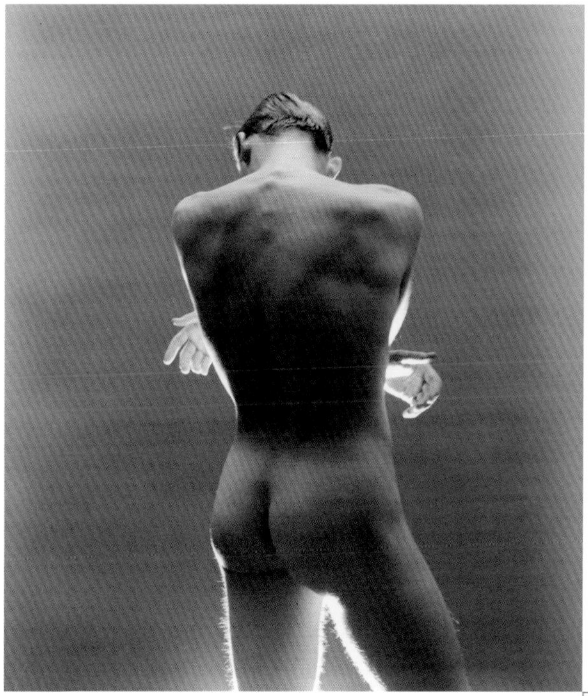

III

IV

III George Platt Lynes (1907–1955), USA
Männlicher Rückenakt, Datierung unbekannt
Gelatinesilber
23 × 19 cm
[KI-GPL: 202. Lynes, male nude.] Schenkung 1950

IV George Platt Lynes (1907–1955), USA
Mann mit verdecktem Gesicht und Genitalien, um 1936
Gelatinesilber
22,2 × 18,5 cm
[KI-GPL: 222. Lynes, male nude.] Schenkung 1950

I

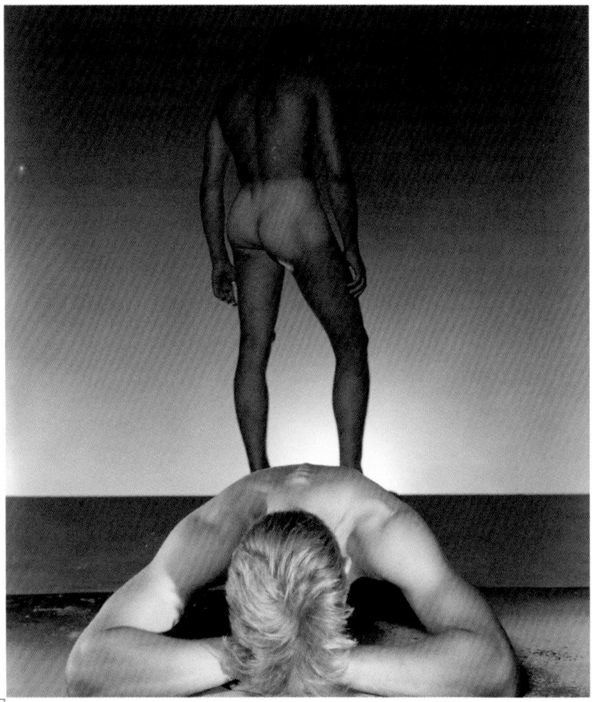

II

I George Platt Lynes (1907–1955), USA
Drei Männer, Datierung unbekannt
Gelatinesilber
23,5 x 19 cm
[KI-GPL: 378. Lynes, male nude.] Schenkung 1950

II George Platt Lynes (1907–1955), USA
Ein stehender und ein liegender Mann, Datierung unbekannt
Gelatinesilber
22,7 x 18,7 cm
[KI-GPL: 397b. Lynes, male nude.] Schenkung 1950

111

111 George Platt Lynes (1907–1955), USA
Sich zurücklehnender Mann auf einer Matratze, um 1940
Gelatinesilber
19 x 23,3 cm
[KI-GPL: 433. Lynes, male nude.] Schenkung 1955

1

1 George Platt Lynes (1907–1955), USA
Mann, auf einer Decke mit Tiermustern liegend, 1953
Gelatinesilber
23 x 19 cm
[KI-GPL: 19. Lynes, male nude, er.] Schenkung 1955

BARON WILHELM VON GLOEDEN

1

1 Baron Wilhelm von Gloeden (1856–1931), Deutschland
Porträt eines Jungen mit Turban, 1902
Gelatinesilber
20,8 x 15,5 cm
[KI-VG: 239. Von Gloeden, portrait, Italy.] Schenkung 1955

Im 19. Jahrhundert, das gekennzeichnet war von der Unterdrückung der Sexualität, stellten „klassische" Aktfotografien eine Möglichkeit dar, den menschlichen Körper unbekleidet zu kontemplieren. Die sorgfältig in Szene gesetzten Bilder von jungen schönen Männern, die unter der heißen Sonne Siziliens für die Kamera des Barons Wilhelm von Gloeden posierten, galten als Erinnerungen an ein vergangenes Arkadien und wurden von den Mitgliedern der viktorianischen und edwardianischen Gesellschaft größtenteils akzeptiert. Viele der Besucher des Studios von Gloedens in Taormina waren angesehene Persönlichkeiten, wie König Eduard VII., Alphons XII. von Spanien oder amerikanische Millionäre, darunter der Erfinder des Telefons, Alexander Graham Bell. Der Baron schuf den Großteil seiner Bilder im Zeitraum zwischen 1890 und dem Beginn des Ersten Weltkriegs. Er hatte sich in den 70er Jahren des 19. Jahrhunderts aus Gesundheitsgründen auf Sizilien niedergelassen, musste Italien aber für die Dauer des Krieges verlassen. 1918 kehrte er nach Taormina zurück und verbrachte hier den Rest seines Lebens mit der Herstellung von Abzügen auf der Grundlage seiner großen Sammlung von Negativen. Obwohl er persönlich nie wegen Obszönität verfolgt wurde, wurden viele seiner Fotografien und Originalnegative von den Faschisten in den Jahren vor dem Zweiten Weltkrieg konfisziert und zerstört. [C. A. J.]

11

11 Baron Wilhelm von Gloeden (1856–1931), Deutschland
Porträt eines jungen Italieners, 1904
Gelatinesilber
20,5 x 16 cm
[KI-VG: 234. Von Gloeden, portrait, Italy.] Schenkung 1955

I

II

I

Baron Wilhelm von Gloeden (1856–1931), Deutschland
Mann mit Schlangen, um 1900
Gelatinesilber
22,3 × 15,6 cm
[KI-VG: 42. Male figure photographer, Von Gloeden.]
Schenkung 1951

II

Baron Wilhelm von Gloeden (1856–1931), Deutschland
Zwei ringende Männer am Strand, um 1900
Gelatinesilber
19,7 × 16 cm
[KI-VG: 179. Male figure photographer, Von Gloeden.]
Schenkung, Datum unbekannt

111

111

Baron Wilhelm von Gloeden (1856–1931), Deutschland
Drei junge Männer, um 1900
Gelatinesilber
17 x 22,5 cm
[KI-VG: 190. Male figure photographer, Von Gloeden.]
Schenkung 1958

I

II

I Baron Wilhelm von Gloeden (1856–1931), Deutschland
Porträt eines jungen Mannes, um 1900
Gelatinesilber
21,5 x 16,3 cm
[KI-VG: 242. Von Gloeden, portrait, Italy.] Schenkung 1951

II Baron Wilhelm von Gloeden (1856–1931), Deutschland
Porträt einer jungen Frau, um 1900
Gelatinesilber
21,2 x 16,3 cm
[KI-VG: 248. Female figure photographer, Von Gloeden.]
Schenkung 1958

III

III

Baron Wilhelm von Gloeden (1856–1931), Deutschland
Porträt eines jungen Mannes mit Hut, um 1900
Gelatinesilber
21,5 x 16 cm
[KI-VG: 256. Von Gloeden, portrait, Italy.] Schenkung 1955

JENNIFER PEARSON YAMASHIRO

„SEXUAL POLITICS“: AMERIKANISCHE EINSTELLUNGEN UND GESETZE ZUR SEXUALITÄT IN DEN 50ER JAHREN

Die 50er Jahre gelten trotz des Korea Krieges (1950-1953) und des Beginns des Kalten Krieges allgemein als ein Goldenes Zeitalter des Friedens, des Wohlstands und der Unschuld in der amerikanischen Geschichte.[1] In Wahrheit war es aber eine Periode turbulenter politischer Entwicklungen, anhaltender kultureller Veränderungen und dramatischer ökonomischer Veränderungen in den Vereinigten Staaten. Für die Amerikaner des 20. Jahrhunderts entwickelte sich die Familie als eine Quelle und ein mächtiges Symbol der Stabilität. Statistiken zeigen, dass es in dieser Zeit einen Trend gab, jünger zu heiraten und mehr Kinder zu haben als in vorhergehenden Dekaden. Durch das GI Gesetz unterstütze die Regierung das Wachstum und die Stärkung der amerikanischen Familie. „Das GI Gesetz (Gesetz zur Unterstützung von aus dem Weltkrieg zurückkehrenden Soldaten. Anm. d.Üb.) erlaubte es jungen Kriegsveteranen, Ihre Weiterbildung zu finanzieren und mit der Unterstützung ihrer jungen Bräute zum Ehebeginn Schulen zu besuchen. GI Kredite ermöglichten es Neuverheirateten schnell den essentiellen Bestandteil des American Dream zu erwerben: das Eigenheim."[2] Diese Art der Unterstützung bedeutet auch, dass hart arbeitende junge Ehepaare verschiedene Aspekte ihres erwachsenen verheirateten Lebens simultan beginnen konnten, u.a. auch die Kindererziehung. Dieses Bevölkerungswachstum wurde als gut für die Wirtschaft angesehen, und in den 50er Jahren erlebte die Wirtschaft zusammen mit den Familien eine Hochkonjunktur. Hatte man bisher versucht, an die existierende Nachfrage aufzuschließen, hieß das neue unternehmerische Konzept, projizierte zukünftige Nachfragen befriedigen zu können. Zusammen mit dem Wirtschaftswachstum und der Einführung einer Reihe materieller Bequemlichkeiten veränderte sich für viele der Lebensstandard. „Die 50er sahen eine außergewöhnliche Verbesserung des amerikanischen Lebensstandards. Amerikaner versuchten, die verlorene Zeit wieder gutzumachen, die Schreckgespenster der Depression und des 2. Weltkriegs weit hinter sich zu lassen."[3] Telefone, Wasserspülung, schnelle Autos mit Haifischflossen verziert oder mit Karosserien komplett aus Glasfasern wie die Corvette von 1953, Autobahnen, kommerzielle Düsenflugzeuge, Eigenheime in den Vororten, Fernsehen, Plastik, Kreditkarten, Kugelschreiber, Kopiermaschinen, Adidas Sportschuhe, Snowmobile, Einwegwindeln, Haushaltsgeräte und bequem nutzbare Lebensmittel standen zur Verfügung und standen für mehr Freizeit, Kaufkraft, kurzum, wurden zu Kennzeichen amerikanischer Warenkultur.

In dieser Zeit, die durch Wirtschaftswachstum, Krieg, Sorge um nationale Sicherheit und die Ausbreitung des Kommunismus gekennzeichnet war, führten Alfred C. Kinsey und sein Forscherteam die von ihnen initiierte umfangreichste Studie über amerikanische Sexualpraktiken durch.[4] Erstaunlich ist, dass der beschriebene politische Kontext in Kinseys ausgiebiger Korrespondenz kaum auftaucht, es sei denn, er drohte einen direkten negativen Einfluss auf sein Forschungsprojekt zu haben.[5] Trotz der unorthodoxen Aussagen seiner publizierten Werke, insbesondere die Toleranz gegenüber Homosexualität, vorehelichem Sex und anderen tabuisierten Sexualpraktiken, scheint er nichts ahnend und unbeeinträchtigt von den stürmischen politischen Zuständen seiner Zeit gearbeitet zu haben. Obwohl er in der Schutzhülle seiner Position als Fakultätsmitglied der Indiana Universität arbeitet, stand er in Beziehung zu den Zeitverhältnissen und war von diesen beeinflusst durch das Thema der Sexualität, seinem Forschungsgebiet, das in dieser Zeit vehement zu einem Topos in der populären Kultur geworden war. Vielfach wird Kinsey als derjenige angesehen, der als einziger das Thema Sexualität in die öffentliche Diskussion gebracht habe. Sicherlich haben seine Erhebungen zu diesem Thema viel dazu beigetragen, es in der öffentlichen Diskussion akzeptabel zu machen und ohne Zweifel war das von Kinsey geleitete und von seinem Institut durchgeführte Projekt von großer Bedeutung. Allerdings waren die beiden berühmten Bände *Sexual Behavior in the Human Male* (1948) und *Sexual Behavior in the Human Female* (1953) nicht die einzigen Katalysatoren, die verantwortlich dafür waren, das Thema Sexualität in den öffentlichen Raum zu stellen.[6] Zur „Ankunft" des Sex in der Öffentlichkeit in den 50er Jahren trugen auch

Ich möchte Catherine Johnson danken, die mich gebeten hat einen Essay für „Die Kinsey Collection" zu schreiben und mir so ein weiteres Mal die Gelegenheit gab über die unglaubliche Fotografiesammlung des Instituts nachzudenken und zu schreiben. Dank geht an John Bancroft, der es mir möglich machte mit der Sammlung zu arbeiten, als er mich 1995 als Kuratorin anstellte. Allan Harris Esquire half mir großzügig mit seinem Wissen der Rechtssprache und des Rechtssystems der Vereinigten Staaten und war daher eine große Hilfe bei meiner Interpretation von *US v. 31 Photographs*. Judith Allen, Stephanie Sanders und Sarah Burns unterstützen mich tatkräftig, lieferten kluge Ratschläge und wohldurchdachte Kritik an meinen Recherchen; ich bin ihnen sehr dankbar dafür, dass sie mich an ihrem Wissen teilhaben ließen. Ich möchte Paul Sandro und Jesse Dickinson für ihre sorgfältige Durchsicht der französischen Übersetzung meines Essays danken sowie Eric Cez, der sicherstellte, dass alle Änderungen in das Buch aufgenommen wurden.

1 Die Benutzung der Begriffe Amerika und amerikanisch in diesem Aufsatz bezieht sich nur auf die Vereinigten Staaten, nicht auf Nordamerika als Ganzes

2 Jessica Weiss, *To Have and Hold: Marriage, he Baby Boom and Social Change* (Chicago: The University of Chicago Press, 2000, S. 22–23.

3 Frank A. Salamone, Popular Culture in the Fifties (Lanham, MD: University Press of Asmerica, 2001), S. 3.

4 Kinsey starb früh im Alter von 62 Jahren (1894–1956). Glücklicherweise hat sein Institut überlebt. Es wurde 1982 zu Ehren seines Gründers in The Kinsey Institute for Research in Sex, Gender, and Reproduction umbenannt. Die heutige Aufgabe des Instituts ist es, das interdisziplinäre Studium und die Forschung zum Thema Sexualität, Geschlechter und Reproduktion zu fördern.

5 James H. Jones, *Alfred C. Kinsey: A Public/Private Life* (New York: Norton, 1997), S. 627-34. Die Veröffentlichung von Kinseys erstem Band erregte die Aufmerksamkeit des Federal Bureau of Investigation. Jones schildert die nebulöse Beziehung zwischen Kinsey und dem FBI mit möglichst vielen Details, obwohl die Quellenlage teilweise verdeckt und teilweise vage ist. Betrachtet man die Rechercheergebnisse über Homosexualität und den toleranten Ton, der den Band über Männer prägt, überrascht es, dass die politischen Kräfte den Sexualforscher nicht einer genaueren Untersuchung unterzogen.

6 Alfred C. Kinsey, Wardell Pomeroy and Clyde Martin, *Sexual Behavior in the Human Male* (Philadelphia: Saunders, 1948) und Alfred C. Kinsey, Wardell Pomeroy, Clyde Martin, Paul Gebhard,

die rechtliche Auseinandersetzung mit Sexualpraktiken und Lebensgewohnheiten, schwüle Bildfolgen auf der Filmleinwand, Zugang zu Autos, sexuell eindeutige Erwachsenen Magazine und wissenschaftliche Entwicklung zur Regulierung der menschlichen Reproduktion bei. Vor dem Hintergrund des kulturellen Phänomens, das sich während dieser Dekade einstellte, versucht der folgende Aufsatz einen Überblick über die Hauptströmungen der amerikanischen Einstellungen und der Gesetze bezüglich der Sexualität zu geben, die einige der in dieser Zeit herrschenden Werte zur Unverletzlichkeit der Ehe und zur Moral unterstreichen. Das Thema der Zensur, das während dieser Dekade viel Aufmerksamkeit erregte, wird durch die Betrachtung und Bewertung von Kinseys eigener Verteidigung der akademischen Freiheit behandelt werden, die im Gerichtsfall *US v. 31 Photographs* kulminierte.[7]

Neuere Forschungen über die 50er Jahre zeigen, dass es sich nicht um eine Dekade des repressiven Puritanismus oder der Unschuld, wie sie populär dargestellt und erinnert wird, gehandelt hat. Trotz der tiefsitzenden Nostalgie für diese historische Periode hat sich durch die sorgfältigen Studien vieler ausgezeichneter Beiträge zur Debatte über kulturelle Studien ein komplexerer Blick auf diese Zeit ergeben.[8] Die Ausstellung „The Tumultuous Fifties", eine Auswahl aus dem Millionen Fotografien umfassenden Archiv der *New York Times*, hat eine wichtige visuelle Komponente zu andauernden wissenschaftlichen Anstrengungen, die 1950er akkurater zu beschreiben, hinzugefügt.[9] Bezeichnenderweise deckt die sorgfältige Betrachtung US-amerikanischer Ehen jener Zeit durch Jessica Weiss auf, dass die Stereotypen von früher Eheschließung, Großfamilien, den Lebensunterhalt verdienender Väter und zu Hause bleibender Mütter auf das Stadium der Elternschaft, das sich auf das Aufziehen der Kinder beschränkt, zurückzuführen ist, ohne den Einfluss der sich durch eine Unabhängigkeit der Kinder wandelnden Wirtschaft auf die Familie zu berücksichtigen.[10] Genauso wie Familien im Laufe der Dekade wuchsen und sich entwickelten, so wuchs und veränderte sich auch die Kultur: die Dekade war nicht statisch. Zwischen 1950 und dem Ende des Jahres 1959 ereigneten sich bedeutende Wandel in der Offenheit der Sexualität gegenüber, die sich in der in der Populärkultur der Zeit manifestierten. 1950 gewannen Rodgers und Hammerstein den Pulitzer Preis für *South Pacific* und Frank Loessers *Guys and Dolls* eröffnete am Broadway. Im folgenden Jahr wurde Walt Disneys *Cinderella* in den Kinos aufgeführt und Charles Schultz *Peanuts* machten ihr Debüt. 1953 brachte Hugh Hefner den *Playboy* auf den Markt, der mit seinen nackten weiblichen Idealkörpern den männlichen heterosexuellen Betrachter aufforderte, zum Eroberer zu werden und damit sexuelle Vergnügungen außerhalb der ehelichen Grenzen zu genießen.[11] Allen Ginsberg gab 1955 seine erste Lesung von *Howl*, im selben Jahr war *The Seven Year Itch* ein großer Erfolg in den Kinos und Ann Launders Berater Kolumne erschien zum ersten Mal. 1957 begann Betty Friedan ihre Untersuchungen über die weit verbreiteten und mysteriösen Depressionen bei amerikanischen Hausfrauen, die in dem berühmten Buch *The Feminine Mystique* ihren Niederschlag fanden, das mit dazu beitrug, die Frauenbewegung der 1960er ins Leben zu rufen.[12] Hollywoods als Unterhaltung konzipierte Kinoversion des Bestseller Romans von Grace Metalious *Peyton Place* mit Lana Turner und seinen Themen wie Vergewaltigung, Inzest, Ehebruch, vorehelichem Sex und Scheidung schlug 1957 wie eine Bombe ein. Die Filme *A Summer Place* 1959, *Psycho* 1960 und *Homicidal* 1961 erweiterten die Nutzung sexueller Themen wie Inzest, verbotenem Sex, Transsexualismus, Transvestitentum, uneheliche Geburt, Abtreibung und Sexualmord. In den späten 1950ern entkriminalisierte der berühmte Wolfenden Report in Großbritannien privates Sexualverhalten von Erwachsenen inklusive von Homosexualität und bestimmten Aspekten von Prostitution. Des Weiteren wurde in Puerto Rico die Anti-Baby-Pille getestet, deren Markteinführung im Mai 1960 von der Federal Drug Administration genehmigt wurde.[13] So wurde Sexualität zum öffentlichen Thema mit Hilfe von Sachbüchern, Literatur, Unterhaltung, Politik, Medizin und Wissenschaft.

Sexual Behavior in the Human Female (Philadelphia: Saunders, 1953). Diese beiden Publikationen werden allgemein als Kinsey Reporte bezeichnet.

7 Eine frühe Version meiner Forschungsergebnisse über den Obszönitätsfall des Instituts wurde auf der Weltkonferenz zur Pornografie 1998 in Los Angeles vorgetragen; auf dieser Grundlage entstand ein Aufsatz, der in *Porn 10: Eroticism, Pornography and the First Amendment*, ed. James Elias, et al. (New York: Prometheus, 1999) veröffentlicht wurde. Für die ausführlichste Darstellung des Falles und der Fotografien verweise ich auf das zweite Kapitel meiner Dissertation „Realm of the Sciences: The Case of 31 Photographs" *Sex in the the Field: Photography at the Kinsey Institute* (Ann Arbor MI: UMI Dissertation Services, 2002), S. 37-84. Eine andere Zusammenfassung des Gerichtsfalls findet sich in Kenneth R. Stevens: „United States v. 31 Photographs: Dr. Alfred C. Kinsey and Obscenity Law," *Indiana Magazine of History* 71,4 (1975), S. 229–318.

8 Judith Allen, David Allyn, George Chauncey, John D'Emilio, Estelle B. Freedman, Andrea Friedman, David Halberstam und Jessica Weiss gehören zu den Personen, denen wesentliche neue Einsichten in die amerikanische Geschichte der Mitte des 20. Jahrhunderts zu verdanken sind. Mein Dank gilt Judith Allen, Kuratoriumsmitglied des Instituts und Direktorin des Programms für Geschlechterforschung an der Indiana Universität für ihren Scharfblick, ihre Großzügigkeit und ihre Ermutigung, die sowohl meinen Forschungen zum Gerichtsfall im Speziellen als auch zu Kinsey und dem Institut im Allgemeinen sehr geholfen haben.

9 Robert Hirsch, „The Tumultuous Fifties: An Interview with Douglas Dreishpoon," *Photovision* 3.2 (2002), S. 17–21. Diese von Douglas Dreishpoon und Alan Trachtenberg kuratierte Ausstellung eröffnete im April 2002 in der New York Historical Society. Während der nächsten zweieinhalb Jahre wird sie noch an 8 anderen Orten in den Vereinigten Staaten zu sehen sein. Die Juratoren identifizierten eine Anzahl von Themen, die es ihnen erlaubten, für die 50er Jahre typische kulturelle Aspekte zu untersuchen, von denen einige wie z.B. die Bürgerrechtsbewegung und die Frauenbewegung primär mit den 60er Jahren in Verbindung gebracht werden. Schon der Titel der Ausstellung weist auf die sich verändernde Perspektive von Unschuld und Einfachheit zu Konflikt und Spannung in dieser Periode hin.

10 Weiss, „Making the Most of Marriage: Youthful Marriage and Gender Roles in the 1950s", S. 15–47.

In Ralph Ellisons 1952 erschienenem Roman *The Invisible Man* war die Rasse die Kraft, die den afroamerikanischen Protagonisten unterdrückte und entfremdete. Auf der anderen Seite war es für viele Jahre während der Nachkriegsprosperität die Regierung selbst, die dafür verantwortlich war, eine ganze Nation durch die Suche nach unsichtbaren Frauen und Männern, die sich den weißen Mittelklasse-, heterosexuellen, protestantischen Werten widersetzten, zu tyrannisieren. Breit angelegte politische Untersuchungen dienten dazu, Nonkonformisten zu identifizieren. Der Eifer der Regierung, „unamerikanische" oder „unmoralische" Aktivitäten zu lokalisieren und zu bestrafen verband Politik und Sexualität durch die leidenschaftliche Fokussierung auf Kommunismus und Homosexualität. Was die Regierung der Vereinigten Staaten während der Periode des Kalten Krieges fürchtete war die Unsichtbarkeit dieser Personen, von denen angenommen wurde, dass sie die Regierung und Verwaltung auf allen Ebenen infiltrieren könnten.[14] Der Grad der Kontrolle, mit dem das private und das öffentliche Leben von angenommenen Kommunisten und Homosexuellen untersucht wurden, bringt verschiedene Aspekte in ein schärferes Licht. Erstens beleuchtet sie die weit verbreitete Ansicht, dass Homosexualität gesellschaftlich inakzeptabel und politisch sogar gefährlich sei. Zweitens zeigt sie, dass alle Amerikaner inklusive demokratisch denkender Bürger und Heterosexueller von der Regierung überwacht wurden. Die Konsequenz dieser auf Verdacht basierenden Aufmerksamkeit war eine Beeinträchtigung des Rechts auf die Privatsphäre, ein wertvoller Bestandteil des amerikanischen Freiheitsgedankens.

Die Angst vor einer unsichtbaren sozialen Bedrohung im Nachkriegs-Amerika erinnert sehr an Bemühungen im ausgehenden 19. Jahrhundert, unter dem Eindruck einer sich ständig vergrößernden urbanen Bevölkerung den Charakter eines Fremden abzuschätzen. Der Wunsch, in der Lage zu sein, Kriminelle und sonstige gefährliche „Typen" identifizieren zu können resultierte im pseudowissenschaftlichen Erfinden der Physiognomie und der Phrenologie. Der Statistiker und Gründer der Lehre der Rassenhygiene nutzte zusammengesetzte Fotografien in seinen Bemühungen, einen Typ des Kriminellen zu produzieren, der auf Anblick erkennbar war.[15] Mehrere Negative, die jeweils für die gleiche Zeitlänge auf lichtempfindliches Fotopapier projiziert wurden, ergaben eine Anzahl visueller Warnzeichen, mit denen sich ein potentielles Verbrechensopfer wappnen konnte.

Durch Theorien wie diejenigen Galtons noch angeheizt, verstärkte die Popularität der Physiognomie die Stigmata physischer Gesichtsmerkmale in dem Versuch, das Unsichtbare sichtbar zu machen und damit Ängste vor dem Unbekannten abzumildern. Denn für die Gesellschaft Endes des 19. und Mitte des 20. Jahrhunderts war Unsichtbarkeit ein besonders bösartiger Aspekt der Macht, der als eine Bedrohung der persönlichen und der nationalen Sicherheit angesehen wurde.

Gleichzeitig wurden subtilere Formen sexualpolitischer Anschauungen angewandt, um die Rolle der Geschlechter und die Verteilung der Arbeit zu definieren. Familie, Gesellschaft und Institutionen gehörten zu den Strukturen, die die Erwartungshaltung der Geschlechter festsetzten. Akzeptables Verhalten wurde durch Autoritätspersonen gelehrt und eingeflößt – wie zum Beispiel durch Eltern, Lehrer und Geistliche – und noch verstärkt (wenngleich sicherlich auch gelegentlich in Frage gestellt) durch Gleichgestellte, Geschwister, Erziehungs-Curricula, Ehe-Handbücher, Werbung, Literatur und Vereine, zusammen mit anderen Informationsquellen und Einflüssen. Die Frustration mit diesen definierten Rollen tauchte z.B. in der Belletristik und der Trivialliteratur auf. Berühmte beklagenswerte literarische Figuren jener Zeit wie Willie Loman und Holden Caulfield erstickten an den gesellschaftlichen Forderungen nach Konformität und fühlten sich als ein Resultat dieser Zwänge von der Gesellschaft entfremdet.[16] Während Autoren wir Arthur Miller und J.D. Salinger sich offen mit der männlichen Entfremdung und Depression in ihren Werken beschäftigten, wurden diese

Ebenfalls Stephanie Coontz, *The Way We Never Were: American Families and the Nostalgia Trap* (New York: Basic Books, 1992).
11 Richard Keller Simon, „Playboy and The Book of the Courtier," *Trash Culture: Popular Culture and the Great Tradition* (Berkeley: University of California Press, 1999), S. 101–16. Ähnlich wie Pornografie in ihrer ursprünglichen Funktion können auch sexuell eindeutige Bilder herrschende soziale und sexuelle Strukturen entweder in Frage stellen (oder bestätigen). Einer Publikation wie z.B. Playboy wurde auch zugeschrieben, beides gleichzeitig zu tun.
12 Betty Friedan, The Feminine Mystique, 3rd ed. (New York, Bantam Doubleday Dell Publishing, 1983; Dell, 1963). NOW (The National Organization for Women) wurde 1966 gegründet, und Betty Friedan war ihre erste Präsidentin. NOW definierte sich wie folgt: „eine militante Bewegung für die Rechte der neuen Frau mit der Zielrichtung, auf breiter Basis Druck für der Erfüllung der Träume der Suffragetten des 19. Jahrhundert für eine emanzipierte Frau zu machen." Dieses Zitat findet sich bei Toni Carabillo, Judith Meulin , June Bundy Csida, *Feminist Chronicles 1953–1993* (Los Angeles: Women's Graphics, 1993), S. 48.
13 Für weitere Informationen siehe auch Linda Grant's *Sexing the Millenium: Woman and the Sexual Revolution* (New York: Grove Press, 1994) oder Marilyn Yalom, *A History of the Wife* (New York: HarperCollins, 2001).
14 John D'Emilio, „The Homosexual Menace: The Politics of Sexuality in Cold War America", *Passion and Power*, eds. Kathy Peiss and Christina Simmons (Philadelphia: Temple University Press, 1989), S. 229-232. „Eine Regierungsanweisung schloss sie von allen Jobs bei Bundesorganisationen aus, was zu einem massiven Anstieg von Entlassungen führte. Auch das Militär intensivierte seine Säuberungsaktionen homosexuellen Männern und Lesbierinnen gegenüber. Die Post behinderte das Korrespondieren, das FBI begann auf breiter Basis homosexuelle Treffpunkte zu überwachen und die städtische Polizei verstärkte ihre Störaktionen."
15 Galton hatte zwei Ziele vor Augen: er versuchte sowohl die genetischen Grundlagen der menschlichen Rasse zu untersuchen als auch sie zu verbessern. Obwohl Themen wie Physiognomie, Phrenologie und Rassenhygiene vielfach untersucht worden waren, besticht Sekulas Aufsatz durch seinen kreativen und scharfsinnigen Vergleich von Galtons mehrschichtiger Fotografe (das Archiv im Körper) und Alphonse Bertillons Erstellung eines umfangreichen fotografischen Archivs von Kriminellen (der Körper im Archiv). Siehe hierzu Allan Sekula, The Body and the Archive, „The Contest

bei ihren gleich populären weiblichen Gegenstücken auf den Seiten der weit verbreiteten Frauenzeitschriften unterdrückt. Wie Betty Friedan gezeigt hat, verspotteten die populärsten Frauenzeitschriften wie *Redbook* und *McCall's* in der ersten Hälfte der Dekade die Gerüchte von der Depression amerikanischer Hausfrauen; statt diese Unzufriedenheit aufzudecken entschieden sie sich für eine strikte Doktrin von Fraulichkeit durch Häuslichkeit. 1949 waren dies selbstbewussten und weltgewandten weiblichen Charaktere und mutigen Karrierefrauen in den Spalten dieser Publikation durch „glückliche heroinenhafte Hausfrauen" ersetzt worden, die sich damit zufrieden gaben, sich durch ihre Ehemänner, Kinder und Eigenheime zu definieren.[17] Eine weit reichende Untersuchung zu diesem Thema hat festgestellt, dass es in den 50er Jahren auch andere Bilder von Weiblichkeit gab.[18] Dennoch war die dominierende Botschaft, dass Frauen zu Hause ihr Glück finden könnten und sollten.[19] Obwohl Loman und Caulfield in den literarischen Werken, die sie zum Leben gebracht hatten, eindeutig unzufrieden sind, waren die Frauen in den Spalten von *Redbook* und *McCall's* noch viel unechter aufgrund des totalen Glücks und der Erfüllung, die sie angeblich im häuslichen Leben fanden.

Mit der dem Patriarchat entstammenden Vorstellung, dass Frauen ihre Befriedung nur durch Ehe und häusliche Erfüllung als Ehefrauen und Mütter finden könnten, kritisch umzugehen, erwies sich als politisch. Frauen, die nach professioneller Karriere strebten, die außerhalb des eigenen Heims arbeiten wollten, gefährdeten die Struktur der Familie und damit diejenige der Nation. Die Situation kann durchaus mit häufigen vehement vorgetragenen patriotischen und öffentlichen Ablehnungen des Kommunismus verglichen werden, da beide den American Way of Life gefährdeten. Der Vorschlag einer Mutter, 1947 in der Zeitschrift *Atlantic Monthly* veröffentlicht, dass die Regierung Kindergärten finanzieren solle, um Frauen Karrieren außerhalb des eigenen Heims zu ermöglichen, wurde von einer anderen weiblichen Leserin mit dem Hinweis zurückgewiesen, dass dieses „die Schatten des Kommunismus heraufbeschwöre."[20] Propaganda und die Medien versuchten die soziale und politische Stellung gerade derjenigen Frauen, die ja das Rückgrat der Kriegsproduktion gewesen waren, mit großem Aufwand in das Heimische festzuschreiben, bevor der Krieg selbst zu Ende war.

Frauen wurden mit einem Sperrfeuer von Propaganda belegt, das sie informierte, dass ihre Jobs wirklich den Männern gehörten, indem sie die Tugenden der Ehe und der Kindererziehung herausstellten. In den Medien wurde das Bild von Frauen mit Schutzhelmen vor schweren Maschinen durch dasjenige junger Mütter mit Babies auf dem Arm in strahlenden, gut ausgestatteten Küchen ersetzt. Populäre Psychologie-Bücher und Frauenzeitschriften setzten Weiblichkeit mit Ehe und Mutterschaft gleich. Wo diese Methoden nicht fruchteten, wurde Frauen einfach gekündigt, da sie weder den Schutz von Gewerkschaften noch von Bundesgesetzen gegen Diskriminierung genossen. Zwischen 1944 und 1946 verringerte sich die Anzahl von weiblichen Arbeiterinnen um vier Millionen.[21]

Wenngleich vier Millionen Frauen ihren Arbeitsplatz in den 40ern verließen, war dies kein einfacher oder reibungsloser Übergang. In den 50ern, als Kinder das Schulalter erreicht hatten, entschieden sich Mütter aus den Vororten häufig, eine Stellung anzunehmen, und wenn die Kinder dann das Haus verlassen hatten, erhöhte sich die Anzahl der arbeitenden Mütter nochmals.[22] Gegen Ende der Dekade arbeiteten circa 50% aller Frauen außerhalb des eigenen Heims.[23] Wenn nun der Wunsch, außerhalb des eigenen Heimes zu arbeiten, Feindseligkeiten politischer Natur hervorrufen konnten, ist es wahrscheinlich, dass auch sexuelle Wünsche von Frauen in Frage gestellt wurden durch das amerikanische Patriarchat, das versuchte, seine durch den Krieg aus dem Gleichgewicht geratene institutionelle und kulturelle Autorität zurück zu gewinnen.

Die amerikanische Hausfrau in der Mitte des 20. Jahrhunderts war für das Kochen, das Saubermachen, das Einkaufen, das Kinderkriegen und die Kindererziehung zuständig. Anders stand es mit sexuellen Beziehungen, die allerdings unabhän-

of Meaning, ed. Richard Bolton Cambridge, MA: MIT, 1989), S. 343–88.

16 Willy Loman ist der zentrale Charakter in Arthur Millers herausragendem Werk *Death of a Salesman* (*Der Tod eines Handlungsreisenden*), 1949 und Holden Caulfield der Protagonist in J.D. Salingers hochgelobter Erzählung *Catcher in the Rye* (*Der Fänger im Roggen*), 1951.

17 Friedan, S. 33–68.

18 Joanne Meyerowitz, *Not June Cleaver: Women and Gender in Postwar America* (Phildelphia: Temple University Press, 1994).

19 Yalmon, S. 361. Yalmon bemerkt, dass sowohl Psychologen wie auch Psychiater typischerweise diese Freudsche Haltung zur Häuslichkeit aufrecht erhielten.

20 Zitiert nach George Brown Tindall und David E. Shi, *America, A Narrative History*, 3rd edition (New York: Norton, 1992) 1272. Es ist an dieser Stelle wichtig festzuhalten, dass es sich bei allen Diskussionen und Kontroversen zum Thema arbeitende Mutter ausschließlich um weiße, der Mittelschicht angehörende Hausfrauen aus den Vororten handelte; Frauen der Arbeiterschicht und afroamerikanische Frauen hatten schon seit Jahrzehnten doppelte Pflichten, sowohl innerhalb als auch außerhalb des Haushalts zu arbeiten, wie Jessica Weiss bestätigt (a.a.O., S. 59).

21 John D'Emilio, S. 236.

22 Weiss, S. 50.

23 Salamone, S.5.

gig vom Kinderkriegen und der Kindererziehung auch eine große Verantwortung beinhalteten. Carol S. Vance beschreibt diese Last scharfsinnig als „die Beherrschung ihrer eigenen sexuellen Wünsche und deren öffentliches Erscheinen", das sich ableitete „von einer kulturell vorgeschriebenen Gedankenkette, die die Frauen zu moralischen Hütern des männlichen Verhaltens machte, das sie aber gleichzeitig lockten und aufreizten."[24] Da von Ihnen erwartet wurde, ihre eigenen Begierden zu regulieren um männliche Leidenschaft in Kontrolle zu halten, mussten Frauen eine komplizierte Rolle zwischen dem Ausdruckverleihen ihrer Begierden und dem Unterdrücken derselbigen spielen. Belastet mit gesellschaftlicher Verantwortung häuslicher und sexueller Natur hatten die Frauen der Jahrhundertmitte einschüchternde Verantwortlichkeiten, die auch das Im-Zaum-Halten ihrer Sexualität und Begierden beinhaltete. Dies wurde weiter durch die unterschiedlichen Erwartungshaltungen von Männern und Frauen an ihre körperlichen Beziehungen verkompliziert. Untersuchungen über Ehepaare der Jahrhundertmitte haben ergeben, dass während Frauen Romantik und Zuneigung schätzten, Männer häufig größeren Wert auf Geschlechtsverkehr legten und diesen häufiger als ihre Partnerinnen wünschten.[25] Trotz der gut definierten Geschlechterrollen für Ehemänner und Ehefrauen förderten neue Ansätze zu einer „partnerschaftlichen Ehe" mit ihrer Betonung auf emotionaler Verträglichkeit die Erwartung, dass eine eheliche Verbindung sowohl im Häuslichen als auch im Schlafzimmer gleichberechtigt sein könnte.[26]

Die Schwierigkeiten, die Männer hatten, um in ihrem Leben und ihren Karrieren Genugtuung zu finden, wird nicht mit demselben mitleidigen Blick bewertet wie die weibliche Frustration mit häuslichen Verantwortlichkeiten. Dennoch war für viele amerikanische Männer in der Nachkriegszeit Frustration und berufliche Unzufriedenheit die Realität. Die Lage des amerikanischen Geschäftsmanns in der Mitte des 20. Jahrhunderts wird in Sloan Wilsons Buch *The Man in the Gray Flannel Suit* untersucht. Dieser Roman spricht den Schrecken der Langeweile an, den der der Mittelklasse entstammende Angestellte in Großunternehmen empfand, wenn er sich unter dem Druck zur Konformität bücken musste, dem täglichen Rennen ums Überleben nicht entkommen konnte und sich dem Zwang zum konkurrenzfähigen Konsumenten ausgesetzt sah.[27] Für viele Männer war der Übergang vom Kämpfer zum Angestellten schwierig, und die Unruhe, die diese Veränderung hervorrief wurde als Krise der Männlichkeit angesehen.[28] Das Konzept des Männlichen basierte auf Tapferkeit und körperlicher Stärke, beides Dinge, die im militärischen Einsatz zum Tragen kamen. Teilweise bestand die Krise darin, dass es nicht gelang, Männlichkeit in Zeiten des Friedens neu zu definieren. Dieser Konflikt wurde noch dadurch verschärft, dass von jungen Vätern erwartet wurde, dass sie sich im häuslichen Bereich und an der Betreuung der Kinder beteiligten. Selbst Dr. Benjamin Spock, Kinderarzt und Autor des angesehensten Buches über Kinderbehandlung jener Zeit, beschäftigte sich mit diesem Thema, wenn er schreibt: „Ein Mann kann ein warmherzige Vater und gleichzeitig ein richtiger Mann sein."[29] Die Bedeutung von männlicher Präsenz und Teilnahme an häuslichen Dingen wurde mehr und mehr anerkannt, wenngleich seine Rolle diejenige des Begleiters und Freundes war und nicht diejenige des sich an den endlosen Aufgaben der häuslichen und familiären Notwendigkeiten Beteiligenden.

Sexualität bot den Männern der Nachkriegszeit eine Alternative zur Erregung des Kampfes zusammen mit den Möglichkeiten des Siegs und der Eroberung. Vielleicht fand der so genannte unsichtbare Mann ohne seine graue Angestellten-Uniform in seinen sexuellen Abenteuern Herausforderung und Erregung. Und vielleicht war es in sexuellen Dingen sogar von Vorteil, gesichtslos zu sein. Bei bestimmten sexuellen Begegnungen, wie z.B. mit Prostituierten war Anonymität möglicherweise ein Synonym für Freiheit im Gegensatz zur Unterdrückung der graugekleideten Geschäftswelt. Während die Prostitution im 19. Jahrhundert als eine Bedrohung des Patriarchats angesehen worden war, wurde sie im 20. Jahrhundert zwar immer noch verachtet, aber ihre Bedrohung war eine andere: das Gemurmel von illegalem Sex vor oder

24 Carole S. Vance, „Pleasure and Danger: Roward a Politics of Sexuality," *Pleasure and Danger: Exploring Female Sexuality* (Boston: Routledge & Kegan Paul, 1984), S. 4.
25 John D'Emilio and Estelle B. Freedman, *Intimate Matters: A History of Sexuality in America* (New York: Harper & Row, 1988), S. 269.
26 Der Begriff „companionate marriage" (partnerschaftliche Ehe) war der Titel eines Buches von Ben Lindsey und Wainwright Evans aus dem Jahre 1927.
27 Sloan Wilson, *The Man in the Grey Flannel Suit* (New York: Simon and Schuster, 1955).
28 David Halberstam, *The Fifties* (New York: Fawcett Columbine, 1993), S. 521–36.
29 Zitiert nach Weiss, S. 89. Die angesehenste Autorität zum Thema Kinder zu jener Zeit war Benjamin Spock. *The Common Sense Book of Baby and Child Care* (New York: Duell, Sloan & Pearce, 1957). Spocks Buch befürwortete neben vielfachen Ratschlägen zu anderen Themen, dass Mütter zu Hause bleiben sollten, und dass Väter sich zugunsten des Kindes an dessen Großziehen beteiligen sollten.

während der Ehe. Während in den Kriegszeiten der 40er Jahre sexuelle Freiheiten kein generelles Tabu waren, wurden in der Nachkriegszeit sexuelle Beziehungen außerhalb der Ehe als potentiell gefährlich für jene Bastion amerikanischer Stabilität, nämlich die Familie, angesehen. Und es war nicht nur die Kernfamilie, die als Grundstein der amerikanischen Gesellschaft angesehen wurde, wie Richter Ploscowe ausführt: „Die monogame Familieneinheit … wird zu Recht als eine Stütze unserer Gesellschaft angesehen."[30]

Statt allein die Prostituierten zu beschuldigen wurden im 20. Jahrhundert auch „lockere Darstellung von Sex" in Filmen oder in der Pornografie bereits als größere Gefahren angesehen.[31] Viele Amerikaner verachteten beiläufige sexuelle Beziehungen vor der Ehe oder außerhalb derselben, egal ob sie tatsächlich passierten oder nur dargestellt wurden. Allerdings herrschte hier eine Doppelmoral, indem Jungen ein größerer Spielraum zum Experimentieren erlaubt war als Mädchen, obwohl Kinseys Forschungen zeigen, dass Petting bei den Verabredungen aller amerikanischer Teenager eine normale Rolle spielte.[32] Ein anderer Weg, sich den autoritativen Bemühungen, Sexualität zu kontrollieren, zu entziehen und gleichzeitig innerhalb der wichtigen Bedingungen der Doppelmoral zu bleiben, war für Jungen die Möglichkeit, Beziehungen außerhalb ihrer eigenen sozialen Parameter zu haben.

Sexualgesetze und Zensur

Gegenüber der sich nach 2. Weltkrieg lockernden Haltung der Sexualität gegenüber gab es auch definitive Widerstände.[33] Der Autor des Buches *Sex and the Law*, Richter Morris Ploscowe, war jemand, der meinte, dass die erlahmenden moralischen Regeln der Gesellschaft, die bisher die Sexualpraktiken bestimmt hatten, durch gesetzliche Restriktionen ersetzt werden müssten. Über außerehelichen Geschlechtsverkehr sagte Ploscowe: „dass ein spezielles Gesetz her muss, um diese weit verbreitete Aktivität kriminell zu machen."[34] Seine eigenen Ansichten zur Moral und deren Verfall in Amerika ziehen sich durch sein gesamtes Buch, mit dem ersten Satz beginnend: „Nur in der Ehe ist das Ausleben von Sexualität gesellschaftlich und rechtlich akzeptabel."[35] Die Prinzipien unzähliger Kampagnen zur moralischen Reinheit und die 1934 gegründete Legion of Decency vertraten ähnliche Meinungen, auf der anderen Seite aber stellten Hollywood, die Beat-Generation, Erotika und selbst Teenager diese Auffassungen in Frage. Die Sozialhistoriker John D'Emilio und Estelle B. Friedman haben „ die widersprüchlichen Muster von Ausdrucksweisen und Zurückhaltungen als Resultat des amerikanischen sexuellen Liberalismus" in der Mitte des 20. Jahrhunderts untersucht, in denen „Sex auch außerhalb der Ehe öffentlich gezeigt wurde."[36] Die 50er Jahre waren voller innerer Spannungen zum Thema Sexualität. Auf der einen Seite weichten die strengen Haltungen zur Sexualität allmählich auf zusammen mit der sich häufenden Sichtbarkeit von erotischen Dingen z.B. in Filmen für die Allgemeinheit, anderseits stand diese Haltung im Konflikt zur immer noch vorherrschenden Philosophie, dass Sex außerhalb der Ehe moralisch verwerflich sei. Kein Wunder also, dass sowohl für puritanische Kreuzritter als auch für Konservative Geschlechtsverkehr außerhalb der Ehe eine große Sorge war.

Gesetze zur Sexualität waren und sind weiterhin schwer anzuwenden, was nicht bedeutet, dass sie als antiquiert und daher nicht anwendbar galten oder gelten. Einige Bundesstaaten haben hier eine lange konservative, andere eine eher liberale Tradition, und dies drückt sich auch in den jeweiligen Gesetzen aus. Generell kann gesagt werden, dass quer durch die geografischen Regionen der Vereinigten Staaten, aber sogar innerhalb einiger Bundesstaaten eine große Vielfältigkeit von Einstellungen und Gesetzen zur Sexualität existiert. Es ist wahrscheinlich, dass einerseits die Gesetze die Einstellungen formten, andererseits aber auch Einstellungen zur Auslegung und Anwendung der Gesetze beitrugen. Daher sind Gesetze ein guter Beleg für Aktivitäten, die zur Zeit der Verabschiedung des Gesetzes als schädlich,

30 Joseph Wortis, „Sex Taboo, Sex Offenders and the Law", *The American Journal of Orthopsychiatry* 9 (1939). Hervorhebung durch die Autorin.
31 D'Emilio and Freedman, S. 282. Diese beiden Historiker erklären, dass Pornografie zugänglicher und sichtbarer in einer Zeit wurde, in der die politischen Anschauungen des Kalten Krieges der Familie eine zunehmende Bedeutung beimaßen.
32 Ira L. Reiss, „The Ancient Double Standrad", *Premarital Sexual Standards in America* (New York: The Free Press, 1960).
33 D'Emilio and Freedman, S. 239-75.
34 Morris Ploscowe, *Sex and the Law* (New York: Prentice-Hall, 1951), S. 145. Hervorhebung durch die Autorin.
35 A.a.O., S. 1.
36 D'Emilio und Freedman, S. 276–77.

gefährlich oder unmoralisch galten. Die große Sorge um das Wohlergehen der amerikanischen Familie in den 50er Jahren gibt Anlass, sich mit zwei Gesetzen zu beschäftigen, die auf dem ehelichen Status einer Person basieren: Gesetzen zum Ehebruch und zum außerehelichen Geschlechtsverkehr.

Zu Beginn der 50er Jahre wurde außerehelicher Geschlechtsverkehr in 39 Bundesstaaten als kriminell eingestuft und nur 5 Staaten besaßen keine Gesetze zum Thema Ehebruch.[37] Sexualgesetze sind bereits im späten 17. Jahrhundert aus Massachusetts bekannt: ein Gesetzt das den unehelichen Geschlechtsverkehr (zwischen zwei unverheirateten Personen) regulierte. Im 18. Jahrhundert finden wir in Maryland und in Massachusetts Gesetzte zum Ehebruch (Geschlechtsverkehr zwischen zwei Personen, die nicht miteinander verheiratet sind, von denen aber eine oder beide Personen mit jemand anders verheiratet sind) und zum Thema Sodomie (die häufig vage als Verbrechen gegen die Natur definiert wurde, was anfänglich nur Analverkehr bedeutete, später aber auf oral-genitalen Verkehr erweitert wurde.)[38] Ähnliche Gesetze der Bundesstaaten Indiana, New York und Washington DC werden weiter unten genauer betrachtet werden, da sie den Staat im mittleren Westen, in welchem Kinsey lebte, die Heimat von New York City, einer der kulturell meistgefeierten Städte der Welt und den Sitz der US amerikanischen Regierung darstellen. Des Weiteren zeigt eine Behandlung dieser unterschiedlichen Gesetze eine Balance zwischen dem progressiven Ansehen der Konurbationen an der Küste und dem vermutlich provinzielleren Verhalten einer ländlicheren Gegend. Diese drei Orte waren auch Teil eines Rechtsstreits über Obszönität vor einem Bundesgerichtshof: 31 Fotografien, den wir weiter unter behandeln werden.

Eine Definition von Ehebruch, zu der es sehr unterschiedliche Auffassungen gibt, basiert auf der Existenz einer Ehe. Daher ist die genaue Beschreibung von Ehebruch eine sexuelle Vereinigung, die die Bedingungen des Ehevertrages überschreitet. Insofern ist es ein Akt, der die Institution der Ehe in Mitleidenschaft zieht. In Indiana wurde 1953 ein Gesetz erlassen, dass es einer in Ehebruch lebenden Person verbietet, von einem verstorbenen Ehepartner zu erben.[39] Ein strengeres Gesetz gab es bereits seit 1901 im District of Columbia, indem Ehebruch als Vergehen angesehen wurde.[40] Im Staat New York gab es vor 1965 gar keine Gesetze zu diesem Thema.[41] Obwohl eine große Anzahl von Bundesstaaten in den 50er Jahren Gesetze hatten, die sich auf Ehebruch bezogen, wurde Ehebruch durch diese nicht automatisch verboten. Viele dieser Gesetze gaben Ehebruch als einen Grund für eine Scheidung oder aber, wie in Indiana, als Grund für veränderte Erbschaftsregularien an. Auf der anderen Seite wurde in einigen Staaten Ehebruch als strafbares Vergehen, in Oklahoma (1910) und Wisconsin (1849) sogar als Verbrechen behandelt.[42] Trotz der großen Variationsbreite der Gesetze und ihrer Ernsthaftigkeit müssen sie alle dennoch als Versuche angesehen werden, nicht nur die öffentliche Moral zu regulieren sondern auch die Institution der Ehe zu schützen.
Der Psychiater Joseph Wortis erkannte im Jahre 1939 in den Gesetzen des Verbots des Ehebruchs genau dieses: „Es ist offensichtlich, dass unsere Institution der monogamen Ehe für ihre Erhaltung des Tabus gegenüber Polygamie, Polyandrie und Ehebruch bedarf."[43] In diesem Zusammenhang ist auch außerehelicher Geschlechtsverkehr schädlich für spätere Ehen, da insbesondere Frauen vorehelicher Sex verboten war.[44] In Indiana und New York gibt es bis heute keine Gesetze zum außerehelichen Geschlechtsverkehr (Unzucht). In Washington DC wiederum wurde es 1953 zu einem Vergehen, wenn zwei zustimmende Erwachsene „Unzucht betrieben"[45]. Von diesen drei Gesetzgebungen hatte Washington DC die Hauptstadt der Vereinigten Staaten, in der die Gesetzgeber politische Anschauungen in Gesetze umsetzten, die strengsten Gesetze zum vor- und außerehelichen Verkehr. In Washington DC waren sowohl Unzucht als auch Ehebruch strafbare Vergehen.

Zusätzlich zu den Sexualgesetzen, die sich bemühten, menschliches Verhalten zu regulieren, zeigen Fälle von Zensur und entsprechende Gesetze die öffentliche Sorge um sexuelle

37 Ploscowe, S. 145.
38 In Maryland ist Ehebruch ein Vergehen, das mit einer Strafe von $ 10 (1749) geahndet wird, Sodomie hingegen ist ein Verbrechen (1793). In Massachusetts wird beides als Verbrechen angesehen. Ehebruch in diesem Staat gilt auch für Personen, die voneinander geschieden sind, aber zusammenleben (1785). Das Gesetz gegen Sodomie gilt für jedwede Person, die dieses unglaubliche und verachtenswerte „Verbrechen gegen die Natur" begeht (1784). Für genauere Informationen zu den Gesetzen der einzelnen Staaten und zu rechtlichen Definition siehe Richard A. Posner und Katharine B. Silbaugh, *A Guide to America's Sex Laws* (Chicago: University of Chicago Press, 1966).
39 A.a.O., S. 105.
40 A.a.O., S. 104. In Washington DC nimmt die Definition von Ehebruch eine interessante Wendung: „Wenn der Akt zwischen einer verheirateten Frau und einem unverheiratetem Mann begangen wird, sind beide schuldig; bei einem verheirateten Mann und einer unverheirateten Frau wird nur der Mann als schuldig angesehen." 1963 wurde der Tatbestand des Ehebruch ein Grund für eine rechtliche Trennung und 1965 verliert die Ehebruch begehende Person „das Recht an ihrer oder seiner Mitgift, es sei denn, der oder die hintergangene Person verzeiht der sich vergangen habenden Person und beiden setzten das gemeinsame Leben fort."
41 A.a.O., S. 107.
42 A.a.O., S. 103–110.
43 Wortis, S. 555–6.
44 Reiss, S. 89–116.
45 A.a.O., S. 99.

Phantasien, Begierden und ihren vielfältigen Manifestationen. Wie schon erwähnt, wurde jede Darstellung so genannter lockerer Moral verachtet. 1952 setzte das Repräsentantenhaus einen Untersuchungsausschuss ein, der sich mit zeitgenössischem pornografischem Material inklusive Taschenbüchern, Zeitschriften und Comics beschäftigen sollte.[46] Zwischen dem 1. und dem 5. Dezember 1952 fand eine Anhörung von 32 Zeugen statt, und sieben Personen legten schriftliche Stellungnahmen vor. Im Mittelpunkt dieser Anhörungen stand die Verteilung, die Verfügbarkeit und die Gesetze obszönes Material betreffend. Die Darstellung von Erotik war offensichtlich zu einer nationalen Sorge geworden. In den späten 50ern wurde das höchste Gericht von Anträgen zum Thema Obszönität geradezu überflutet.[47] Religiöse Gruppierungen und andere direkte und organisierte Gegner äußerten ihre tiefsten Befürchtungen zur Pornografie und dem Schaden, den sie anrichten könnte. Sie befürchteten, dass die bereits sinkende Moral amerikanischer Werte sich weiter verschlechtern würde, und dass Pornografie zum Anwachsen der Zahl jugendlicher Delinquenten führen würde.[48] Auch einige von Kinseys Kollegen an der Indiana Universität fürchteten, dass seine weit verbreiteten Publikationen zu den Tabus sexueller Betätigung einen ähnlichen Effekt haben würden, „indem sie für Jugendliche den Weg öffneten, die von älteren Generation definierten Grenzen der sexuellen Moral zu überschreiten".[49] Kinsey hatte es nun mit der Welt der Wissenschaft und derjenigen der Kultur zu tun und begab sich sogar in das Reich des Rechts in einer Zeit, in der rechtliche Definition und gesellschaftliche Interpretation von Obszönität sich als Resultat einer sich weiterentwickelnden Liberalisierung von sexuellen und kulturellen Werten allmählich wandelten.

Obszönität ist ein rechtlicher Terminus, Pornographie nicht.[50] Was jedoch Pornographie wirklich ausmacht, ist in der kulturellen, akademischen und politischen Arena genauso umstritten und schwer fassbar, wie Obszönität als rechtlicher Begriff.[51] Vielleicht wurden sexuelle Praktiken, die in der Realität illegal oder moralisch anstößig waren, in ihrer „Darstellung als obszön betrachtet."[52] Dieses Konzept gilt im besonderen Maße, wenn das darstellende Medium die Fotografie ist, die ja mit der Realität assoziiert wird und häufig für die Dokumentation von Realität genutzt wird. Das Gesetz über den Besitz von erotischen Materialien wurde in Indiana erst 1978 verabschiedet.[53] Allerdings machte ein Bundesgesetz aus dem Jahre 1948 die Einfuhr von obszönem Material in die Vereinigten Staaten zu einem Verbrechen. Wobei kein Bundesgesetz in New York oder Washington den privaten Besitz obszöner Materialen verbietet. Interessanterweise glaubte Kinsey, dass in Ländern oder Regionen, in denen bestimmte Verhaltensformen erlaubt waren, diese keinen Niederschlag in einer erotischen Präsentation fänden, da keine Notwendigkeit dafür bestand. Aber schon damals wie heute gab es die unterschiedlichsten Interpretationen von Obszönität. Dieser Einwurf klärt allerdings nicht alle Arten von Zensur auf. Nehmen wir als Beispiel die Darstellung eines heterosexuellen Paares beim Geschlechtsverkehr innerhalb des Rahmens ihrer Ehe. Dies müsste an sich eines der legitimsten Szenarios überhaupt sein. Rufen wir uns die Meinung eines Rechtsexperten der 50er Jahre wie Richter Ploscowe in Erinnerung, der gesagt hatte, dass dies die einzigen Umstände seien, unter denen die Verwirklichung von Sexualität gesellschaftlich und rechtlich akzeptable sei.[54] Das Kinsey Institut besitzt eine Vielzahl von sexuell expliziten Fotographien, auf denen Modelle in der Rolle von Bräutigam und Braut während ihrer Hochzeitsnacht posieren. Aber eins dieser Fotos aus der Sammlung des Institut wurde noch 1997 zensiert. (Mehrere Abbildungen in diesem Katalog entstammen der selben Serie). In unserem heutigen politischen Klima sind Debatten über Zensur viel markanter als solche über Gesetze zur Regelung sexueller Praktiken, mit der Ausnahme der Pädophilie. Versuche, Sexualverhalten zu kontrollieren hat sich weitgehend auf die Überwachung der Produktion, des Verkaufs und der Zurschaustellung erotischer Darstellungen verlagert.

46 Die folgenden Mitglieder des Kongresses dienten in diesem Ausschuß: E.C. Gathings, Arkansas, als Vorsitzender, Emanuel Celler, New York, Edward Rees, Kansas, Francis Walter, Pennsylvania, Louis E. Graham, Pennsylvania, George P. Miller, California, Katharine St. George, New York, Reva Beck Bosone, Utah, Carroll D. Kearns, Pennsylvania und H. Ralph Burton als juristischer Berater. Der Ausschuss hörte Zeugen mit einem breitgefächerten Hintergrund beruflicher Erfahrung: Besitzer und Mitarbeiter aus dem Verlagsbereich, Verteiler, Polizisten, Zollbeamte, Mitarbeiter der Post sowie Vertreter kirchlicher Gruppen, Vertreterinnen von Frauenvereinen und Vertreter von Enthaltsamkeitsorganisationen, Schriftsteller, Schulaufseher, Richter, Kleriker und Anwälte der American Civil Liberties Union. Siehe hierzu auch *Select Committee on Current Pornographic Materials*, 82nd Congress 2nd Session, Report No. 2510, Union Calendar No. 797, veröffentlicht 1953.

47 Posner und Silbaugh, S. 284.

48 A.o.O., S. 282.

49 Cornelia V. Christenson, *Kinsey: A Biography* (Bloomington, IN: Indiana University Press, 1971), S. 186.

50 Marjorie Heins, *Sex, Sin and Blasphemy: A Guide to America's Censorship Wars* (New York: The New Press, 1993), S. 16.

51 Die öffentlichen Anhörungen und der fast zweitausend Seiten umfassende Bericht der Kommission des Generalstaatsanwalts (gemeinhin Meese Kommission genannt) zum Thema Pornographie aus den Jahren 1985 und 1986 untersuchten die Macht visueller Bilder und griff diese wegen ihrer Fähigkeit an, sexuelles Vergnügen und sexuelle Begierde zu evozieren. Für einen ausgezeichneten Überblick und einer Analyse dieses kulturellen und politischen Phänomens siehe Carole S. Vance, „The Pleasures of Looking", in *The Critical Image*, ed. Carol Squiers (Seattle: Bay Press, 1990), S. 38-58.

52 Siehe hierzu Kinseys Anmerkungen zu Europa, 17. Dezember 1955, S. 44-50 (Kinsey Institute Library). Diese Überlegungen erklären aber nicht, warum für Jahrhunderte massenweise gradlinige Erotika produziert (oder zensiert) wurden.

53 Posner und Silbaugh, S. 194. Das Gesetz, das die Arten von erotischen Materialien, deren Besitz in Indiana legal war, wurde 1978 erlassen. Gleichzeitig wurde ein Gesetz erlassen, das den Besitz eines Abbilds eines oder einer Minderjährigen (unter 16) zu einem Vergehen machte.

54 Ploscowe, S. 1.

31 Fotografien

Alfred Kinsey musste in dem Fall *US gegen 31 Fotografien* die frustrierende Erfahrung machen, was es bedeutet innerhalb der Parameter der gesetzlichen Zensur zu arbeiten. Im Jahre 1957, anderthalb Jahre nach Kinseys Tod, konnte das Institut diesen Fall triumphierend für sich entscheiden, basierend auf dem Argument, dass das erotische Material notwendig sei zur weiteren Erforschung des menschlichen Sexualverhaltens. Seit Beginn dieser Kontroverse war Kinsey überzeugt gewesen, dass die Gerichte ihm das Recht des Wissenschaftlers, Zugang zu dem für seine Forschungen notwendigen Grundmaterial zu haben, bestätigen würden. Wenn die Forscher die gesamte Breite menschlicher Sexualpraktiken, Anschauungen und Darstellungen untersuchen wollten, war es für sie notwendig, ein breites Spektrum von Material zu sichten, auch wenn dies von anderen zum Teil als pornografisch angesehen wurde und der breiten Öffentlichkeit nicht zugänglich war.[55] Letztendlich stimmte der Bundesrichter dieser Argumentation zu.

Um etwaigen Schwierigkeiten beim Transport von inländischen oder ausländischen Materialien expliziter sexueller Natur vorzubeugen, beriet sich Kinsey 1944 mit dem Anwalt Morris Ernst, einem national anerkannten Experten auf dem Gebiet der Zensur. Ernst hatte (den Verlag. Anm. d. Üb.) Random House 1934 in dem Fall *Ulysses* (*Odysseus* von James Joyce. Anm.d.Üb.) vertreten, ein Präzedenzfall für die Evaluierung eines Werks aufgrund seiner Bedeutung und seines Verdienstes als Ganzes und nicht aufgrund einzelner ausgesuchter Passagen. Auf Anraten von Ernst nutzte Kinsey für den Versand und den Empfang von Materialien innerhalb der Vereinigten Staaten private Botendienste, um Ärger mit der Post zu vermeiden.[56] Bei Sendungen aus dem Ausland war er weniger zuversichtlich und, wie sich bald herausstellen sollte, zu Recht. Alden Baker, seines Zeichens Zollbeamter in Indianapolis, beschlagnahmte die erste von vielen Sendungen im Juli 1947 auf der Grundlage einer Verletzung des Beförderungsgesetzes von 1930.[57] Mit Hilfe von Leon Wallace, einem Jura-Professor der Indiana Universität, gelang es jedoch, Sendungen aus dem Ausland für die nächsten drei Jahre unbehindert durch die Zollbehörden zu empfangen. Allerdings war sich Kinsey der Tatsache bewusst, dass diese inoffizielle Vereinbarung nicht lange halten würde. Genau dies geschah im April 1950 mit der Pensionierung von Baker.

Eugene Okon, der Assistenzdirektor bei den Indianapolis Zollbehörden, fühlte sich unwohl dabei, Sendungen an Kinsey ohne Rückendeckung durch die Regierung weiterzuleiten. Als Okon in Washington Rückfrage hielt, brach das informelle Arrangement zwischen den Indianapolis Zollbehörden und Kinsey zusammen, sowie David. B. Strubinger, Assistenzdirektor der obersten Zollbehörde, Beispiele des Materials, das Kinsey regelmäßig bezog, zu Gesicht bekam.[58] In einem Brief an einen Kunsthändler in Japan schrieb Kinsey: „Es ist die alte Geschichte. Ein neuer Beamter bei den Zollbehörden von Indianapolis ist überrascht von dem Material, dessen gleichen er nie zuvor gesehen hat, und macht Schwierigkeiten. Erschwerend kommt hinzu, dass der kommissarische Leiter der obersten Zollbehörde in Washington es am liebsten hätte, wenn die Gerichte statt seiner das Gesetz interpretieren würden".[59] Nach der ersten Beschlagnahme durch Okon 1950 ließ Kinsey sich durch das New Yorker Anwaltsbüro Greenbaum, Wolff & Ernst vertreten, wobei die Juniorpartnerin von Ernst, Harriet Pilpel sich direkt mit seinem Fall beschäftigte. Während der 50er Jahre versuchte Pilpel, die Angelegenheit außergerichtlich zu klären. Zuerst argumentierte sie, dass die gesetzliche Ausnahmen beim Import von Büchern von nachgewiesen wissenschaftlichem Wert auch auf Bücher angewendet werden sollten, die für die Erstellung von Werken ausgewiesen wissenschaftlicher Natur nötig waren.[60] Schon zu Beginn hatte Pilpel festgestellt, dass sich die gesetzliche Ausnahmeregelung nur auf Bücher bezog; ihr Argument war daher, dass diese Regelung offensichtlich nicht vollständig war, da sie nicht die gesamte Bandbreite des Materials, das Kinsey für seine Forschungen anzuschaffen gedachte, abdeckte.[61] Der Assistenzdirektor der obersten

55 Siehe hierzu auch die vertragliche Übereinkunft zwischen Kinsey und den Zollbehörden vom 16, Januar 1957, Draft 5 (Customs Case files, Kinsey Institute Archives, im Folgenden KIA abgekürzt).
56 Alfred C. Kinsey an Kojiro Tomita, 10. November 1948 (ACK era correspondence, KIA)
57 Hier die relevante Stelle des Gesetzes von 1930: „Es ist allen Personen verboten, aus einem fremden Land in die Vereinigten Staaten einzuführen...obszöne Bücher, Pamphlete, Papier, Geschriebenes, Werbung, Rundschreiben, Drucke, Bilder, Zeichnungen oder andere Darstellungen, Figuren oder Abbildungen...welche obszön oder unmoralisch sind." Ein 1948 verabschiedetes Bundesgesetz erklärte die Einfuhr obszönen Materials zu einem Verbrechen. Interessanterweise wird aber weder in der Korrespondenz zwischen Institut und Zollbehörden noch in der endgültigen Gerichtsentscheidung ein Verstoß gegen dieses Gesetz erwähnt. Siehe hierzu Bundesgesetz 18 USCA § 1462, bei Posner und Silbaugh auf S. 205–6 ausgeführt.
58 „Vermerk über Verzichtleistung und Zustimmung zur Verwirkung von verbotenem oder beschlagnahmtem Material und Vernichtungsverhandlung," Beschlagnahmung Nr. 269 vom 10.August 1950 (Zoll Kartei KIA). Auf der offiziellen Benachrichtigungsform der Zollbehörde wurde das beschlagnahmte Material einfach als „obszöne Literatur (6 Bücher)" bezeichnet.
59 Alfred C. Kinsey an PD Perkins, 18.August 1950 (ACK Korrespondenz, KIA).
60 Harriet Pilpel an Huntington Cains, 20. Juni 1950 (Zoll Akten, KIA). Hervorhebung durch die Autorin.
61 Pilpel an Cairns, 20. Juni 1950 (Zoll Akten, KIA).

Zollbehörde, Walter Johnson wies die Argumentation von Pilpel zurück, gab allerdings zu, dass sein Verständnis des Gesetzestextes bedeutete, dass selbst Havelock Ellis nicht in der Lage gewesen wäre, das Material zum Schreiben seiner Bücher gesetzeskonform zu importieren.[62]

Wenngleich 1950 einiges an Kinsey gerichtete Material vom Zoll freigegeben wurde, waren weitere Sendungen vor der Beschlagnahmung nicht sicher.[63] Allerdings wurde nicht alles, was über Indianapolis importiert wurde, beschlagnahmt. Kinsey stellte fest, dass selbst äußerst explizites erotisches Material von den Zollbeamten durchgelassen wurde, wenn es entweder in einer fremden Sprache war oder der sexuelle Inhalt unklar oder untertrieben war.[64] Um eine von ihm angestrebte gerichtliche Klärung herbeizuführen, musste er also dafür sorgen, das die explizit sexuelle Natur des Materials, das durch den Zoll ging, für jeden Betrachter offensichtlich war. Daher musste er schriftliches Material in englischer Sprache und eindeutige Bilder einführen, wobei es sich nicht um Werke der Literatur oder der Bildenden Kunst handeln sollte. Kinsey stellte hierzu fest: „Ich will nicht, dass unser Fall auf der Grundlage des künstlerischen Werts des Materials entschieden wird, sondern aufgrund des Rechts eines forschenden Wissenschaftlers, Zugang zu dem Material zu haben, das er für seine Forschungen braucht."[65] Um die Sache in Gang zu bringen bestellte Kinsey 1951 Bücher, Graffiti und anderes eindeutig sexuelles Material aus dem Ausland. Zu diesem Zeitpunkt ließ Kinsey die Sendungen an eine Firma New Yorker Zollagenten, Tice and Lynch senden, und nicht mehr an seine Privatadresse in Bloomington. Dies bedeutete, dass potentiell der Fall vor die New Yorker Gerichte kam und nicht vor die von Indiana. Ermutigt durch seine Anwälte fuhr Kinsey fort, Material aus dem Ausland zu ordern, wenngleich haushaltstechnische Einschränkungen den Ankauf von Kunst Anfang 1951 zurückgehen ließen.[66] 1952 allerdings hörte er auf, Material aus dem Ausland zu erwerben, da die anhaltenden Beschlagnahmungen durch den New Yorker Zoll weder einen Gerichtsprozess noch ein Bußgeldverfahren bewirkt hatten, er aber das von ihm erworbene Material nicht mehr erhielt.[67] Kinsey beschwerte sich häufig und bitter darüber, dass der Fortgang seiner Forschungen durch das Zurückhalten von Material unterbrochen wurde; noch ernster war aber die Unterbrechung aufgrund des rechtlichen Testfalls.[68] Kinsey größte Frustration lag aber wohl in dem jahrelangen Verzögern der Angelegenheit durch die Bundesbehörden. Um die Sache vor Gericht zu bringen, brauchten Kinsey und seine Anwälte eine Entscheidung entweder der obersten Zollbehörde oder des Finanzministeriums. „Es ist uns nicht gelungen, das Finanzministerium dazu zu bewegen, eine Entscheidung für oder gegen uns zu treffen. Bevor diese aber keine Entscheidung gegen uns treffen, ist es uns unmöglich, einen Gerichtsprozess anzufangen."[69] Im Februar 1956 entschied die oberste Zollbehörde endlich, Kinsey keine verwaltungstechnische Ausnahme vom Gesetz zu gestatten. Selbst nach dieser Entscheidung ging die Sache aber nicht zügig vor Gericht. Sechs Monate später erst, am 1. August 1956, erhob der Bundesstaatsanwalt Anklage. Am Tag darauf erklärte der Beschuldigte in einem von seinen Anwälten vorbereiteten Statement mutig, „diese von der Regierung begonnene Aktion bedeutet den schwersten Schlag gegen die Freiheit der wissenschaftlichen Forschung in der Geschichte unseres Landes ... Wir haben vor, gegen diese Invasion der Regierung in den Bereich wissenschaftlicher Freiheit aufs Heftigste zu protestieren, und wir sind sicher, dass Dr. Kinsey und sein Recht, seine bedeutenden wissenschaftlichen Studien am Institut fortzusetzen, am Ende siegen werden.[70]

Nachdem sie jahrelang auf diesen Moment gewartet hatten, waren der Wissenschaftler und sein Team zum Kampf bereit.[71] Von den Materialien, die vom Zoll zurückgehalten wurden, wählten Kinsey und seine Anwälte für diesen Testfall importierte Gegenstände aus, die „von reiner Pornografie in Form französischer Fotografien bis zu Gegenständen von erwiesenem wissenschaftlichem oder literarischen Wert" reichten.[72] Diese Gegenstände waren im Januar 1952 ausgesucht worden für ein Bußgeldverfahren, das allerdings nie stattfand. Die Objekte, die vier Jahre später Gegenstand des richtigen Verfahrens wurden, waren ähnlicher Natur: 31 Foto-

62 Harriet Pilpels Zusammenfassung einer Besprechung mit Walter Johnson und Huntington Cairns, 15. September 1950, 2 (Zoll Akten, KIA).
63 Nach Kinseys Schätzung hatten die Zollbehörden 1950 über 80% des beschlagnahmten Material wieder freigegeben (Brief an einen Kunsthändler in Japan). (Siehe Alfred C. Kinsey an PD Perkins, 13. Dezember 1950 (ACK era correspondence, KIA). Die Zollakten des Kinsey Instituts zeigen, dass Hunderte von Sendungen beschlagnahmt und festgehalten worden, obwohl keine exakten Zahlen daraus abzulesen sind. Diese Zollaktivitäten begannen regelmäßig 1950 und es ist wahrscheinlich, dass sie bis 1957, dem Jahr, in dem der Fall vor Gericht entschieden wurde, anhielten.
64 Alfred C. Kinsey an den Philobiblon Buchhandel (Kopenhagen, Dänemark), 22. März 1951 (Zoll Akten, KIA) und Alfred C. Kinsey an Pilpel, 24. August 1950 (Zoll Akten, KIA).
65 A.a.O., 2 (Zoll Akten, KIA).
66 Siehe Alfred C. Kinsey an PD Perkins, 18. Dezember 1950 und Alfred C. Kinsey an Robert Skutch, 26. Januar 1951 (ACK era correspondence, KIA).
67 Siehe Alfred C. Kinsey an PD Perkins, 11. Februar 1952 ACK era correspondence, KIA).
68 Kinseys Beschwerden über die durch den Gerichtsfall eingetretenen Verzögerungen ziehen sich durch seine gesamte Korrespondenz.
69 Alfred C. Kinsey an PD Perkins, 27. November 1953 (ACK era corresondence, KIA).
70 Morris L. Ernst, Presseerklärung zum Fall Kinsey / Zollbehörde vom 2. August 1956 (Zoll Akten, KIA).
71 Wenige Wochen später stirbt Kinsey an Herzversagen.
72 Pilpel an Edgar Weber, 28. Mai 1951 (Zoll Akten, Korrespondenz, KIA). Weber war Vize-Präsident von Tice & Lynch, einer Zollmakler- und Speditionsfirma in New York.

grafien, acht Bücher, 46 grafische Blätter, sechs Gemälde, neun dreidimensionale Objekte plus vier Kästen mit gedrucktem Material.[73] Die 1951 aus Dänemark importierten 31 sehr eindeutigen Fotografien wurden zur Grundlage des Falls, da sie von dem gesamten Material als die wohl eindeutig erotischsten angesehen wurden. Und dies, obwohl sich unter dem Material asiatische Drucke und Gemälde mit eindeutigen Darstellungen heterosexuellen Verkehrs, die Memoiren des Marquis de Sade und Stiche zum Thema tierbezogene Sexualität befanden. Wenn es Pilpel gelang, den Richter davon zu überzeugen, dass Kinsey einen rechtmäßigen wissenschaftlichen Zugang zu diesen Fotografien hatte, würde alles Material von ähnlicher Eindeutigkeit sowie subtilere Kategorien von Erotika zulässig machen. Von den 31 Fotografien waren auf sieben eine Anzahl verschiedener Positionen beim Koitus, auf zweien Cunnilingus, auf neun Fellatio dargestellt, fünf deuteten „lesbische" Aktivitäten an, drei weibliche Masturbation, drei Gruppensex, eine zeigte weibliche Genitalien und eine, die harmlose Ausnahme in dieser Reihe, eine voll bekleidete Frau, die im Profil vor einem Radio saß.[74] Im südlichen Bezirksgericht von New York wurde der rechtliche Begriff der Obszönität mit der Entscheidung des Richters Edmund L. Palmieri für das Institute for Sex Research am 31. Oktober 1957 fallen gelassen, womit die Fotografien und das andere Material erlaubt waren.[75] Auf der Grundlage von 31 zerkratzten, schlecht gedruckten sexuell eindeutigen Fotografien gewährte ein Gericht dem Institute for Sex Research den Schutz des Gesetzes bei der wissenschaftlichen Nutzung von sexuell explizitem Fotomaterial.

Der Entscheidung im Fall *31 Photographs* zugunsten des Instituts wurde nicht aufgrund von Kinseys öffentlichem Aufruf entschieden (wenngleich dieser sicher das Seinige dazu beitrug), sondern weil das Team einen soliden Ruf als ausgewiesene Wissenschaftler hatte und bestätigt wurde, dass seine Forschungen einen positiven Beitrag für die Gesellschaft lieferten. Damit betraten die 31 Fotografien das Reich der Wissenschaft und bereiteten den Weg für seriöse akademische Studien zu Manifestationen von Populärkultur vor. Man muss auch festhalten, dass die 31 Fotografien viel mehr bedeuteten, als die Grundlage des Erfolgs des Instituts in einem Rechtstreit um Obszönität vor einem Bundesgericht. Sie wurden vielmehr die Grundlage für die gesamte Sammlung des Instituts. Der Gerichtsstreit stellte die rechtlichen Rahmenbedingungen auf, unter denen ein kleines Forschungsinstitut an einer Universität des mittleren Westens eine der umfangreichsten Sammlungen von Erotika zusammentragen konnte, indem er die Ein- und Ausfuhr von sexuell eindeutigem Material durch den US Zoll und die US Post als rechtmäßig erklärte. Darüber hinaus hatte der Gerichtsfall die Wirkung, dass Bildmaterial von kultureller Ware zu Objekten ernsthafter Forschung wurden. Und letztlich war das Resultat der Erhalt eines einzigartigen nationalen Schatzes. Ohne diese Gerichtsentscheidung hätten viele Objekte aus den Sammlungen des Instituts nicht bis heute überlebt.

Der Fall *US v. 31 Photographs* ist eines der frühesten Beispiele, das die Ausnahme von Obszönität aus dem anderweitig durch das First Amendment gesicherten Recht auf freie Wortwahl und Sprache in Frage stellt. Allerdings ist die Bedeutung dieses Falles durch andere Gerichtsentscheide etwas in den Hintergrund getreten, wie z.B. *Roth v. United States* (1957), die über die Nutzung von Erotika zu Forschungszwecken hinaus gingen.[76]
Es wäre allerdings falsch, den Fall des Instituts im positiven oder negativen Sinn dafür verantwortlich zu machen, dass sexuelles explizites Material einer breiten Öffentlichkeit zugänglich wurde, da es sich hierbei nur um das Recht, dieses Material für Forschungszwecke zu nutzen, ging. In der historischen Analyse scheint es schon ein wenig ironisch, dass heute Kinseys Publikationen zur männlichen und zur weiblichen Sexualität statt dieses Gerichtsurteils die Verwandlung des rechtlichen Umgangs mit Obszönität in Amerika zugeschrieben wird.[77] Ein Beispiel für die Bedeutung der Kinsey Reporte findet sich im Fall *US v. Two Obscene Books* (1950). Der vorsitzende Richter Goodman aus Kalifornien bemerkte hierzu: „Es mag sein, dass der moderne Trend zu mehr Offenheit in sexuellen Dingen die Sichtweise sowohl der Antragsteller als

73 Ein Entwurf von Pilpels eidesstattlicher Erklärung im Fall *31 Photographs* zeigt, dass man sich im Januar 1952 auf eine Liste geeignet hatte, und dass es sich hierbei „im Wesentlichen um dasselbe" Material handelte, das im Testfall *31 Photographs* präsentiert wurde. Pilpels eidesstattliche Erklärung und eine detaillierte Liste finden sich bei den Zollakten, 1947-1952, KIA.
74 Die 31 Fotografien lesen sich eindeutig als Abbildung derjenigen Aktivitäten, die im Text umrissen werden. Allerdings ist eine der Fotografien (KI-DC:38294), die ich der Gruppe „Fellatio" zugeordnet habe, nach Klassifizierungs-Schema des Instituts als „Gruppe heterosexuell" bezeichnet, da sich eine „zusätzliche" Hand im Bildausschnitt befindet. Da dieser Hinweis auf eine dritte Person aber nicht im Focus der Darstellung steht, ist eine Zuordnung zu „Fellatio" als korrekt anzusehen. Des weiteren waren zwei der sieben Fotografien (KI-DC:311 und KI-DC:342), die unterschiedliche Stellungen beim Koitus darstellen, ursprünglich als unterschiedliche Aktivitäten eingeordnet. Beide Fotografien waren als heterosexueller Analverkehr bezeichnet gemäß der Definition des Instituts, die sowohl Penetration als auch eine Situation, in der sich der Penis in der Nähe des weiblich Anus befindet, zulässt. Andererseits können diese Fotografien auch als „Sex von hinten" vor dem Eindringen interpretiert werden.
75 Palmieri war der Bundesanwalt für den südlichen Distrikt von New York. Die Regierung akzeptierte die Entscheidung am 2. Januar 1958.
76 „Roth v. Unites States" 354 US 476 (1957). Ein Buchhändler namens Roth war verurteilt worden, weil er das Magazin *American Aphrodite*, das Aktbilder und erotische Geschichten beinhaltete, mit der Post verschickt hatte. Im Jahre 1957 bestätigte der Oberste Gerichtshof dieses Urteil, erkannte aber gleichzeitig an, dass „Sex und Obszönität nicht identisch sind." In diesem Fall stellte das Gericht fest, dass Obszönität der Lüsternheit diene und insofern nicht durch den ersten Zusatz zur Verfassung geschützt sei.
77 D'Emilio und Freedman, S. 287.

auch der Kritiker, die sich des Falls von (Henry) Miller annehmen, beeinflusst hat. Sicher haben das Theater, Filme, andere Medien und Mr. Kinsey unsere Haltung zu diesen Dingen beeinflusst."[78] Obwohl der Beitrag von *31 Photographs* wichtig ist, mag mancher im Rückblick die Entscheidung als einen Rückschritt in einer Serie von Entscheidungen betrachten, die, zu einer Zeit, als die Gerichte die Obszönitätsgesetze allmählich abschaffen wollten, versuchten, diese wieder einzuführen. Einige mögen ihn auch als einen bedauerlichen Vorläufer des Miller Tests ansehen, der als Resultat des Falls *Miller v. California* die Definition von Obszönität aufgrund gesellschaftlicher Standards festlegte.[79] Allerdings ist es wichtig, daran zu erinnern, dass es im Jahre 1957, also vor dem Miller Fall, hauptsächlich das Publikum mit seinen Empfehlungen als Forscher war, das das Institut in die Lage versetzte, eine Sammlung zu dem kontroversen Thema Sexualität anzulegen und zu erhalten.

Die Sammlungen, die einst dazu dienten, Kinsey und seinen MitarbeiterInnen bei ihrem Versuch, menschliche Sexualität in all ihren Ausformungen zu verstehen, zu helfen, ist heute von Interesse für ein breites Spektrum von Wissenschaftlern verschiedener Disziplinen.[80] Forscher untersuchen die Herstellung, Darstellung und Verbreitung erotischer Bilder als Ergänzung zu traditionelleren Zugängen zu bildlichen Inhalten. Dies bedeutet, den komplizierten Kontext zu verstehen, in dem diese Bilder hergestellt und betrachtet wurden. Neue Forschungen haben die Bedeutung von visuellen Darstellung als Ware unterstrichen und untersucht. Natürlich hängt die Funktion eines Bildes im Wesentlichen von den Perspektiven des Betrachters ab, die je nach Geschlecht, Alter, Rasse und wirtschaftlichem Hintergrund variieren. Visuelle Bilder und Kommunikation haben zudem ein breiteres akademisches Publikum gefunden aufgrund eines verstärkten interdisziplinären Interesses an der Kraft des Bildes als Vermittler von Kultur, eine Theorie, die die Möglichkeit des Bildes erkennt, gesellschaftliche Praktiken und Überzeugungen sowohl zu formen als auch zu reflektieren. Essentiell sind dies die beiden Seiten derselben Münze: Kinsey und sein Team betrachteten Fotografien als eine Reflexion von und Interesse an tatsächlichen Praktiken, während die Regierung, die Möglichkeit von Bildern, Praktiken zu formen und zu verändern, fürchtete.

So kann man argumentieren, dass sowohl der Fall selbst als auch die Fotografien wertvolle Einsichten in die öffentliche Beschäftigung mit Sexualität, Geschlecht, Zensur, Obszönität und akzeptierbare Bereiche öffentlicher Regulierung geben. Die 31 Fotografien bieten eine seltene Gelegenheit, die Überschneidung von Phantasie und Realität zu überprüfen, die als Dokument oder Beweisstück jenseits der unglücklichen Verschmelzung dieser Elemente im Medium der Fotografie hervortritt. Im Fall *US v. 31 Photographs* wurden Phantasie und Realismus visueller Repräsentation zu einem rechtlichen Dokument. Heute werden Fotografien regelmäßig als Beweisstücke in Gerichtsverfahren zugelassen. Der Kunsthistoriker John Tagg benennt einige der vielfältigen Funktionen von fotografischen Beweisen im Gericht, von der Verfolgung von Verkehrsdelikten und Verbrechen bis zu forensischen Beweisen und „Beweise" für Ehebruch.[81] In Kürze, der rechtliche Wert von Fotografien ist normalerweise derjenige des physischen Beweises, häufig auch der Überwachung. Ganze Überwachungsnetze zur Bespitzelung des Privatlebens waren sicher Teil der Periode des Kalten Krieges. Im Fall *US v. 31 Photographs* allerdings hatten die Darstellungen nicht die Funktion von unterstützenden oder belastenden Beweisstücken. Vielmehr wurden sie zum direkten Ziel einer Untersuchung durch die rechtliche Analyse des Wesens der Obszönität. Und die Fotografien „dokumentierten" nicht nur sexuelle Aktivität, sonder auch sexuelle Phantasie.

Die meisten dieser erotischen Fotografien zeigen ein heterosexuelles Paar beim Genitalspiel, beim Oralverkehr oder beim Koitus. Manchmal ist eine Frau allein, mit einer anderen Frau oder mit einer Frau und einem Mann dargestellt. Unabhängig von der spezifischen Aktivität oder dem spezifischen Partner bzw. Partnern ist das Erstaunlichste an dieser

78 Zitiert nach dem Bericht des Repräsentantenhauses, vorgelegt von Mr. Gathings aus dem *Select Committee on Current Pornographic Materials*, 82nd Congress 2 session, Report No. 2510, Union Calendar No. 797, (1953), S. 101.
79 Heins, S. 20–23. Heins liefert eine ausgezeichnete Zusammenfassung und Analyse des Miller Testfalls. Sie stellt diesen Fall auch in den größeren Zusammenhang anderer Entscheidungen zur Obszönität. Nach Heins führte der Miller Fall dazu, dass die bisherige Tendenz kürzlicher Entscheidungen, die Obszönitätsgesetze abzuschaffen, in das Gegenteil verkehrt wurde, so dass „Miller v. California" Raum schaffte, um diese Gesetze zu erweitern.
80 Heute wird die Sammlung u.a. von praktizierenden Künstlern und Studierenden der Kunstgeschichte, der Jurisprudenz, der Literatur, der Volkskunde, der Philosophie, der Anthropologie, der Geschichte, der Psychologie, der Soziologie, des Journalismus, der Homosexuellen-Forschung, der Geschlechterforschung und der Filmkunde zur Forschungszwecken genutzt.
81 John Tagg, *The Burden of Representation: Essays on Photographies and Histories* (Minneapolis: University of Minnesota Press, 1993), S. 50

Gruppe von Bildern, dass die Frauen so dargestellt werden, als ob es Ihnen Spaß bringe. Spaß ist ein sorgloses Gegenstück zum „unfreiwilligen Bekenntnis zum körperlichen Vergnügen", das die Filmhistorikern Linda Williams als die Hauptrolle bei in Filmen auftretenden Frauen festgestellt hat.[82] Den Eindruck, den die Frauen auf diesen Fotografien hinterlassen, ist nicht derjenige von „unfreiwilligem" Vergnügen. Im Gegenteil, die Frauen auf den Fotos flirten mit Gesten und lächeln als Zeichen des eigenen Vergnügens. D'Emilio und Freedman berichten, dass bei Frauen sexuelle Erfahrung, sei sie vorehelich oder ehelich, häufig mit Schuldgefühlen gekoppelt ist.[83] Vergnügen oder Begierde zu erfahren gab dem Schuldgefühl eine andere Dimension. Für eine Frau, die aufgrund ihrer sexuellen Aktivitäten oder der Erfahrung ihrer Begierden Schuldgefühle hat oder für einen Mann in einer Beziehung zu einer Frau, deren Sexualität durch die aufgrund gesellschaftlicher Umstände von Schuld verdeckt war, zeigen diese Fotografien den Eindruck von viel Spaß. Und für einen Mann, der sich häufiger als sein Partner Sex wünschte, zeigen die Bilder enthusiastische, empfängliche und spaßorientierte Frauen.

Beide Parteien waren sich darüber im Klaren, dass die Fotografien fraglos sexuell explizit waren. Möglicherweise sahen beide die aktive Beteiligung der Frauen in verschiedenen sexuellen Situationen als kontrovers an. Dennoch zeigt die Sozialgeschichte und Kinseys eigene Forschungen, dass „die jüngere Generation von Ehemännern und Ehefrauen an einer größeren Vielfältigkeit von sexuellen Aktivitäten Vergnügen fand. Sehr viel mehr von ihnen hatten Oralverkehr, berührten gegenseitig ihre Genitalien und benutzten unterschiedliche Formen des Koitus.[84] Obwohl in vielen Staaten Gesetze gegen Sodomie die Praktiken von Cunnilingus, Fellatio und Analverkehr verboten, überschritten die auf den Fotografien dargestellten Aktivitäten nicht die Grenzen der für ein verheiratetes oder verlobtes Paar der Mittelklasse üblichen Praktiken. Dennoch durfte die visuelle Darstellung dieser Aktivitäten der Öffentlichkeit nicht zugänglich gemacht werden. Wie kann die Mehrzahl der auf den 31 Fotografien vollzogenen sexuellen Aktivitäten in der Praxis akzeptabel (wie es die Statistiken der Kinsey Reporte vorschlagen) sein, in der Darstellung aber abstoßend oder sogar rechtlich obszön sein? Allerdings sind das Akzeptieren einer Aktivität und die Tolerierung ihrer Darstellung nicht immer dasselbe. Schon Kinseys Studien zeigten, dass die Teilnahme an einer Aktivität und das Zugeständnis dieser Teilnahme zwei unterschiedliche Dinge sind.[85] Ähnliche wie eine im privaten Rahmen vorgenommene Handlung nicht dasselbe ist wie deren visuelle Darstellung. Die Einstellung des „wer nicht fragt, bekommt keine Antworten" der amerikanischen Streitkräfte zu homosexuellen Aktivitäten beim Militär ist ein zeitgenössisches Beispiel für die Toleranz einer Sache gegenüber, solange diese nicht sichtbar ist. Zu wissen, dass so etwas passiert, mag erlaub sein, so lange es nicht öffentlich gezeigt und diskutiert wird. Die Darstellung bringt ein Subjekt in den Bereich der Öffentlichkeit oder birgt zumindest die Möglichkeit in sich, den intimen Bereich zwischen zwei sich einigen Erwachsenen in den Bereich eines größeren Publikums zu erweitern. Des weiteren vergrößert der Realismus der Fotografie die Möglichkeiten der erotischen Phantasie in der Darstellung und der Perzeption und steht nicht nur als visuelles Dokument für sexuelles Verhalten da. Phantasien sind nicht mit Realität gleichzusetzen, aber man kann argumentieren, dass je „realistischer" eine Phantasie ist, desto aufregender. Offensichtlich wurden die 31 Fotografien bei oberflächlicher Betrachtung als verderbend angesehen durch die Anwesenheit von Genitalien und die Darstellung ungesetzlicher Handlungen, aber ebenfalls weil sie die Möglichkeit aufzeigten, dass beiläufiger oder illegaler Sex Spaß machen kann. Die unprofessionelle Qualität der Bilder trug wohl das ihrige zu ihrer Ablehnung durch konservative Kreise bei. Die Tatsache, dass die Bilder weder ästhetisch noch „nett" waren, unterstreicht die Tatsache, dass sie amateurhaft hergestellt wurden. Die Folgen dieser Art der Herstellung sind zweifach: so gut wie jeder konnte solche Bilder herstellen und so gut wie jeder konnte für Bilder dieser Art posieren. Deshalb boten die 31 Fotografien einen geheimen Blick in das Sexualleben des durchschnittlichen Bürgers. Kinsey, der die

82 Linda Williams, *Hard Core: Power, Pleasure and the „Frenzy of the Visible"* (Berkeley: University of California Press, 1989; expanded edition, 1999), S. 50.
83 D'Emilio und Freedmann, S. 265.
84 A.a.O., S.268.
85 David Halberstam, *The Fifties* (New York: Ballantine Books, 1993), S. 272.

Freiheit des Einzelnen verteidigte, jegliche Form von privater sexueller Intimität zu praktizieren, könnte auch das Betrachten sexuell expliziter Bilder als private Handlung angesehen haben. Diese Fotografien weisen darauf hin, dass sie zu produzieren und sich in ihnen darzustellen eine ziemlich private Angelegenheit war. Da Kinsey sich nicht mit dem öffentlichen Sexualverhalten beschäftigte, das etwa in Filmen gezeigt wurde,[86] zeugen die eindrucksvollen Amateurfotografien in der Sammlung des Instituts – wie etwa diese 31 Bilder – von Kinseys wissenschaftlichem Ziel: einen Blick auf die Sexualpraktiken der durchschnittlichen Person zu gewähren.

Die starke Präsenz von Sexualität und ihrer verschiedenen Formen während der 1950er ist heute von Nostalgie verdeckt. Dennoch, wie so viele Forscher gezeigt haben, betrat die Sexualität in der Mitte des Jahrhunderts die amerikanische Szene und verursachte Spannungen. Neben den Diskussionen, Darstellungen und Debatten dieses Themas entwickelten sich auch politische Verteidigungslinien und Widerstand. Die herrschende Reaktion war, sexuelle Manifestationen außerhalb des Instituts der Ehe nicht zuzulassen und damit Moral zu regulieren, die Ehe zu beschützen und die Nation zu stärken. Wenn die amerikanische Familie stabil war, würde es auch die amerikanische Gesellschaft sein. Homosexualität, Ehebruch und außerehelicher Geschlechtsverkehr wurden offensichtlich von den rechtlichen, kulturellen und politischen Autoritäten bekämpft. Diese herrschende Einstellung traf auf viele Formen des Widerstands, wodurch kreative Formen des sexuellen Ausdrucks und Experimentierens entstanden. Dieses wiederum trug zu den zahlreichen Fällen von und Diskussionen über Zensur in den 50er Jahren bei. Alfred Kinseys Kampf gegen die Bundesgesetze zur Obszönität ist heute in der Geschichte jener Zeit nicht mehr so prominent wie seine Forschungen und andere Gerichtsfälle zum Thema Obszönität. Im Licht der Tatsache, dass Obszönität auch heute noch nicht aus den Gesetzbüchern gestrichen ist, zeigt den wesentlichen Beitrag zur Forschung, den Kinsey, das Institut und die Indiana Universität durch diesen Gerichtsfall geleistet haben. Da heutzutage Forscher sich wieder vermehrt der Nutzung und vielleicht auch des Imports von sexuell explizitem Material bedienen, mag der Fall der 31 Fotografien wieder bekannter und geschätzter werden. Kinseys Hinterlassenschaft ist auf jeden Fall groß. Denn seine Forschungen beeinflussten nicht nur den wissenschaftlichen und den gesellschaftlichen Bereich, sondern sie versuchten auch, Kunst und Naturwissenschaft zu integrieren, in einem großangelegten Versuch, amerikanische Kultur und sexuelle Praxis zu verstehen und dadurch auch Einstellungen, Gesetze und sexuelle politische Haltungen aufzuzeigen.

Literaturangaben

Allyn, David, „Private Acts/Public Policy: Alfred Kinsey, the American Law Institute, and the Privatization of American Sexual Morality", *Journal of American Studies 30*, 1996, S. 405–428.

Carabillo, Judith Meuli et June Bundy Csida, „Feminist Chronicles 1953-1993", *Los Angeles Women's Graphics*, 1993.

Chauncey, George, *Gay New York: Gender, Urban Culture, and the Makings of the Gay Male World, 1890-1940*, Basic Books, New York, ca. 1994.

Christenson, Cornelia V., *Kinsey: A Biography*, Indiana University Press, Bloomington, 1971.

Coontz, Stephanie, *The Way We Never Were: American Families and the Nostalgia Trap*, Basic Books, New York, 1992.

D'Emilio, John, „The Homosexual Menace: The Politics of Sexuality in Cold War America", *Passion and Power*, dir. Kathy Peiss et Christina Simmons, Temple University Press, Philadelphia, 1989, S. 229–232.

D'Emilio, John und Estelle B. Freedman, *Intimate Matters: A History of Sexuality in America*, Harper & Row, New York, 1988.

Friedan, Betty, *The Feminine Mystique*, 3. Aufl., Bantam Doubleday Dell Publishing, New York, 1983, Dell, 1963.

Grant, Linda, *Sexing the Millennium: Women and the Sexual Revolution*, Grove Press, New York, 1994.

Halberstam, David, *The Fifties*, Ballantine Books, New York, 1993.

Heins, Marjorie, *Sex, Sin, and Blasphemy: A Guide to America's Censorship Wars*, The New Press, New York, 1993.

Hirsch, Robert, „The Tumultuous Fifties: An Interview with Douglas Dreishpoon", *Photovision*, 3.2, 2002, S. 17–21.

Jones, James H., *Alfred C. Kinsey: A Public/Private Life*, Norton, New York, 1997.

Kinsey, Alfred C., Wardell Pomeroy et Clyde Martin, *Sexual Behaviour in the Human Male*, Saunders, Philadelphia, 1948.

86 David Allyn, „Private Acts/Public Policy: Alfred Kinsey, the American Law Institute, and the Privatization of American Sexual Morality," *Journal of American Studies 30* (1996), S. 414-15.

Kinsey, Alfred C., Wardell Pomeroy, Clyde Martin und Paul Gebhard, *Sexual Behaviour in the Human Female*, Saunders, Philadelphia, 1953.

Kipnis, Laura, *Bound and Gagged: Pornography and the Politics of Fantasy in America*, Grove Press, New York, 1996.

Lindsey, Ben und Wainwright Evans, *Companionate Marriage*, Arno Press, New York, 1927.

Metalious, Grace, *Peyton Place*, Julian Messner Inc., 1956 ; Neuauflage, Northeastern University Press, Boston, 1999.

Meyerowitz, Joanne, *Not June Cleaver: Women and Gender in Postwar America*, Temple University Press, Philadelphia, 1994.

Miller, Arthur, *Death of a Salesman*, 1949.

Nead, Lynda, *The Female Nude: Art, Obscenity and Sexuality*, Routledge, New York, 1992.

Ploscowe, Morris, *Sex and the Law*, Prentice-Hall, New York, 1951.

Pomeroy, Wardell, *Dr. Kinsey and the Institute for Sex Research*, Yale University Press, New Haven, 1972.

Posner, Richard A. und Katharine B. Silbaugh, *A Guide to America's Sex Laws*, University of Chicago Press, Chicago & London, 1996.

Reiss, Ira L., *Premarital Sexual Standards in America*, The Free Press, New York, 1960.

Salamone, Frank A., *Popular Culture in the Fifties*, Lanham, University Press of America, MD, 2001.

Salinger, J.D., *Catcher in the Rye*, Little Brown, Boston, 1951.

Sekula, Allan, „The Body and the Archive", *The Contest of Meaning*, dir. Richard Bolton, Cambridge, Massachusetts Institute of Technology, MA, 1989, S. 343–388.

Select Committee on Current Pornographic Materials, 82. Kongress 2. Sitzung, Report Nr. 2510, Union Calendar Nr. 797.

Simon, Richard Keller, *Trash Culture: Popular Culture and the Great Tradition*, University of California Press, Berkeley, 1999.

Spock, Benjamin, *The Common Sense Book of Baby and Child Care*, Duell, Sloan & Pearce, New York, 1957.

Stevens, Kenneth R., „United States v. 31 Photographs: Dr. Alfred C. Kinsey and Obscenity Law", *Indiana Magazine of History*, 71.4, 1975, S. 229–318.

Strossen, Nadine, *Defending Pornography: Free Speech, Sex, and the Fight for Women's Rights*, Scribner, New York, 1995.

Tagg, John, *The Burden of Representation: Essays on Photographies and Histories*, University of Minnesota Press, Minneapolis, 1993.

Tindall, George Brown und David E. Shi, *America: A Narrative History*, 3. Aufl., W. W. Norton & Co., New York, 1992.

Vance, Carole S., „The Pleasure of Looking: The Attorney General's Commission on Pornography versus Visual Images" in *The Critical Image*, dir. Carol Squiers, Bay Press, Seattle, 1990.

Vance, Carole S., ed., *Pleasure and Danger: Exploring Female Sexuality*, Routledge & K. Paul, Boston, 1984.

Weiss, Jessica, *To Have and to Hold: Marriage, the Baby Boom, and Social Change*, The University of Chicago Press, Chicago, 2000.

Wilson, Sloan, *The Man in the Gray Flannel Suit*, Simon and Schuster, New York, 1955.

Williams, Linda, *Hard Core: Power, Pleasure, and the „Frenzy of the Visible"*, Berkeley, University of California Press, 1989; erweiterte Ausgabe, 1999.

Wortis, Joseph, „Sex Taboo, Sex Offenders and the Law," *The American Journal of Orthopsychiatry*, 9, 1939, S. 554–64.

Yalom, Marilyn, *A History of the Wife*, Harper & Collins, New York, 2001.

Yamashiro, Jennifer Pearson, *Peek: Photographs from the Kinsey Institute*, intro. par Carol Squiers, NM, Arena, Santa Fe, 2000.

Yamashiro, Jennifer Pearson, „History of the Kinsey Institute Collections", *The Art of Desire: Erotic Treasures from the Kinsey Institute*, The Kinsey Institute, Bloomington, 1997.

Yamashiro, Jennifer Pearson, „In the Realm of the Sciences: The Kinsey Institute's 31 Photographs", *Porn 101: Eroticism, Pornography, and the First Amendment*, dir. James Elias, Prometheus, New York, 1999.

Yamashiro, Jennifer Pearson, *Sex in the Field: Photography at the Kinsey Institute*, Ann Arbor, UMI Dissertation Services, MI, 2002.

UNVERÖFFENTLICHTE QUELLEN

ACK Korrespondenz, Korrespondenz von Alfred Charles Kinsey, The Kinsey Institute Archives (KIA), Bloomington, IN.

ACK europäische Notizen, datiert 17. Dezember 1955, The Kinsey Institute Library, Bloomington, IN.

Unterlagen über den Zollvorgang, einschließlich des Memorandums „Significance of Erotic Art and Literature in Scientific Studies", und des Urteilsspruchs im Fall *United States vs. 31 Photographs* des United States District Courts, Southern District of New York (1957) und aller anderen Dokumente, die in Zusammenhang mit dem Prozess standen, wie eidesstattliche Erklärungen, Schriftwechsel mit der Zollbehörde, Mitteilungen über Beschlagnahmungen durch die Zollbehörde oder Pressemitteilungen, die sich alle in den Kinsey Institute Archives, Bloomington, IN, befinden.

PIERRE BORHAN

DIE „SEX HISTORIES“

Um das sexuelle Verhalten des Menschen zu untersuchen, bediente sich Alfred Kinsey der Technik des individuellen persönlichen Gesprächs, das von Angesicht zu Angesicht mit einer Person geführt wird, die bereit ist Auskünfte über ihr Intimleben zu geben, die sie – in der Mehrzahl der Fälle – so noch nie ausgesprochen hat.[1] Dieses Interview sowie die gesamten Antworten heißen dann „Sex History".

Das Interview ist selbstverständlich anonym und wird von einem erfahrenen Interviewer durchgeführt, der alle vorformulierten Fragen, eingeteilt in 24 Unterkategorien (oder „Blocks"), und ihre Abfolge auswendig kennt. Wenn eine Antwort es erfordert, ist er fähig die Reihenfolge der Fragen zu ändern ohne eine einzige zu vergessen. Der Ablauf einer Sitzung ist nicht festgelegt. Die gute Kooperation zwischen Forscher und Subjekt, dem das Gefühl von Vertrauen und Sicherheit gegeben werden muss, die Ehrlichkeit des Subjektes und seine Loyalität gegenüber den Menschen, an die die Studie sich wendet, sind entscheidend für das Resultat und den Erfolg einer Sitzung.

Der Interviewer sitzt auf gleicher Höhe wie der Befragte und schaut ihm direkt in die Augen während er ohne Zögern oder Verlegenheit seine Fragen stellt, jegliche Beeinflussung bewusst vermeidend. Um die Antworten aufzuschreiben benutzt er ein einzelnes Blatt Papier, das in Kästchen eingeteilt ist (die wiederum den „Blocks" entsprechen) und einen Code, den Kinsey den Interviewern des Instituts selbst beigebracht hat und den nur sie kennen. Die Mitschrift ist folglich eine einfache, schnelle, sichere und vertrauliche Angelegenheit. Sie unterbricht den Kontakt zwischen den beiden Gesprächspartnern nicht. Niemand kann die Antworten dechiffrieren ohne nicht nur die verwendeten Symbole, sondern auch ihre Anordnung auf dem Blatt zu kennen, denn der Sinn eines Symbols ändert sich von Kästchen zu Kästchen. Aus diesem Grund heißt der Code, den Kinsey mit Hilfe eines Kryptografiespezialisten entwickelte, auch „Position Code". So kann ein M, je nach Kästchen, entweder Mutter, Masturbation, Masochismus oder Methodist heißen.

Ziel des ohne Zeugen geführten Interviews ist es, möglichst genaue und vollständige Informationen über die sexuelle Geschichte des Subjektes zu erhalten, über seine Vorlieben, sein Verhalten, seine Erfahrungen. So darf der Interviewer sich niemals auch nur den Anflug eines Urteils über die Sexualität oder die Verhaltensweisen seines Gesprächspartners erlauben. Er darf keine Vorurteile haben, niemals peinlich berührt sein, kein Missbilligen äußern. Er muss es absolut vermeiden, bestimmte Einstellungen als normal und andere als anomal zu betrachten, denn von einem wissenschaftlichen Standpunkt aus entbehrt das Konzept der Normalität jeglicher Grundlage. Der Interviewer muss, ganz im Gegenteil, Verständnis, sogar Komplizität, zeigen und das Aufschreiben der Antworten mit Interjektionen wie „gut", „ja", „einverstanden", „sicher", „ich verstehe", „natürlich" etc. begleiten. Er muss jegliche Diskussion, jeglichen Austausch von Meinungen vermeiden und sich streng an die Fakten, die Untersuchung, halten.

Der Interviewer muss ebenfalls in der Lage sein, seine Wortwahl an das Vokabular des Befragten anzupassen, das von dessen ethnischer und sozialer Herkunft bestimmt ist, seiner Zugehörigkeit zu dieser oder jener Gemeinschaft und von seinem Alter, seinem Bildungsstand etc. abhängt. Die Bezeichnungen von Organen und sexuellen Praktiken sind stark milieuabhängig, umgangssprachliche Wendungen werden häufig benutzt: sie nicht zu kennen wäre schädlich für den ungestörten Fortgang des Interviews, das kurz und bündig sein sollte, unabhängig von der Sprache des Interviewten. „Eine vage Terminologie lädt dazu ein, unehrlichen Antworten zu geben," bestätigte Kinsey. „Wir fragen nie ob ein Subjekt eine bestimmte Erfahrung gemacht hat, wir gehen davon aus, dass jeder alles gemacht hat und beginnen dann zu fragen wann er dies oder jenes zum ersten Mal gemacht hat."[2]

Der Interviewer darf schlussendlich niemals die Kontrolle über das Gespräch verlieren, er muss eine Übertreibung, eine Verschleierung oder einen Gedächtnisfehler erkennen können und in diesem Fall in der Lage sein, bestimmte Fragen gekonnt wieder aufzunehmen. Er muss Beziehungen zwischen einzelnen Antworten herstellen können, ein etwaiges Zögern, die Gesichtsausdrücke und die Gestik des Befragten registrieren und ihm vermitteln, dass er ihn so

1 Im Besonderen:
Alfred C. Kinsey, Wardell B. Pomeroy, Clyde E. Martin, *Das Sexuelle Verhalten des Mannes* (deutsche Ausgabe von *Sexual Behavior in the Human Male*), G.B Fischer, Berlin, 1955. Siehe Kapitel 2: Das Interview.
Wardell B. Pomeroy, Carol C. Flax, Connie Christine Wheeler, *Taking a Sex History, Interviewing and Recording*, The Free Press, A Division of Macmillan Publishing Co.,Inc., New York, 1982.
Wardell B. Pomeroy, Dr. Kinsey and the Institute for Sex Research, Yale University Press, New Haven and London, 1982.

2 Wardell B. Pomeroy, Dr. Kinsey and the Institute for Sex Research, Yale University Press, New Haven and London, 1982, S. 112.

akzeptiert wie er ist. Die Kommentare der Befragten sprechen für sich: „Das war eine der therapeutischsten Erfahrungen, die ich je gemacht habe." Oder: „Wir sollten Sie bezahlen." Oder auch: „Ich habe Ihnen Dinge erzählt, von denen ich nicht geglaubt hätte, sie jemals irgendwem zu erzählen." Ein Psychiater gab zu: „Ich war drei Jahre lang in Therapie und dies ist das erste Mal, dass ich das alles zusammenfasse."[3]

Es wurden Fragen zu folgenden „Blocks" gestellt:

1. Herkunft, Vorgeschichte, allgemeine Informationen
2. Gesundheit
3. Interessen, unterschiedliche Beschäftigungen
4. Familiäre Informationen
5. Ehe
6. Sexuelle Erziehung
7. Pubertät
8. Sexuelle Erfahrungen vor der Adoleszenz
9. Masturbation
10. Erotische Träume
11. Voreheliche Zärtlichkeiten (heterosexuell)
12. Erster Koitus
13. Voreheliche sexuelle Kontakte
14. Prostitution (gelegentliche)
15. Vorehelicher Koitus
16. Ehelicher Koitus
17. Außerehelicher Koitus
18. Verhütung
19. Erotische Hilfsmittel
20. Anatomie
21. Gruppensex
22. Gelegentliche Homosexualität
23. Handlungen mit Tieren
24. Weitere sexuelle Verhaltensweisen

Für Personen, die häufig homosexuelle Beziehungen und/oder eine längere homosexuelle Beziehung unterhielten sowie für Prostituierte, unabhängig von ihrem Geschlecht, gab es zwei zusätzliche Fragenblocks. Ihre Antworten wurden auf Extrablättern notiert. Die Anzahl der ihnen gestellten Fragen überschreitet die 500 während der Ausgangsfragebogen etwa 350 Fragen beinhaltet.

Die durchschnittliche Dauer eines Interviews beträgt anderthalb Stunden. Das Gespräch kann also eine Stunde dauern oder aber zwei oder drei Stunden, unter Umständen auch länger. Jede „Sex History" wird absolut vertraulich behandelt. Es werden keine Familiennamen genannt und Kinsey hat sein Codierungssystem niemals schriftlich niedergelegt. Nur neun Personen (seine engsten Mitarbeiter und er selbst) kannten das System ganz oder teilweise. Sie haben das Berufsgeheimnis immer respektiert.

Es hat sich herausgestellt, dass der Fragebogen und die Methode der Datenerfassung sehr gut für die von ihm durchgeführten Recherchen geeignet waren, aber Kinsey verdankte seinen Erfolg auch seinem Talent als Interviewer. Laut Robert M. Yerkes, Direktor des Research Information Service des National Research Councils, war Kinsey „ein Genie auf diesem extrem schwierigen Feld der Recherche."[4] Yerkes war ebenfalls der Meinung, dass Kinseys Studie, dank der bereitgestellten Möglichkeiten, „die wichtigste Untersuchung ist, die jemals irgendwann und irgendwo über das sexuelle Verhalten des Menschen angestellt wurde."[5]

Wardell Pomeroy, der zweite große Interviewer der Mannschaft war ebenfalls sehr talentiert für das Entlocken von Vertraulichkeiten, Geständnissen und Tausenden von Geheimnissen, die, wenn man die Wissenschaft nicht als Notwendigkeit oder Entschuldigung hätte anführen können, für immer geheim geblieben wären. Wie Kinsey konnte auch er feststellen, wie zahlreich die Befragten waren, die das Bedürfnis hatten gehört, verstanden und, auf eine bestimmte Art und Weise, geliebt zu werden.

1

3 Idem, S. 109.
4 „...a genius in this extremely difficult field of inquiry." Aus einem Brief von Robert M. Yerkes an Lewis H. Weed, 26. Januar 1946, Committee for Research in Problems in Sex Files, National Research Council Archives, Washington, D.C.
5 „...the most important investigation of human sexual behavior yet undertaken anywhere at any time." Tagebuch von Robert M. Yerkes, 8. Dezember 1942, Robert M. Yerkes Papers, Yale University Archive, New Haven.

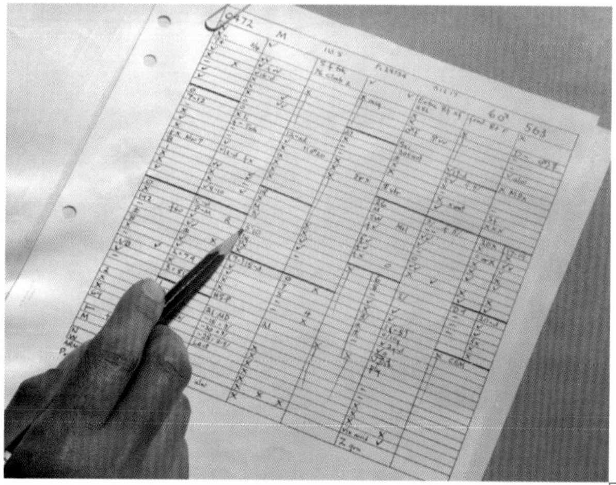

II

III

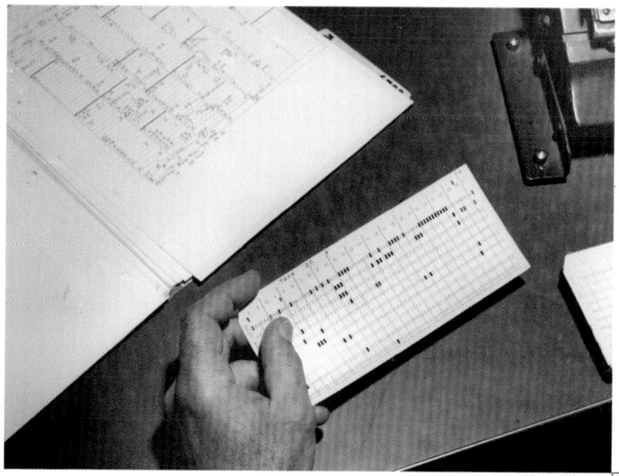

IV

I William Dellenback (1917–2000), USA
Wardell Pomeroy bei einem Interview, Bloomington, 1953
Gelatinesilber
18,6 × 23,6 cm
[Kinsey Institute collection]

II Griff Davis, USA
Lochkarte einer Sexual History, Datierung unbekannt
Gelatinesilber
20 × 25 cm
[Kinsey Institute collection]

III William Dellenback (1917–2000), USA
Clyde Martin, Lochkarten in die IBM-Maschine einlegend, ca. 1953
Gelatinesilber
18,7 × 23,7 cm
[Kinsey Institute collection]

IV William Dellenback (1917–2000), USA
Bei Sex History Interviews benutzter Fragebogen und IBM Karte zur Speicherung der Daten, Bloomington, 1950
Gelatinesilber
18 × 23,9 cm
[Kinsey Institute collection]

PIERRE BORHAN

DIE ZWEI LEBEN DES ALFRED CHARLES KINSEY

23. Juni 1894
Geburt von Alfred Charles Kinsey in Hoboken (New Jersey). Den aus bescheidenen Verhältnissen stammenden Kinseys werden zwei weitere Kinder geboren, ein Mädchen, Mildred, im Jahr 1896 und ein weiterer Sohn, Robert, im Jahr 1907.

1894–1903
Kinsey, der an Rachitis, Gelenkrheumatismus und später an Typhus leidet, verpasst häufig den Schulunterricht. Diese Jahre der Armut machen aus dem Jungen, der durch seine Krankheiten ein Außenseiter ist, einen sehr sparsamen Mann. Seine protestantischen Eltern sind pflichtbewusste Mitglieder der methodistischen Kirche und führen ein karges, streng diszipliniertes Leben. Der traditionsbewusste und dominante Vater zwingt der ganzen Familie seine Strenge auf. Durch stetige Arbeit gelingt es ihm, seine berufliche Stellung allmählich zu verbessern.

1903–1914
Die Kinseys ziehen nach South Orange, wo Rasen und Blumenrabatte die Einfamilienhäuser umgeben. In seiner Schule, der Columbia High School, begeistert ihn der Biologieunterricht von Natalie Roeth, die in ihm das Interesse an der Natur weckt. Von seinen Kameraden wird Kinsey „the great scientist" genannt, er gewinnt Selbstvertrauen und sammelt Blumen, Farne, getrocknete Blätter. Er lernt Klavierspielen und entwickelt sich zu einem guten Interpreten. Er beginnt Schallplatten zu sammeln, deren Kauf er finanziert, indem er selbst unterrichtet. Schon jetzt will er mehr wissen als andere, will sich auszeichnen, und er unterrichtet gerne. Der Wettbewerbssinn des unsportlichen, eigenbrötlerischen Kinsey zeigt sich, wenn es um Wissen – so enzyklopädisch wie möglich – und um seine Sammlungen – so vollständig wie möglich – geht. Weder seine puritanische Familie noch ein Amerika, in dem die christliche Religion den Sexualkundeunterricht verbietet, können verhindern, dass er mit elf oder zwölf Jahren beginnt zu pubertieren, aber sein Vater verbietet ihm lange Zeit Mädchen zu treffen, zu trinken, zu rauchen, zu tanzen oder Karten zu spielen, und der Jugendliche hält seine Wünsche und Gefühle geheim.
1908 tritt er den Pfadfindern bei und auch wenn sein Aufstieg beim YMCA (Young Men's Christian Association) und später bei den Boy Scouts of America ihm nicht die sexuelle Entfaltung ermöglichen – Religion und Frustration kennzeichnen seine ganze Jugend –, so kann er immerhin seine Ferien in der freien Natur verbringen, weit weg von seinem Vater. Bei den Pfadfindern kann Kinsey, der gerne jüngere Menschen leitet, auch seine diesbezügliche Begabung weiterentwickeln.
Im Jahr 1912 schickt ihn Kinsey senior, der wünscht, dass sein Sohn Ingenieur wird und an der viel versprechenden Industriellen Revolution teilnimmt, ans Stevens Institute, an dem er selbst arbeitet. Widerwillig verbringt Alfred hier zwei Jahre, bevor er rebelliert und die nötigen Schritte unternimmt um am Bowdoin College (Brunswick, Maine) zu studieren. Durch die Zulassung im Jahr 1914 entflieht er endlich der drakonischen väterlichen Autorität und verlässt definitiv seine Familie, die nicht mehr für seinen Unterhalt aufkommt.

1914–1920
Zwei Jahre lang studiert er – mit Begeisterung und Brillanz – Biologie an Bowdoin College. Statt an Tanzveranstaltungen und anderen mondänen Vergnügungen teilzunehmen, gibt er neben dem Studium Einzelunterricht und leitet Pfadfinderlager. Er schließt magna cum laude ab. Dank eines Stipendiums kann er am Bussey Institute in Harvard weiterstudieren, unter der Aufsicht von William Morton Wheeler, einem Ameisenspezialisten, Naturforscher und Verfechter der direkten Beobachtung. Hier beginnt er auch sich im Jahr 1917 für ein kleines Insekt aus der Familie der Cynipidae zu interessieren, für die Gallwespe, und wird ein Anhänger der Taxonomie, die es ermöglicht alle Variationen der Spezies zu unterscheiden, zu analysieren und zu klassifizieren. Seine Sammlung von Gallwespen kennt keine Grenzen; er sammelt über eine Million Exemplare. 1919 erlang er die Doktorwürde und unternimmt kurz darauf eine lange Studienreise, die mit 1500 Dollar vom Sheldon Traveling Fellowship unterstützt wird, als

1

1 Unbekannter Fotograf
Alfred Kinsey inmitten seiner High School Klasse, aufgenommen im zweiten Schuljahr. Kinsey stehend, zweiter von rechts. South Orange, New Jersey, um 1910
Gelatinesilber
12,7 x 20,7 cm
[Kinsey Institute collection]

Auszeichnung für seine sehr guten Ergebnisse. Durch Wheeler wird ihm eine Stelle als Assistenzprofessor für Zoologie an der Indiana University in Bloomington angeboten, die er annimmt. Er ist von nun an ein vollwertiges Mitglied der elitären Welt der Wissenschaftler und tritt seine Stelle am 1. August 1920 an. Indiana ist ein Staat des Mittleren Westens, mehrheitlich konservativ, gläubig und rassistisch.

1920–1938

Kurz nachdem er sich in der Biology Hall eingerichtet hat, macht er die Bekanntschaft von Clara Bracken McMillen, einer Chemiestudentin, direkt, ausgeglichen, sportlich, eine ausgezeichnete Schwimmerin und Botanikerin. Sie heiraten im Juni 1921. Er nennt sie „Mac". Sie nennt ihn „Prok". Sie bekommen vier Kinder: Donald (1922), der 1926 stirbt, Anne (1924), Joan (1925), Bruce (1928). Clara ist eine Frau von Charakter, selbständig und tolerant, die ihren Mann immer und in allen Bereichen unterstützt. Wie Alfred selbst bekennt, ist sie eine der drei Lieben seines Lebens. Ihre Ehe wird vor allem eine beständige Verbindung von Gefährten sein. Für ihn stehen die Recherche, die Lehre und die Veröffentlichungen an erster Stelle, für sie das Haus und die Kinder.

Kinsey, der unermüdliche Arbeiter, eloquent, charismatisch und zielstrebig, wird 1923 zum assoziierten, dann, 1929, zum ordentlichen Professor ernannt. Er beeindruckt die Studenten, ist streng, ja hart mit ihnen. Statt an Gott glaubt dieser Bewunderer des französischen Naturforschers Jean Fabre jetzt an die Wissenschaft.

Nachdem er mehrere Aufsätze in wissenschaftlichen Zeitschriften veröffentlicht hat, erscheint im Oktober 1926 Kinseys erstes Buch, *An Introduction to Biology* (Lippincott, Philadelphia), und im darauf folgenden Jahr, beim gleichen Verlag, *Field and Laboratory Manual in Biology*. Beide Titel sind sehr erfolgreich (von den verschiedenen Ausgaben der Introduction wurden etwa 500 000 Exemplare verkauft). Bis 1939 ermöglichen seine Bücher Kinsey einen unter Professoren nicht unbedingt üblichen finanziellen Wohlstand.

1926 kaufen die Kinseys ein Stück Land, 1320 East First Street, auf dem sie ein komfortables Haus errichten lassen, das sie selbst entworfen haben (Pläne, Materialien, Dekoration). Alfred wird der Herr des Gartens, in dem er einen Großteil seiner Sonntage verbringt. Er wird Spezialist der von ihm geliebten Schwertlilie und schafft es, sich über 250 Arten zu besorgen. Seine übrige knapp bemessene Freizeit widmet er dem Klavierspielen und dem Hören von klassischen Musikaufnahmen (Sibelius, Beethoven, Bartók). Sonntagabends organisiert er Konzerte für Freunde, bei denen absolute Stille gewahrt werden muss. Er verbringt seine Sommer mit der Jagd nach Gallwespen - von Arkansas bis Oklahoma, von Colorado bis Arizona -, die er dann akribisch beobachtet, misst und vergleicht. Tausende von Kilometern, Tausende von Stunden vor dem Mikroskop.

Seine langen Arbeitstage, seine Familie, sein Garten und seine Musik hindern ihn nicht daran einem seiner Studenten näher zu kommen. Der seit kurzem verheiratete Ralph Voris ist acht Jahre jünger als Kinsey, ein großer schöner Mann, liebenswürdig, charmant und wie Kinsey ein Liebhaber der Studien in freier Natur. Während des Studiums an der Indiana University (1923–1928) wird aus dem Schüler ein Freund, der dies auch nach der Erlangung seines Abschlusses bleibt. Er fördert sicherlich – vielleicht unbeabsichtigt – Kinseys bisexuelle Neigungen, die von nun an verstärkt hervortreten. Er ist die zweite Liebe des Meisters, der sich immer mehr von moralischen Verboten befreit.

Februar 1930: Veröffentlichung von *The Gall Wasp Genus Cynips – A Study in the Origin of Species* (Indiana University Studies, 16), einer breitangelegten taxonomischen Studie, die auf den geografischen Verschiedenartigkeiten der untersuchten Wespen und der Vielzahl der vorgenommenen Messungen basiert und deren wichtigste Schlussfolgerungen die Evolution der Gattung betreffen.

1933: *New Introduction to Biology* (Lippincott, Chicago).

1934: *Workbook in Biology* (Lippincott, Chicago).

1936: *The Origin of Higher Categories in Cynips* (Indiana University Publications, Science Series 4).

1937: *Methods in Biology* (Lippincott, Chicago).

1938: *New Introduction to Biology* (überarbeitete Version) (Lippincott, Chicago).

1

1938, das Jahr in dem Alfreds Mutter stirbt, wird ein neuer Präsident an die Spitze der Indiana University berufen. Herman B Wells ist ein Anhänger der Forschung und der Lehre; seine Unterstützung wird für Kinsey entscheidend sein. 1938 findet ebenfalls der erste von den Studenten verlangte Eheberatungskurs statt. Kinsey, für den das Wissen das beste Mittel ist um den Sex zu entmystifizieren, ist einer der Protagonisten.

1938–1940

Mit 44 Jahren beginnt der distinguierte und respektierte Insektenforscher, seine Karriere umzuorientieren. Der von ihm ins Leben gerufene „Marriage Course" ist das Ergebnis einer sozialen Notwendigkeit und eines persönlichen Interesses. Einerseits ruft die stark zunehmende Verbreitung von Geschlechtskrankheiten (Syphilis, Tripper) eine wahre Panik hervor und bringt die jungen Menschen – vor allem in der Zeitschrift *The Indiana Daily Student* – dazu, sowohl nach dem Wassermann-Test als auch nach einem Sexualkundekurs, dem „Marriage Course", zu verlangen, den es schon an vielen Universitäten gibt. Andererseits kann Kinsey – der seit seiner Abkehr von der Religion in den 20er Jahren den religiösen Verboten, die die Sexualität betreffen, feindlich gegenübersteht, der *A Research in Marriage* (1929) von G. V. Hamilton und *A Thousand Marriages* (1931) von Robert Latou Dickinson gelesen hat und von ihrer Nützlichkeit überzeugt ist und der sich verstärkt für das Sexualverhalten seiner Studenten interessiert und nicht zögert Fragen über ihr Intimleben zu stellen und ihnen fehlende Informationen zu geben – sich so in einem Bereich engagieren, der für ihn grundlegende Bedeutung hat und muss trotzdem nicht aufhören der Professor zu sein, der er mit Leib und Seele ist. Mit Beginn des „Marriage Courses" fängt Kinsey an Risiken einzugehen und den moralischen Ordnungsinstanzen seine persönlichsten Überzeugungen zu offenbaren.

Der „Marriage Course" wendet sich an fortgeschrittene, verlobte oder verheiratete Studenten: Die sechs Biologiestunden, die Kinsey gibt, werden durch Lektionen in Ökonomie, Soziologie, Psychologie, Recht und Ethik abgerundet. Der erste Kurs, an dem etwa 100 sexuell schlecht informierte, schlecht beratene oder frustrierte Studenten teilnehmen, findet im Juni 1938 statt. Kinsey ist ihnen gegenüber offen und herzlich; es gelingt ihm nicht nur, ihre Aufmerksamkeit zu fesseln indem er ganz selbstverständlich über Anatomie, Masturbation, Koitus etc. spricht, sondern auch ihre Unterstützung zu erhalten. Um seine Kenntnisse des menschlichen Verhaltens zu vervollkommnen, bereitet er einen Fragebogen vor und bittet darum, dass – fast – alle Teilnehmer ihm in einem persönlichen Gespräch ihre „Sex History" anvertrauen, die, wie er versichert, streng vertraulich behandelt wird. Der Kurs ist so erfolgreich, dass sich die Anzahl der Teilnehmer im Herbst verdoppelt hat, als er zum zweiten Mal beginnt. Die ersten Interviews (zweiundsechzig im Jahr 1938) ermöglichen es Kinsey, seinen Fragebogen, der zu einem wahren Arbeitswerkzeug wird, zu vervollständigen und zu verbessern. Er verlässt die universitäre Welt und fährt öfters nach Chicago um seine Vorgehensweise zu untermauern und seine Überzeugungskraft bei anderen Bevölkerungsgruppen zu überprüfen. Hier, in der Anonymität der Stadt, befragt er Menschen, deren sexuelle Erfahrungen abwechslungsreicher und weniger gängig sind, die hauptsächlich dem homosexuellen Milieu angehören und deren Treffpunkte, Verhaltensweisen, Bezugspunkte und Codes er kennen lernt. Als Beobachter ist Kinsey überrascht, fasziniert und persönlich betroffen von dieser marginalen Welt der Geächteten – die Homosexualität wurde zu dieser Zeit als Krankheit oder gar Verbrechen betrachtet –, als Forscher erkennt er schnell, dass diese Gruppe – wie nur wenige andere – eine wahre „wissenschaftliche Goldgrube" ist, ein fesselndes Versuchsgebiet, in dem der unermüdliche Forscher dank der Unendlichkeit der individuellen Fälle auf seine Kosten kommen kann. Professioneller Ansporn und persönliche Erregung – zusammen bringen sie Kinsey dazu, seine Hemmungen zu überwinden, das Konzept der Abnormalität (das kein wissenschaftliches Konzept ist) zu verwerfen und sich dem Kreuzzug anzuschließen, der von nun an sein wichtigster Daseinsgrund sein wird. Er entwickelt eine Skala zur Einstufung der sexuellen Identität, die von 0 (rein heterosexuell) bis 6 (rein homo-

II

Unbekannter Fotograf I
Alfred und Clara Kinsey an ihrem Hochzeitstag, 1921
Gelatinesilber
22,7 x 17,6 cm
[Kinsey Institute collection]

Unbekannter Fotograf II
Alfred und Clara Kinsey beim Wandern im Wald mit einem unbekannten jungen Mann und Clyde Martin, Datierung unbekannt
Gelatinesilber
17,5 x 22,5 cm
[Kinsey Institute collection]

sexuell) reicht, wobei der vollkommene Bisexuelle eine 3 erhält. Er ist von der Wichtigkeit der Statistik für den Fortgang seiner Forschungen überzeugt und erhält Ende 1939 zur Auswertung der erfassten Daten die Hilfe eines liebenswürdigen, ruhigen und verführerischen Studenten, Clyde Martin. Allerdings beginnt die Opposition sich zu regen, Stimmen gegen den „Marriage Course" im Allgemeinen und den Fragebogen im Besonderen werden laut; sie gehören puritanischen Konservativen, die in der Toleranz, den unkonventionellen Lehren und Ermutigungen Kinseys eine moralische Gefährdung der Studenten sehen. Eifersüchtige Professoren, verängstigte Familien und Mitglieder des Klerus empören sich und üben vehement Druck aus. Der Präsident der Universität, Wells, sieht sich gezwungen Kinsey zu bitten zu wählen: entweder der „Marriage Course" (1432 Studenten in zwei Jahren) oder die auf die Gesamtbevölkerung ausgedehnte Forschung, die Kinsey mit den „Sex Histories" betreibt. Im September 1940 wählt Kinsey die Forschung und damit, auf eine gewisse Art und Weise, die Freiheit. Der Mann und der Wissenschaftler werden nie wieder getrennt sein. Der Kampf, den Kinsey führt ist sicherlich politisch, sozial und religiös, aber auch persönlich: Indem er sich der allgemeinen Heuchelei entgegenstellt, findet er zu sich selbst. Im Mai traf ihn der Tod seines geschätzten Freundes Ralph Voris hart, der plötzlich an einer Lungenentzündung starb. Der diskrete Clyde Martin, ein enger Freund der ganzen Familie, wird Kinseys dritte Liebe.

1940–1948

Kinsey befragt immer mehr Menschen über ihre Sexualität – Homosexuelle, Schwarze, Gefängnisinsassen, Prostituierte, Manager, Arbeiter, Menschen aller Rassen, aller Altersgruppen, aller Klassen, aller Religionen, aus allen amerikanischen Staaten. Sein Ausgangsfragebogen enthält etwa dreihundertfünfzig Fragen. Die codierten Antworten werden auf einem einzelnen Blatt notiert und sind unverständlich, wenn man den Code nicht kennt. Der Interviewer ist erfahren und selbstsicher. Die Antworten dürfen bei ihm keine sichtbare Überraschung hervorrufen, egal wie sie ausfallen, und er muss die Abfolge der Fragen dem Profil des Interviewten anpassen können.

Zum Korrelieren und Quantifizieren der Antworten wird eine IBM Hollerith-Maschine angeschafft. Auch wenn er selbst von der Universität bezahlt wird, sucht und findet Kinsey zusätzliche Gelder um weitere Mitarbeiter einzustellen. 1941 gewährt der National Research Council dank der Hilfe von Robert Mearns Yerkes, einem überzeugten Anhänger der gewählten Ziele und Methoden, einen Zuschuss von 1600 $, der von Jahr zu Jahr erhöht wird: 1942 sind es 7500 $, 1943 23000 $ und 1944 25000 $. 1946 stiftet die Rockefeller Foundation 40000 $, woraufhin Clyde Martin als Vollzeitinterviewer und Statistiker angestellt wird. 1942 stößt Glenn V. Ramsey für einige Monate zur Mannschaft; 1943, dem Todesjahr von Kinseys Vater, folgt ihm Wardell B. Pomeroy, ein verführerischer, sexuell sehr offener und genussorientierter Psychologe, der ein hervorragender Interviewer ist und bis 1963 am Institut bleibt. Robert E. Bugbee wird ebenfalls 1943 rekrutiert, bleibt aber nur zwei Jahre. 1944 stößt der strenge Katholik Vincent Nowlis zur Gruppe, verlässt das Institut jedoch sehr schnell wieder. 1946 vervollständigt der junge Anthropologe Paul H. Gebhard das Team und verlässt das Institut erst als er in Rente geht.

1947 wird das Institute for Sex Research gegründet um Kinseys Forschungseinheit klar zu definieren, seine Autonomie zu sichern und um die Universität vor den Angriffen der Reaktionäre zu schützen. Das Institut wird der Eigentümer aller Archive und Sammlungen. Die Unterstützung der Rockefeller Foundation – die auch 10000 $ bereitgestellt hat, damit die private Bibliothek Kinseys an das Institut übergeht – erreicht das Institut nun auf direktem Wege. Diese wichtige Unterstützung, die Allen Gregg, der Direktor der Division of Medical Science der Stiftung, gewährt, kommt einem Imprimatur erster Klasse gleich. Vielleicht ist ihm nicht bewusst, dass Kinsey die Wissenschaft mit der damals immer noch dominanten viktorianischen Moral konfrontieren wird. Die Angestellten des Instituts – Martin, Pomeroy und Gebhard - wissen dies, lassen aber nichts verlauten. Gregg bleibt loyal und solidarisch mit Kinsey, unabhängig von den Einwänden,

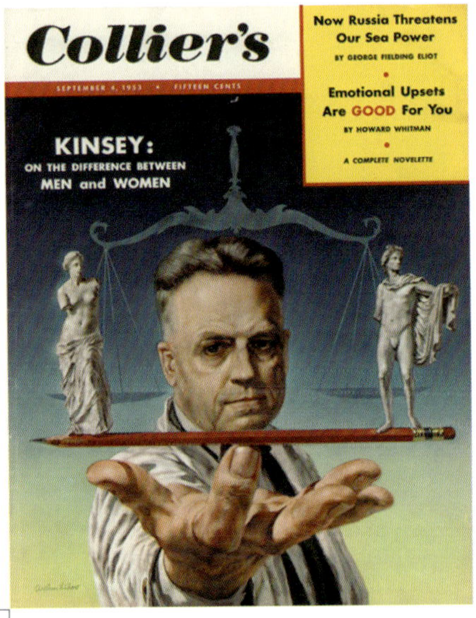

I

II

Reibereien und Konflikten mit denen dieser fertig werden muss.

Die erste Synthese der mit Disziplin, Hartnäckigkeit und Leidenschaft durchgeführten Studien wird 1948 unter dem Titel *Sexual Behavior in the Human Male* (Saunders, Philadelphia) veröffentlicht. Die 22 von Kinsey selbst verfassten Kapitel werden von 173 Grafiken und 162 Statistiktabellen illustriert. Im Besonderen wird dargelegt dass

– 37 % der 5300 befragten Männer zumindest eine homosexuelle Erfahrung (bis zum Orgasmus) im Laufe ihres Lebens gemacht hatten;

– 4 % der befragten Männer immer reine Homosexuelle waren;

– mehr als 90 % der befragten Männer masturbierten;

– 85 % sexuelle Beziehungen vor der Ehe unterhalten hatten;

– 17 % der ländlichen Bevölkerung sexuelle Kontakte mit Tieren gehabt hatten;

– etc.

Auch wenn Kinsey sich in erster Linie und vor allem an die Fakten hält, legt er sie nicht auf neutrale Art und Weise dar. Vielmehr ist er ein Reformer, der von der Notwendigkeit moralischer, gesetzlicher und sozialer Veränderungen überzeugt ist. Er bedauert, dass die das Sexualverhalten betreffenden Gesetze die Sitten und Gebräuche mehr schützen als den Menschen. Ohne es zuzugeben, ist dieses Buch von über 800 Seiten eine Lektion in Sachen Toleranz und eine Feier des Eros.

Kinsey misstraut der Presse, denn er kennt ihre Vorliebe für Vereinfachungen, Verzerrungen und Sensationshascherei und bemüht sich, sie bei der Vorstellung des Buches, die der Anlass zu einer beispielhaften Promotionkampagne ist, zu kontrollieren. *Look* spricht von einer „gesellschaftlichen Atombombe". *Time* nennt den Titel „the season's most sensational bestseller" und sieht in Kinsey „one of the greatest scientists since Darwin." Die *New York Times* kündigt „the most comprehensive study yet made of sex behavior" an. Die einen sehen in diesem „Dr. Sex" einen Wahrheitsapostel, die anderen – die in der Minderheit sind – einen armseliger Statistiker, für den der Mensch ein Tier ist und der weder sein soziales und kulturelles Umfeld noch die affektiven Komponenten, die bei sexuellen Beziehungen eine Rolle spielen, beachtet.

Das exzellent vorbereitete Erscheinen des Buches – Hunderte von Artikeln sowohl in der wissenschaftlichen als auch in der Tagespresse – ruft eine „universelle Aufruhr" hervor. Neue Auflagen erscheinen wöchentlich, sodass in den Vereinigten Staaten 270 000 verkaufte Exemplare erreicht werden. Die englische Version wird in achtzig Ländern vertrieben und es folgt die schnelle Veröffentlichung von elf fremdsprachigen Ausgaben (französisch, italienisch, deutsch, japanisch). Zusammenfassende und vereinfachende Bücher lassen nicht auf sich warten, wie etwa *Sex Habits of American Men* von Albert Deutsch, *American Sexual Behavior and the Kinsey Report* von David Loth und Morris Ernst, *About the Kinsey Report* von Donald P. Geddes und Enid Curie.

Kinseys „Enthüllungen" erschüttern eine Gesellschaft, die – sexuell gesagt und gedacht – nie wieder so sein wird wie davor. Sie werden zwar von einigen Gegnern angefochten, sind aber in Wahrheit wenig angreifbar und wenn, dann nur im Detail oder hinsichtlich ihrer Interpretation. Das gleiche gilt für Kinsey: Er wird eine Berühmtheit, ein gefeierter oder verfemter Held. Paradoxerweise ist er – in Übereinstimmung mit seinem traditionellen Kunstgeschmack – politisch ein Konservativer.

1948–1953

Die hohen Tantiemen, die dem Institut aus den Verkäufen von *Sexual Behavior in the Human Male* zufließen (allein im Jahr 1948 fast 100 000 Dollar), ermöglichen es, die Bibliothek zu vervollständigen (Ende 1952 umfasst sie fast 14 000 Bände), die von Clarence A. Tripp und William Dellenback gedrehten Filme über die Masturbation und die Ejakulation zu finanzieren und eine Sammlung von – wertvollen oder alltäglichen – erotischen Gegenständen und Kunstwerken anzulegen, vor allem Filme und Fotografien. Kinsey, der weiterhin Vorträge (darunter so denkwürdige Reden wie die in Berkeley an der University of California vor 9000 Zuhörern) hält, „Sex Histories" aufnimmt und Besucher am Institut in Bloomington empfängt, begeistert sich auch für die Sammlung und wird in

III

Titelblatt der Zeitschrift Collier's, *4. September 1953* I

Titelblatt des Time Magazine, *24. August 1953* II

William Dellenback (1917–2000), USA III
Journalisten beim Mittagessen mit den Institutsmitarbeitern. Die Journalisten waren nach Bloomington gekommen, um für ihre Artikel zur bevorstehenden Publikation von Sexual Behavior in the Human Female *zu recherchieren; Bloomington, 1953*
Gelatinesilber
17,3 x 15,6 cm
[Kinsey Institute collection]

erster Linie von Andrey Avinoff, dem Direktor des Pittsburgher Carnegie Museums beraten, der selbst ein Sammler erotischer Kunst ist.
Während der MacCarthyismus wütet, werden innerhalb von vier Jahren heimlich etwa einige hundert Masturbationsfilme gedreht, einige in der New Yorker Wohnung von Tripp, andere in einer Mansarde von Kinseys Haus. Zwischenzeitlich ist Bill Dellenback 1950 nach Bloomington gezogen und wird ein fest angestellter Mitarbeiter des Instituts, für das er Fotografien von Geschlechtsteilen und Porträts von Besuchern anfertigt. Im selben Jahr zieht das Institut in großzügigere Räumlichkeiten in Wylie Hall und der Chef stockt seine Mannschaft auf: von 7 Mitarbeitern 1949 wächst sie auf 15 Teilzeit- oder Vollzeitmitarbeiter im Jahr 1951 an. Im Frühjahr 1950 sind 16 500 „Sex Histories" zusammengetragen worden, darunter 8000 von Frauen.
Zu den Vertrauten von Kinsey zählt jetzt auch Earle Marsh, ein junger Gynäkologe, der wie andere – so auch Clyde Martin und Wardell Pomeroy – getrennte sexuelle Beziehungen zu beiden Kinseys unterhält. Seine Mitverschworenen sind außerdem der Schriftsteller Glenway Wescott und sein Lebensgefährte Monroe Wheeler, Ausstellungsdirektor am Museum of Modern Art, New York, die Kinsey mit dem fotografischen Werk des Baron von Gloeden und mit dem Fotograf George Platt Lynes bekannt machen. Von Letzterem erwarb das Institut sowohl Negative als auch herrliche Originalabzüge. Wie Kinseys engste Mitarbeiter Martin, Pomeroy und Gebhard können sie bestätigen, dass Kinsey ein hartnäckiger Mann ist, der von der Richtigkeit und der Resonanz seiner Studie überzeugt ist, dem die Argumente niemals ausgehen, wenn es darum geht Partner oder Gegner zu überzeugen, der allerdings sein eigenes Sexualleben, und selbstverständlich das in absoluter Einsamkeit stattfindende Erleben von physischem Schmerz, geheim hält. Sie gehören zu den wenigen, die wissen, dass das berufliche Engagement Kinseys in Zusammenhang mit einem lebenswichtigen persönlichen Bedürfnis Frustrationen, sozialen Konventionen und willkürlichen Verboten hinsichtlich der Sexualität ein Ende zu machen steht. Clara, die ihren Mann bewundert, akzeptiert seine Abweichungen und ist sogar seine Vertraute, seine Komplizin.
Im Frühjahr 1953 bereitet Kinsey die Präsentation von *Sexual Behavior in the Human Female* vor, das wie der Band über Männer von Saunders in Philadelphia veröffentlicht wird. Er empfängt die Journalisten in 10er Gruppen und zeigt ihnen die Bögen des im Druck befindlichen Buches. Jeder Journalist muss sich vertraglich verpflichten, seinen Artikel vor Erscheinen Kinsey zur Korrektur eventueller sachlicher Fehler zu unterbreiten, fünftausend Worte nicht zu überschreiten und nichts vor dem 20. August zu veröffentlichen, den einige den „K-Day" nennen. Bei Erscheinen des Buches schwappt eine Welle der Entrüstung von Ost nach West über das Land. Es wird von den Medien beispiellos gecovert und meistens positiv beurteilt. *Time* widmet ihm seinen Titel (ein Porträt von Kinsey) und sechs Seiten. *Life*, neun Seiten. Einige sehen in Kinsey einen Pionier, einen Propheten, einen glühenden Wissenschaftler, der die Unwissenheit beendet. Aber andere Zeitungen, Zeitschriften und Magazine ertragen es nicht, dass man von weiblicher Masturbation spricht, vom weiblichen Orgasmus – der, wie sich herausstellt, sehr viel häufiger klitoral als vaginal ist –, von vor- oder außerehelichen sexuellen Beziehungen von Frauen. Einige Reaktionen dieser Entrüsteten sind so wild und aggressiv, dass sie den schon sehr müden Kinsey zutiefst erschüttern. Auch wenn das Buch sich gut verkauft (über 200 000 Exemplare innerhalb der ersten Wochen, Tantiemen von über 300 000 Dollar), sind nicht alle Menschen bereit, die „wissenschaftliche Wahrheit" zu akzeptieren, die Kinsey enthüllt hat. Dieser glaubt, dass zwei sexuell erfüllte Leben sehr dazu beitragen, eine Ehe glücklich zu machen.

1953–1956
Als Folge der heftigen Missbilligung der Konservativen streicht der neue Präsident der Rockefeller Foundation, Dean Rusk, 1954 die finanzielle Unterstützung für das Institute for Sex Research, um nicht mehr mit einem Thema assoziiert zu werden, das so viele Kontroversen hervorruft. Diese Distanzierung trifft Kinsey, dessen Gesundheit sich weiter verschlechtert, hart. Eine Reise mit Gebhard und Dellenback nach Peru,

I

II

wo er erotische Töpfereien kauft, verbringt er zu zwei Dritteln mit einem Infekt im Krankenhaus. Obwohl die unsichere Zukunft des Instituts ihm Angst macht und er an Herzrhythmusstörungen, Bluthochdruck und Krämpfen in den Beinen leidet, bricht er mit Clara zu einer Vortragsreihe nach Europa auf: Dänemark, Schweden, Norwegen, Großbritannien, Frankreich, Italien, Spanien, Portugal. In Taormina ersteht er eine Sammlung von historischen Originalabzügen des Baron von Gloeden. Pomeroy wird von dieser Reise sagen, dass sie Kinseys „Schwanengesang" gewesen sei.
Nach seiner Rückkehr nach Bloomington arbeitet der immer hinfälliger werdende Kinsey unregelmäßig. Am 24. Mai nimmt er in Chicago seine letzte „Sex History" auf – von den 18 000 des Instituts stammen somit 7985 von ihm. Er stirbt am 25. August an einer Embolie. Ist er für die einen ein Wissenschaftler ohne Seele, gar ein teuflischer Verführer, so ist er für die anderen ein mutiger, gewissenhafter und feinfühliger Erforscher des Menschen, derjenige, der um die Mitte des 20. Jahrhunderts am vehementesten die Heuchelei einer jüdisch-christlichen Gesellschaft, deren Moral die sexuelle Entfaltung verhindert, angeprangert hat. Einige Zeit später übernimmt Paul Gebhard die Leitung des Instituts, das seitdem das Kinsey Institute geworden ist.

III

I
William Dellenback (1917–2000), USA
William Dellenback beim Fotografieren einer Moche-Keramik, um 1954
Gelatinesilber
24 x 18,8 cm
[Kinsey Institute collection]

II
Jeffrey Wolin (1951), USA
Novelty condoms (ungewöhnliche Kondome), 1997
Gelatinesilber
19 x 24 cm
[Kinsey Institute collection]

III
Unbekannter Fotograf
Alfred Kinsey mit Wardell Pomeroy und Clyde Martin, um 1948
Gelatinesilber
19,5 x 24,1 cm
[Kinsey Institute collection]

1 Arnold Newman (1918), États-Unis
Portrait d'Alfred C. Kinsey, 1948
Tirage argentique
26 x 22 cm
[Kinsey Institute collection]

Baldwin, Gordon, *Looking at Photographs: A Guide to Technical Terms*, J. Paul Getty Museum, Los Angeles, 1991.

Cooper, Emmanuel, *The Sexual Perspective: Homosexuality and Art in the Last 100 Years in the West*, Routledge & Kegan Paul, New York, 1986.

Crump, James, *George Platt Lynes: Photographs from The Kinsey Institute*, Einleitung von Bruce Weber, Little, Brown, Boston, 1993.

Dictionary of Modern Ballet, eds. Francis Gadan und Robert Maillard, amerikanische Ausgabe von Selma Jeanne Cohen, Einleitung von John Martin, Tudor Publishing, New York, 1959.

Di Lauro, Al und Gerald Rabkin, *Dirty Movies: An Illustrated History of the Stag Film 1915–1970*, mit einem einleitenden Essay von Kenneth Tynan, Chelsea House, New York, 1976.

Doan, William und Craig Dietz, *Photoflexion: A History of Bodybuilding Photography: Photographs from the Doan Family Collection*, St. Martin's Press, New York, 1984.

Dupouy, Alexandre, *Yva Richard : L'âge d'or du fétichisme*, éditions Astarté, Paris, 1994.

Hammond, Paul, *French Undressing: Naughty Postcards from 1900 to 1920*, Pyramid Books, New York, 1975.

Hooven, F. Valentine, *Ill. Beefcake: The Muscle Magazines of America 1950–1970*, Taschen, Köln, 2002.

Kaplan, Daile, „Albert Arthur Allen and the Great American Nude", in *Albert Arthur Allen: Premiere Nudes*, Twin Palms Publishers, Santa Fe, 2001.

Kinsey, Alfred C., Wardell B. Pomeroy und Clyde E. Martin, *Sexual Behavior in the Human Male*, W.B. Saunders, Philadelphia, 1948.

Kinsey, Alfred C., Wardell B. Pomeroy, Clyde E. Martin und Paul H. Gebhard, *Sexual Behavior in the Human Female*, W. B. Saunders, Philadelphia, 1953.

Leddick, David, *George Platt Lynes 1907–1955*, Vorwort von Anatole Pohorilenko, Taschen, Köln, 2002.

Leslie, Charles, *Wilhelm von Gloeden, Photographer: A Brief Introduction to His Life and Work*, JFL Photographic Publishers, New York, 1977.

Nørgaard, Erik, *With Love to You: A History of the Erotic Postcard*, New York, Clarkson N. Potter, 1969.

Ouellette, William und Barbara Jones, *Erotic Postcards*, Excalibur Books, New York, 1977.

Pohlmann, Ulrich, *Wilhelm von Gloeden: Taormina*, Schirmer/Mosel, München, 1998.

Pomeroy, Wardell B., *Dr. Kinsey and the Institute for Sex Research*, Harper & Row, New York, 1972.

Rosenblum, Naomi, *A World History of Photography*, 3. Auflage, Abbeville Press, New York, 1997.

The Art of Desire: Erotic Tresures from the Kinsey Institute, The Kinsey Institute for Research in Sex, Gender, and Reproduction, Indiana University, 1997.

Saslow, James M., *Pictures and Passions: A History of Homosexuality in the Visual Arts*, Viking, New York, 1999.

Williams, Linda, *Hard Core: Power, Pleasure, and the „Frenzy of the Visible"*, University of California Press, Berkeley, 1999.

Willie, John, *The Adventures of Sweet Gwendoline*, 2. Auflage, Einleitung von J. B. Rund, Bélier Press, New York, 1999.

Yamashiro, Jennifer Pearson, *Peek: Photographs from the Kinsey Institute*, Arena Editions, Santa Fe, 2000.

Sex and Humor: Selections from the Kinsey Institute, Indiana University Press, Bloomington, 2002.

DANKSAGUNG

Pierre Borhan dankt:

Jeffrey Wolin, der ihn mit dem Kinsey Institut
bekannt machte
John Bancroft, Direktor des Kinsey Instituts, und seinen
Mitarbeitern, die in Bloomington an den Vorbereitungen
für dieses Buch teilnahmen.

Sowie
Olivier Bourgoin
Michaël Houlette
François-Xavier Lorrain
und Martine Lourenço,
für ihre freundliche und effiziente Hilfe in Paris.

REDAKTION, LAYOUT, GESTALTUNG ÉRIC CEZ
REDAKTION DER DEUTSCHEN AUSGABE CLAUDIA MARQUART
AUSWAHL DER FOTOGRAFIEN PIERRE BORHAN / CATHERINE A. JOHNSON / BETSY STIRRATT / JEFFREY A. WOLIN
ÜBERSETZUNG AUS DEM ENGLISCHEN THOMAS WERNER
ÜBERSETZUNG AUS DEM FRANZÖSISCHEN CLAUDIA MARQUART

SATZ TEXT UND GRAFIK, HEIDELBERG
LITHOGRAFIE UND DRUCK WACHTER GMBH, BÖNNIGHEIM